Schriften zur psychosozialen Gesundheit

BEGEVAL
Begleitevaluation der
Therapeutischen Jugendwohngruppen
in Berlin

Abschlussbericht
November 2018

Sandra Wesenberg
Christina Frank
Marilena de Andrade
Miriam Weber
Silke Birgitta Gahleitner

Z K S
Medien

Projektleitung

Silke Birgitta Gahleitner, Prof. Dr. phil. habil, Professorin für Klinische Psychologie und Sozialarbeit für den Arbeitsbereich Psychosoziale Diagnostik und Intervention an der Alice Salomon Hochschule Berlin

Sandra Wesenberg, Prof. Dr. phil., Gastprofessorin für Klinische Psychologie mit den Schwerpunkten Beratung und Therapie an der Alice Salomon Hochschule Berlin

Team

Christina Frank, Mag., Soziologin, freiberufliche wissenschaftliche Projektmitarbeit

Marilena de Andrade, studentische Mitarbeiterin für den Arbeitsbereich Psychosoziale Diagnostik und Intervention an der Alice Salomon Hochschule Berlin

Miriam Weber, Master of Arts Social Work, Diagnostisch-Therapeutische Tagesklinik der Universitären psychiatrischen Kliniken Basel

Projektpartner

Die „Begleitevaluation der Therapeutischen Jugendwohngruppen (TWG) in Berlin" wurde in Kooperation zwischen dem Arbeitskreis Therapeutischer Jugendwohngruppen (AK TWG) und der Alice Salomon Hochschule Berlin (Projektleitung: Silke Birgitta Gahleitner) durchgeführt. Nähere Informationen zum AK TWG sowie den Mitgliedern: www.therapeutische-jugendwohngruppen.de

Impressum

CIP-Titelaufnahme der Deutschen Bibliothek:

Sandra Wesenberg, Christina Frank, Marilena de Andrade, Miriam Weber & Silke Birgitta Gahleitner
BEGEVAL. Begleitevaluation der Therapeutischen Jugendwohngruppen in Berlin.
Abschlussbericht. November 2018

Goßmannsdorf b. Würzburg: ZKS / Verlag für psychosoziale Medien
Alle Rechte vorbehalten
© 2019 bei den Autorinnen
ISBN 978-3-947502-92-9

Wissenschaftliches Lektorat, Grafik, Layout und Satz: Ilona Oestreich
Erhebungs- und Auswertungssoftware: Andreas Wadephul
Cover-Design: Leon Reicherts / Tony Hofmann

Herausgeber der „Schriften zur psychosozialen Gesundheit":
Prof. Dr. Helmut Pauls
Prof. Dr. Frank Como-Zipfel
Dr. Gernot Hahn

Anschrift Zentralverlag für Klinische Sozialarbeit / Verlag für psychosoziale Medien:
ZKS / Verlag für psychosoziale Medien
Winterhäuser Str. 13
97199 Goßmannsdorf/Ochsenfurt

Inhalt

Abkürzungsverzeichnis

Abb.	Abbildung
ABiE	Abbrüche in den stationären Erziehungshilfen
AK TWG	Arbeitskreis Therapeutischer Jugendwohngruppen Berlin
APA	American Psychological Association
BEGEVAL	Begleitevaluation der Therapeutischen Jugendwohngruppen in Berlin
BELLA	Seelisches Wohlbefinden und Verhalten (Teilstudie zur psychischen Gesundheit von Kindern und Jugendlichen)
BMFSFJ	Bundesministerium für Familie, Senioren, Frauen und Jugend
d.h.	das heißt
DBT-A	Dialektisch-Behaviorale Therapie für Adoleszente
DJI	Deutsches Jugendinstitut
DPW	Deutscher Paritätischer Wohlfahrtsverband
DSM	Diagnostic and Statistical Manual of Mental Disorders
ebd.	ebenda
EBM	Evidence-based medicine
EQUALS	Ergebnisorientierte Qualitätssicherung in sozialpädagogischen Einrichtungen
et al.	et alii
etc.	et cetera
EVAS	Evaluation erzieherischer Hilfen
f.	folgende
FEW	Fragebogen zur Erfassung des körperlichen Wohlbefindens
ff.	fortfolgende
FPI-R	Freiburger Persönlichkeitsinventar
GSI	Global Severity Index
i.d.R.	in der Regel
ICD	International Statistical Classification of Diseases and Related Health Problems
INTEGRA	Implementierung und Qualifizierung integrierter, regionalisierter Angebotsstrukturen in der Jugendhilfe am Beispiel von fünf Regionen
IP	InterviewpartnerIn
JES	Jugendhilfe-Effekte-Studie
JuLe	Jugendhilfeleistungen: Leistungen und Grenzen von Heimerziehung

Kap.	Kapitel
KATA	Katamnesestudie
KIGGS	Kinder- und Jugendgesundheitssurvey
KIZ	Kriseninterventionszentrum
KJHG	Kinder- und Jugendhilfegesetz
MAZ.	Modellversuch zur Abklärung und Zielerreichung in stationären Maßnahmen
MD	Median
MEBP	Multidimensional Evidence-Based Practice
MW	Mittelwert
n	Teilstichprobe
N	Grundgesamtheit
NRW	Nordrhein-Westfalen
p	probability (Signifikanzwert)
PC	Personal Computer
PETRA	Partner für Erziehung, Therapie, Research & Analyse
PSDI	Positive Symptom Distress Index
PST	Persönlichkeits-Struktur-Test
S.	Seite
SCL	Symptom-Checkliste
SD	Standardabweichung
SGB	Sozialgesetzbuch
SOC	Sense of Coherence
sog.	sogenannte/r
t	Messzeitpunkt
TU	Technische Universität
TWG	Therapeutische Wohngemeinschaft
u.a.	unter anderem
USA	United States of America
vgl.	vergleiche
vs.	versus
WB	Wohlbefinden
z.B.	zum Beispiel
z.T.	zum Teil

1 Einleitung

Das vorliegende Buch war uns aus verschiedenen Gründen ein Anliegen. Allem voran gibt es einen ausführlichen Einblick in die Ergebnisse der BEGEVAL, der Begleitevaluation der Therapeutischen Jugendwohngruppen (TWG) in Berlin unter der Projektleitung von Silke Birgitta Gahleitner und Sandra Wesenberg sowie Mitarbeit von Christina Frank, Miriam Weber und Marilena de Andrade. Dies allein ist jedoch noch kein zwingender Grund für eine Buchpublikation. Wir hatten nicht nur in der Niederschrift der qualitativen und quantitativen Ergebnisse den Eindruck, dass es dringend einer weiteren Verbreitung der Erfolge und der Herausforderungen in der stationären Betreuung von Kindern und Jugendlichen insgesamt bedarf. Wir hatten auch den Eindruck, dass diese Themen in der Lehre, in Fortbildungsveranstaltungen und auf Fachtagungen stärker berücksichtigt werden sollten.

Der Forschungsbericht enthält im Sinne der beiden Zielgruppen Praxis wie Hochschule einige Besonderheiten: Zum einen wurde der Forschungsstand besonders ausführlich und sozusagen fast von „historischen" Quellen bis zum aktuellen Stand erarbeitet und sollte die heutige Forschungslage relativ umfassend abbilden. Zum anderen wurden insbesondere die qualitativen Ergebnisse sehr ausführlich in fast jedem ihrer Schritte dokumentiert, weil darüber eine besonders gute Annäherung an die „Mikroprozesse" der Beziehungs- und Einbettungsgestaltung (nicht nur) für PraktikerInnen erfolgen kann. Auch wurde die vergangene Studie KATA-TWG (AK TWG, 2009) teilweise eingearbeitet, sodass auch ohne deren exakte Kenntnis ein über zehn Jahre erfolgender Forschungs- und Entwicklungsprozess nachvollziehbar wird.

Dieser über einen langen Zeitraum durchgeführte Prozess hat u. E. eine besondere Bedeutung: Trotz der Entwicklung eines substanzhaltigen Forschungsstandes in der Kinder- und Jugendhilfe (siehe Kapitel 2) fehlen insbesondere in spezifischen Jugendhilfebereichen nach wie vor tragfähige Ergebnisse. Es ist daher aus unserer Sicht modellhaft und beispielgebend, dass sich der Arbeitskreis Therapeutischer Jugendwohngruppen Berlin (AK TWG) bereits vor über zehn Jahren auf den Weg gemacht hat, erste Tendenzen im Hinblick auf Einflussfaktoren für nachhaltig wirksame Betreuung und Behandlung in TWGs aufzuspüren. Seit 1999 bündelt der AK TWG die fachliche Arbeit der unterschiedlichen Einrichtungen in Berlin und treibt durch Fachtagungen und Publikationen (vgl. v. a. AK TWG, 2005, 2008, 2009, 2012) engagiert den Qualitätsentwicklungsprozess voran.

Unterstützt wurde der Arbeitskreis dabei maßgeblich durch die finanzielle Zuschussförderung des Deutschen Paritätischen Wohlfahrtsverbandes (DPW, Landesverband Berlin), der insbesondere den zweiten komplexeren Studienteil (Pretest, Aufbau einer Datenbank, Erhebung, Auswertung und Dokumentation) über seine Finanzierung erst ermöglicht hat. Das vorliegende Forschungsprojekt hat auf dieser Basis den Versuch unternommen, im Rahmen der bestehenden Möglichkeiten multimethodisch vorzugehen und Verlaufsprozesse zu beschreiben sowie zu analysieren. Eine Kombination aus qualitativen und quantitativen Herangehensweisen – mit qualitativen, tiefenhermeneutischen Interviews auf der einen sowie der quantitativen Datenerhebung und -analyse auf der anderen Seite – ermöglichte es, sich dem Gegenstand von verschiedenen Seiten (top-down und bottom-up) zu nähern und ihn durch eine Triangulation der Ergebnisse so weit wie möglich auszuleuchten (ausführliche Informationen zum methodischen Vorgehen siehe Kapitel 3).

Im Folgenden werden nach einer ausführlichen Sichtung des Standes der Forschung und einem kurzen Einblick in die Arbeitsweise Therapeutischer Jugendwohngruppen ausgewählte Ergebnisse aus der quantitativen Erhebung und Auswertung sowie der qualitativen Interviewstudie präsentiert. Außerdem wird auf der Basis bestehender Konzepte, Theorien und Herangehensweisen im Schlussteil des Berichts theoriebildend wie theoriebeurteilend diskutiert.

Zielsetzung der quantitativen Studie war insbesondere die Diskussion bisheriger Ergebnisse in ihrer Übertragbarkeit auf TWGs. Das Ziel der qualitativen Studie wiederum bestand vor allem in einer Differenzierung fachlichen Erfahrungswissens durch die Präzisierung des Alltagserlebens – und zwar aus allen beteiligten Perspektiven, auch und besonders jener der AdressatInnen. Ein gutes Beispiel für einen Schnittpunkt aus beiden Perspektiven bietet das bereits viel zitierte „Milieu". Alle Einrichtungen waren sich auch vor der Untersuchung einig, dass das „Milieu" einen entscheidenden Einflussfaktor darstellt – wie genau es jedoch funktioniert, bedarf eines differenzierteren Aufschlusses und hat sich im Laufe der zehn Jahre enorm weiterentwickelt.

Das Buch verfolgt also ausdrücklich die Idee einer Brücke zwischen Praxis und Theorie. Es ist auch tatsächlich als Resultat aus einer Verknüpfung der verschiedenen Erfahrungsebenen von Forschung, Lehre und Praxis entstanden. Denn wir beobachten immer wieder, dass psychosoziale Fachkräfte in der Praxis über einen immensen Schatz an wichtigen fachrelevanten Erfahrungen verfügen, es aber oft aufgrund der Komplexität des Alltags schwer fällt, das dadurch erworbene Erfahrungswissen systematisch an Konzepte und Theoriebestände zurückzubinden. Eine gelungene Theorie-Praxis-Verknüpfung bietet unserer Meinung nach die Möglichkeit zu einer Fachexpertise, die sich vor einem breiten Wissenshintergrund gekonnt entfaltet und anschließend die eigene Arbeit fachlich qualifiziert beschreiben wie auch stets kritisch hinterfragen kann.

Wir hoffen, dass wir mit dieser Studie einen kleinen Beitrag zu eben dieser Differenzierung leisten und den LeserInnen vor allem einen Einblick vermitteln können in die beeindruckenden, individuell höchst unterschiedlichen Entwicklungswege und -potenziale von Kindern und Jugendlichen, die dafür eigentlich ursprünglich denkbar schlechte Voraussetzungen hatten.

2 Stand der Forschung in der Kinder- und Jugendhilfe

Im Jahr 2017 wurden in Deutschland 61.400 vorläufige Inobhutnahmen zum Schutz von Kindern und Jugendlichen vorgenommen (Statistisches Bundesamt, 2018). In den Ursprungsfamilien dieser Kinder und Jugendlichen häuft sich die Konzentration schwerer Problemlagen (Gahleitner, 2017a). Obwohl der Lebensstandard in Deutschland einen im Vergleich mit anderen Ländern hohen Stand erreicht hat, kann ein Teil der Kinder und Jugendlichen nicht ausreichend versorgt werden. Über 60% der fremd untergebrachten jungen Menschen weisen behandlungsbedürftige, jugendpsychiatrische Erkrankungen auf, knapp 80% haben traumatische Erfahrungen, viele sind sequenziell traumatisiert (Schmid, 2007). Die Anforderungen an die Arbeit der Fachkräfte in der stationären Kinder- und Jugendhilfe sind folglich stark gestiegen. Dies gilt ganz besonders für Therapeutische Jugendwohngruppen. Am Bedarf der Kinder- und Jugendhilfe und der Notwendigkeit, in diesem Bereich Forschung und Qualitätssicherung zu betreiben, gibt es heute daher kaum noch Zweifel (vgl. aktuell u.a. Nüsken & Böttcher, 2018; Peters & Jäger, 2013; Schwabe & Thimm, 2018; Rotering & Weber, 2018; Schlimper & Wanke, 2016; Ziegler, i.Dr.).

Das Bundesministerium für Familie, Senioren, Frauen und Jugend initiierte daher bereits 1999 das Bundesmodellprogramm „Qualifizierung der Hilfen zur Erziehung durch wirkungsorientierte Ausgestaltung der Leistungs-, Entgelt- und Qualitätsentwicklungsvereinbarungen nach §§ 78a ff SGB VIII". Qualitätssicherung ist in der Jugendhilfe seither nicht nur ein wünschenswertes, sondern ein Pflichtelement geworden (Übersicht Albus et al., 2010; Nüsken & Böttcher, 2018). Kinder- und Jugendhilfe verursacht große Ausgaben, und seit einigen Jahren bzw. Jahrzehnten sind dafür jährliche Steigerungsraten zu verzeichnen: Allein dieser Umstand erfordert eine gewissenhaft geführte regelmäßige Forschungsbestandsaufnahme (Freese, 2014). Insbesondere der stationäre Bereich soll aufgrund der Verantwortung für junge Lebensläufe einer ständigen Evaluation unterzogen werden, um das Jugendhilfegeschehen zu dokumentieren, zu evaluieren, zu optimieren sowie finanziell zu rechtfertigen. Allerdings gibt es zu dieser Entwicklung auch kritische Stimmen (zur aktuellen fachpolitischen Debatte um den wirkungsorientierten Wandel der Jugendhilfe siehe Kapitel 4; vgl. auch Albus, Micheel & Polutta, 2011; Böttcher & Nüsken, 2015; Köckeritz, 2006; Polutta, 2014; Schröder & Gahleitner, 2012; Tornow, 2014; Ziegler, 2009, 2016; Ziegler, i.Dr.).

Auch aus der praktischen Arbeit heraus gibt es viele Überlegungen, wie Hilfesettings möglichst angemessen konzeptualisiert und in sinnvolle Strukturen und Arbeitsformen umgesetzt werden können. Diese Entwicklung hin zur Aufgeschlossenheit für die Kinder- und Jugendhilfeforschung betrifft den gesamten deutschsprachigen Raum. Umfassendere Un-

tersuchungen zum spezifischen Jugendhilfesektor „Therapeutische Jugendwohngruppen"
sind allerdings nach wie vor rar. Diese Forschungs- und Theorielücke ist neben fehlenden
Ressourcen für praxisorientierte Forschung auch durch methodologische Probleme und
Grabenkämpfe bedingt (siehe Kapitel 4). Dennoch hat sich in den letzten beiden Jahrzehnten eine breite und lebendige Jugendhilfeforschungslandschaft mit Relevanz für die Ergebnisse der Forschung in Therapeutischen Jugendwohngruppen entwickelt, über die – z.T. mit
Verweisen auf länderübergreifende Debatten – im Folgenden ein kurzer Überblick gegeben
werden soll.

2.1   Studien zur Klientel

Die deutsche Kinder- und Jugendhilfestatistik erfasst regelmäßig zahlreiche Gründe für die
Inanspruchnahme erzieherischer Hilfen. Unter den Ursachen stechen insbesondere Armut
und soziale Ausgrenzung, Misshandlung, Obdachlosigkeit, sexualisierte Gewalt und Sucht-
mittelmissbrauch der Erziehungsverantwortlichen hervor (Heimgartner, 2009). Enge Wohn-
verhältnisse, mangelnde pädagogische Kompetenzen der Eltern und der daraus resultieren-
de ungünstige Erziehungsstil sowie Trennung der Erziehenden führen zu Familienkonflikten
und traumatischen Erfahrungen der Kinder und Jugendlichen (AK TWG, 2009). Auch eine
Untersuchung aus den USA von Burns und KollegInnen (2004) unterstützt diese Angaben:
Von 3.803 Kindern und Jugendlichen, die Kontakt zur Kinder- und Jugendhilfe hatten, er-
litten 63,6% Vernachlässigung, 53% Schläge und 55% sexualisierte Gewalt. 60,7% der
Kinder und Jugendlichen hatten Eltern, bei denen Risikofaktoren wie z.B. Sucht, weitere
psychische Störungen, körperliche Erkrankungen und/oder Gewalttätigkeit festgestellt
wurden. Kinder und Jugendliche, die stationär untergebracht werden, weisen folglich hohe
psychosoziale Belastungen auf.

Wie sehr sich psychische Erkrankungen der Eltern auf die Kinder auswirken und das Risiko
bergen, transgenerational weitergegeben zu werden, ist inzwischen gut belegt. Bedeutsam
sind hier die genetische Disposition, die Beeinträchtigung der Sozialisationsbedingungen
und der Bindungserfahrungen. Schmid (2007) zeigte auf, dass ungefähr 72% der Kinder-
und Jugendlichen in Heimen klinisch auffällige Werte erfüllten, 60% die Kriterien für mindestens eine ICD-10-Diagnose, über 25% sogar für zwei Diagnosen. Störungen des Sozialverhaltens (F91) sowie die hyperkinetische Störung des Sozialverhaltens (F90.1) stellten
dabei die häufigsten Diagnosen dar, darüber hinaus wurden u.a. Depressionen, Substanz-
missbrauch, Enuresis (Störung charakterisiert durch unwillkürlichen Harnabgang) und
Angststörungen diagnostiziert (vgl. Jaritz, Wiesinger & Schmid, 2008; Schmid, 2007,
2009). Traumafolgestörungen nehmen dabei eine Spitzenstellung ein (Gahleitner, 2017a).
Geschlechtsunterschiede in den Diagnosen sind dahingehend zu erkennen, dass „Jungen in
der Jugendhilfe stärker zu externalisierenden und Mädchen stärker zu internalisierenden

Störungen neigen als in der Allgemeinbevölkerung" (Schmid, 2007, S. 130), allerdings hat dies auch mit der gesellschaftlichen „vergeschlechtlichten" Wahrnehmung zu tun (Gahleitner, 2005).

Weitere Untersuchungen, beispielsweise von Schleiffer (2001), weisen zudem darauf hin, dass ein Großteil der jungen Menschen in der Heimerziehung über keine gesicherten Bindungsrepräsentationen verfügt. Ähnliche Ergebnisse liefern bereits ältere Studien (z. B. Tizard & Rees, 1975) sowie Studien bei Pflegekindern und Kindern in Kinderdörfern (Fegert, 1998; Klein, Erlacher & Macsenaere, 2003). Viele der Kinder und Jugendlichen, die in stationären Jugendhilfeeinrichtungen leben, haben vor oder während ihrer Unterbringung auch Aufenthalte in psychiatrischen Einrichtungen durchlaufen. Einige werden auch dorthin entlassen. Wiederum etwa 20 bis 25 % der Kinder und Jugendlichen, die in psychiatrischen Kliniken waren, kommen anschließend direkt in die Heimerziehung (Martin, 2002). Wohngruppen der Kinder- und Jugendhilfe, die ihren Fokus nicht verstärkt auf eine interdisziplinäre, störungskompetente Begleitung legen – wie es z. B. die traumapädagogische Herangehensweise nahelegt –, greifen hier offenbar nur bedingt oder gelangen an ihre Grenzen (Gahleitner, 2017a).

Wie zentral es ist, die Initiierung sogenannter „Hilfekarrieren" durch Fehlplatzierungen zu vermeiden, zeigt sich bei den Untersuchungen von Petrat und Santen (2010). Hier wird aufgezeigt, dass die Wahrscheinlichkeit späterer Wechsel im Hilfeverlauf ansteigt, je häufiger im ersten Jahr ein Hilfewechsel stattfand. Seltenere Wechsel hingegen führen zu einer höheren Strukturqualität und weniger Instabilität. Für die Praxis ist dies insofern relevant, als die Tendenz des Verlaufs frühzeitig erkannt und so gegebenenfalls rechtzeitig korrigierend eingegriffen werden kann (Herrmann, Arnold & Macsenaere, 2010). Mindestens genauso relevant erscheint, dass durchschnittlich erst im zweiten Hilfejahr nachweisbare Erfolge zu verzeichnen sind, die im dritten Jahr deutlich ansteigen (Nüsken, 2015). Die Wichtigkeit des Hilfeplanungsprozesses zu Beginn der Hilfe wird hier deutlich: Fehleinschätzungen zum Hilfestart führen zu späteren, u.a. weitreichenden negativen Folgen. So führen z.B. Getrenntunterbringungen von Geschwisterkindern zu mehr Hilfeabbrüchen als gemeinsame Unterbringungen. Laut Macsenaere (2013) belegen zwar Effektstudien, dass in 50 % der Fälle die am besten geeigneten Hilfen von Jugendamtsmitarbeitenden ausgesucht werden, allerdings werden auch zu 30 % Hilfen initiiert, die mutmaßlich einen negativen Verlauf mitbedingen. Als positive Wirkfaktoren in der Jugendamtsarbeit lassen sich eine ressourcenorientierte Hilfeplanung, ein fachlich fundiertes Casemanagement und eine systematisierte sozialpädagogische Diagnostik nennen (Macsenaere & Hiller, 2013).

Bereits Schmid (2007) problematisiert, dass gerade der Teil der sehr stark belasteten jungen Menschen häufiger die Aufenthalte in der stationären Unterbringung abbricht, ohne dass hier merkliche Erfolge erzielt werden. Eine der großen Untersuchungen in den letzten Jahren – die ABiE-Studie („Abbrüche in den stationären Erziehungshilfen"; Tornow, Ziegler

& Sewing, 2012) – spezifiziert genau dieses Problem. Die Studie untersucht die Ursachen und Begleitumstände von Abbrüchen in stationären Erziehungshilfen bei 6- bis 18-jährigen jungen Menschen und bezog über 1.000 Datensätze in die Untersuchung ein. Befragt wurden sowohl Jugendliche und Sorgeberechtigte als auch Fallverantwortliche im Jugendamt, Erziehungsleitungen und BezugserzieherInnen. Den größten Zusammenhang mit dem Abbruchrisiko zeigt das Eintrittsalter der Jugendlichen. Die Abbruchwahrscheinlichkeit für über 16-Jährige ist zehnmal so hoch wie bei unter 12-Jährigen (29,5% vs. 2,6%). Ein Geschlechtsunterschied bei der Abbruchwahrscheinlichkeit konnte nicht festgestellt werden, jedoch eine Wechselwirkung zwischen Alter und Geschlecht. So steigt bei Mädchen das Abbruchrisiko bereits ab 12 Jahren an, bei den untersuchten Jungen erst ab 16 Jahren. Spannend ist hierbei, dass „weniger die Beziehung zu den Betreuer/innen selbst, sondern vielmehr das Ausmaß, in dem diese in Sinn- und Nutzerfahrungen sowie in Prozesse der Mitbestimmung überführt" (ebd., S. 82) werden, zentral zu sein scheint.

Die AutorInnen unterscheiden in der ABiE-Studie (Tornow et al., 2012) zudem formale Abbrüche und „innere Abbrüche", also Hilfen, die nur aufgrund mangelnder Alternativen weitergeführt werden: „Den inneren und den tatsächlichen Abbrüchen ist gemeinsam, dass die Hilfe nicht mehr gewollt wird und mindestens ein Partner aus dem anfänglichen Kontrakt ausgestiegen ist" (ebd., S. 38). Ein wichtiger Befund der Studie besteht außerdem darin, dass am häufigsten bei Jugendlichen, die vorher in sehr prekären Lebenssituationen mit großen Bedarfen gelebt haben, Hilfen nicht weitergeführt werden können (29,2%). Ein signifikanter Zusammenhang konnte zudem zwischen der anfänglichen Problembelastung und den späteren „inneren Abbrüchen" festgestellt werden (ebd.). Nicht zu vernachlässigen sind daher belastende gesellschaftliche Prädiktoren wie Armut und soziale Ausgrenzung, Arbeitslosigkeit und Flucht-, Vertreibungs- und Migrationshintergründe. Aus diesen gesellschaftlichen Belastungen können kritische Lebenserfahrungen und Traumatisierungen erwachsen. Ausgrenzungserfahrungen, Diskriminierungen, mangelnde (gesellschaftliche) Anerkennung und unterschiedliche Chancenstrukturen im Aufwachsen sollten daher als begünstigende Faktoren für das Auftreten von Störungen und für abbruchintensive Jugendhilfekarrieren nicht vernachlässigt werden (Knapp, 2012, S. 528).

Die Auswirkungen ungleicher Chancenstrukturen zeigen sich bereits bei der Platzierung von Kindern und Jugendlichen. Eine Begleitforschung zu einem Praxisentwicklungsprojekt bzgl. der Unterbringungssituation von unter 7-Jährigen (Universität Siegen in Kooperation mit dem DJI und der TU Dortmund sowie einer Reihe von Jugendämtern in NRW) zeigt z.B. noch immer ein großes Gefälle von Stadt zu Land. In kleineren Ortschaften werden nach wie vor kaum konzeptionell begründete Verfahren vorgehalten, und fallübergreifende Vernetzung ist oft nicht möglich (Kaufhold & Porthmann, 2016). Zentral aus Sicht der jungen Menschen selbst ist auch hier ein von Beginn an partizipativer Einbezug in den Aufnahme- und Aufenthaltsprozess (Auswahl der Unterbringung, Aufnahmegespräche etc.; Nowacki & Remiorz, 2014). Deutlich wurde außerdem, dass eine dialogische Vermittlung von Regeln als einer der zentralen Schlüssel während des gesamten Aufenthaltes begriffen werden kann. Bezüglich des Einflusses von Geschlecht auf die Entstehung von Hilfekarrieren in der Kinder- und Jugendhilfe sind die Ergebnisse insgesamt widersprüchlich (Petrat & Santen, 2010): Einige Studien verzeichnen unter den jungen Menschen mit mehreren Hilfen mehr Jungen als Mädchen, andere stellen hier keine statistischen Zusammenhänge fest oder belegen sogar das Gegenteil (ebd.).

2.2 Wirkungsforschung

Im Bereich der Wirkungsforschung sind in der Kinder- und Jugendhilfe die größten Fortschritte zu verzeichnen. Studien zeigen in 60 bis 75% der evaluierten Hilfen einen positiven Verlauf, und dies in Anbetracht der im stationären Kontext z.T. äußerst belasteten Ausgangslagen (Macsenaere, 2013). Aktuelle Forschung widmet sich differenzierten Fragestellungen, z.B., „welche Effekte bei welcher Klientel in welcher Hilfeart und welchem pädagogischen Setting erreicht werden und was die hierfür verantwortlichen Faktoren sind" (Macsenaere, 2009, S. 4). Macsenaere und Esser (2012; vgl. auch Macsenaere, 2016, 2017) haben aus zahlreichen Studien Wirkmerkmale extrahiert, die sich für den Erfolg von Hilfen als bedeutsam herausgestellt haben. Dazu gehören in erster Linie Beziehungsgestaltung bzw. Milieueinbindung (Gahleitner, 2017a, 2017b), ein partizipatives Vorgehen und die Gestaltung des Kooperationsgefüges (inkl. der Elternarbeit), jedoch auch, inwiefern anamnestisch und diagnostisch die richtige Hilfe gewählt wird. Weiterhin weisen Ausgangslage, Indikation, Ressourcenorientierung und Hilfedauer hohe Zusammenhänge mit dem Erfolg auf. Neben den dargestellten einzelnen Faktoren deuten fast alle Studien darauf hin, dass Heimunterbringung insgesamt als positiv und wirksam zu beurteilen ist. Einige Beispiele dafür seien im Folgenden genannt.

Als eine der ersten Initiativen stellte das Projekt PETRA („Partner für Erziehung, Therapie, Research & Analyse") eine Studie vor (Planungsgruppe Petra, 1980). 1987 publizierte die Projektgruppe eine breit angelegte Untersuchung zur Problematik der Indikation (Petermann, 1987). Seit etwa 20 Jahren ist die Forschungsgruppe auch außerhalb der eigenen Einrichtungen im Bereich der Evaluation und Qualitätssicherung von Jugendhilfeangeboten tätig und arbeitet sowohl im Auftrag verschiedener Ministerien als auch von Jugendhilfeträgern (Maykus, 2010). Von 1993 bis 1997 wurde im Auftrag des BMFSFJ das Evaluationsprojekt JuLe („Jugendhilfeleistungen: Leistungen und Grenzen von Heimerziehung"; Baur, Finkel, Hamberger & Kühn, 1998) durchgeführt. In dieser breit angelegten wissenschaftlichen Untersuchung von stationären und teilstationären Kinder- und Jugendhilfeangeboten wurden mithilfe von Aktenanalysen und retrospektiven Interviews mit ehemaligen Hilfenehmenden Qualitätsmerkmale der Kinder- und Jugendhilfe erfasst. 57 % der Hilfeverläufe wurden positiv bewertet, wobei vor allem die Aspekte Stabilität, Dauer der

Hilfe, intensive therapeutische/heilpädagogische Betreuung, positive Interaktions- und Beziehungserfahrungen, Transparenz und Partizipation als Kriterien dienten.

Inzwischen ist gut belegt, dass Heimerziehung sich in der Regel lohnt – in vielerlei Hinsicht. So zeigen z.B. die Ergebnisse der groß angelegten JES-Studie („Jugendhilfe-Effekte-Studie"; Schmidt et al., 2002), dass die Gesamtauffälligkeiten (Hauptauffälligkeit, einzelne Symptome und der Schweregrad im Verlauf) mit fast 37% über die Heimaufenthaltsdauer hinweg deutlich abnehmen. Dieses Ergebnis bezieht sich auf alle Hilfeverläufe, d.h. auf regulär beendete, abgebrochene und weiterhin andauernde. Differenziert nach dem jeweiligen Hilfeprozess-Status sind die Werte folgendermaßen verteilt: 52% für die Gruppe der regulär beendeten Hilfen, 22% bei den weiterlaufenden und 15% bei den abgebrochenen Hilfen (ebd.). Die Ergebnisse der Studie bezüglich des Vergleichs der Werte zwischen Beginn und Ende einer Maßnahme deuten auf eine klinisch bedeutsame Veränderung hin. In der differenzierten Betrachtung jedoch erreicht eine klinisch bedeutsame Reduktion nur die Gruppe der regulär beendeten Hilfeverläufe. Heimerziehung weist hierbei im Vergleich mit anderen Jugendhilfeleistungen mit 46% den zweitgrößten Effekt nach der sozialpädagogischen Familienhilfe auf. Zu einem ähnlichen Ergebnis kommt auch eine Metaanalyse von Gabriel, Keller und Studer im Jahr 2007, in die elf Studien aus den Jahren 1994 bis 2004 aus dem Kinder- und Jugendhilfebereich einbezogen wurden. Die Qualität der Hilfeplanung und die Dauer der Hilfegewährung, Kontinuität sozialer Bezüge und Partizipation (vgl. auch Albus, 2011) zeigten sich hier als wesentliche Prozessmerkmale; im Strukturbereich waren vor allem die vorhandene Fachlichkeit sowie die Qualität der Betreuung bedeutsam.

Eine weitere Untersuchung zum Einfluss von Risiko- und Wirkfaktoren in der Kinder- und Jugendhilfe wurde in einer Krisenintervention für Kinder und Jugendliche in Tirol von Wisiol, Juen und Unterrainer (2017) durchgeführt. Als zentrales Ergebnis stellen sie fest, dass neben der wichtigsten Funktion, Schutz und Sicherheit zu gewährleisten, selbst bei einem kurzen Aufenthalt im Kriseninterventionszentrum (KIZ) vor allem die Stärkung des Selbstwerts und eines positiven Kohärenzgefühls als ein zentraler Aufgabenbereich zu betrachten sind. Interessanterweise zeigt sich zudem in einer Regressionsanalyse, dass die Dauer des KIZ-Aufenthalts für die Jugendlichen selbst keine Rolle für den Erfolg zu spielen scheint, die Mitarbeitenden dies jedoch anders einschätzen. Ähnlich konträr ist auch das Ergebnis bezüglich des Selbstwirksamkeitserlebens nach Beendigung des Aufenthaltes: „Für Jugendliche ist vor allem der Weg nach Hause mit einer höheren erlebten Selbstwirksamkeit (p=.073) und einer leicht besseren Beziehung zu den Mitarbeiter/innen (p=.172) bzw. einem sehr leicht höheren Erfolg (p=.704) verbunden. Auf Seiten der Mitarbeiter/innen werden die Selbstwirksamkeit der Jugendlichen etwas (p=.582), die Beziehung zu ihnen (p=.108) und der Erfolg der Krisenintervention (p=.299) um einiges höher und besser eingeschätzt, wenn diese in eine Fremdunterbringung vermittelt werden" (S. 359).

Gstättner und Kohl (2016) führten eine milieutherapeutische Untersuchung im stationären Bereich durch, die im Behandlungsplan sowohl klinisch relevante Werte wie bindungs- und traumatheoretische Überlegungen in den Vordergrund stellte. Im Vergleich mit einer Treatment-as-usual-Wohngruppe wurde deutlich, dass die 14 Jugendlichen der milieutherapeutischen Gruppe nach einer vorübergehenden leichten Zunahme eine deutliche Abnahme der Verhaltensauffälligkeiten im Verlauf eines Jahres erlebten, während sich in der Vergleichsgruppe deutlich weniger Veränderungen nachweisen ließen. Es zeigte sich, „dass von ursprünglich 2 Syndromskalen im Grenzbereich zur klinischen Auffälligkeit und allen 3 übergeordneten Skalen im klinisch auffälligen Bereich schließlich nach einem Jahr milieutherapeutischer Maßnahmen keine der Syndromskalen mehr im klinisch relevanten Bereich lag, wobei von den übergeordneten Skalen keine mehr im klinisch auffälligen, sondern nur noch 2 im Grenzbereich und eine im unauffälligen Bereich lagen" (S. 65). Gesamtauffälligkeit und externalisierende Problematik nahmen zwar nach 6 Monaten wieder zu, erreichten aber nicht mehr den Startwert. Die Problemwerte zur Internalisierung nahmen weiterhin kontinuierlich ab.

Eine Studie (sowie im späteren Verlauf eine Follow-up-Studie) des Magistrats 11 der Stadt Wien evaluierte eine milieutherapeutische Wohngemeinschaft und bezog explizit Kenntnisse aus der Psychotraumatologie ein. Hauptfragestellung war, ob durch diese milieutherapeutische WG nachweisbare Effekte in Form von Verhaltensänderungen auftraten, die ohne Einsatz dieser Maßnahme ausgeblieben oder anders ausgefallen wären. Fazit dieser Forschungen ist, dass Milieutherapie vor allem bei nach innen gerichteten Merkmalen – wie sozialem Rückzug, Angst/Depressivität oder weiteren internalisierenden Auffälligkeiten – wirkt (Brousek, 2013, 2014).

Im Bereich der Forschung zu Traumapädagogik und Milieutherapie ist auch der „Modellversuch zur Abklärung und Zielerreichung in stationären Maßnahmen" (MAZ.) einzuordnen, der von 2006 bis 2011 schweizweit realisiert wurde. Fortgesetzt wurde diese Forschung mit dem gemeinnützigen Gemeinschaftsprojekt „Ergebnisorientierte Qualitätssicherung in sozialpädagogischen Einrichtungen" (EQUALS) von teilnehmenden Institutionen „Integras" (Fachverband Sozial- und Sonderpädagogik) und der Kinder- und Jugendpsychiatrie der Psychiatrischen Universitätsklinik Basel. Es startete im September 2011 (Jenkel, Schröder & Schmid, 2012; Schröder, Jenkel & Schmid, 2013). Bei EQUALS handelt es sich im Wesentlichen um die Anwendung eines computerbasierten halbstandardisierten Zielerreichungsinstruments zur Unterstützung der Hilfeplanung in der Kinder- und Jugendhilfe (vgl. z. B. Singer et al., 2009). Erfasst werden darüber hinaus epidemiologische Daten der Klientel sowie deren pädagogische Verläufe und die Veränderungen der psychischen Belastungen während der stationären Unterbringung, die eine breite anonyme Auswertung zulassen. Die Auswertung der Daten erfolgt auf individueller, institutioneller und institutionell-übergreifend fachpolitischer sowie wissenschaftlicher Ebene und stützt die bisherigen positiven Ergebnisse aus diesem Bereich (Schröder, Jenkel & Schmid, 2013).

Mit EVAS („Evaluation erzieherischer Hilfen") wird seit 1999 laufend die pädagogische Arbeit in Kinder- und Jugendhilfeeinrichtungen in Deutschland dokumentiert, seit 2004 auch in Österreich und seit 2006 in Luxemburg. Macsenaere und Radler (2016) haben mit Teilen dieser Ergebnisse eine Wirkungsmessung im Vergleich zwischen Deutschland und Österreich versucht, wobei im österreichischen Raum nur auf eine EVAS-Messung zurückgegriffen werden konnte. Dennoch kann aufgezeigt werden, dass in der deutschen Stichprobe die Erfolgsquote (also der Anteil der Hilfen, die im Verlauf der Messungen eine nachweislich positive Entwicklung zeigten) bei 65 % liegt, was von den österreichischen Hilfen sogar um fünf Prozent übertroffen wurde. Auch die Effektstärke liegt in Österreich knapp über dem deutschen Ergebnis (Österreich:7,3, Deutschland: 5,5), die Beziehungsqualität ist schon nach kurzen sechs Monaten deutlich besser als in den deutschen Ergebnissen und steigt sogar noch auf insgesamt besonders hohe Werte. Ebenso sind die Kooperationswerte in der österreichischen Untersuchung insgesamt höher (ebd.).

In den letzten Jahren hat die Jugendhilfe zudem viele minderjährige Geflüchtete betreut. Erste Studienergebnisse zeigen ein sehr erfreuliches Bild (Macsenaere, Köck & Hiller, 2018). So erweisen sich z. B. die Kooperationswerte im Hilfeprozess in Bezug auf aktive Mitarbeit als ausgesprochen hoch, und die Werte der Beziehung zu den betreuenden Personen übertreffen sogar in allen drei untersuchten Verläufen die der Kooperation (vgl. auch Gahleitner, 2017b). Außerdem kann (im Gegensatz zum Ergebnis der Studie von Pfeiffer, Baier & Kliem, 2018) festgehalten werden, dass 86,6 % der minderjährigen Geflüchteten keinerlei Straffälligkeiten begangen haben. Genauso können Vorurteile zu starkem Konsum illegaler Substanzen eindeutig widerlegt werden. Im direkten Vergleich zu einer EVAS-Studie, die für deutschsprachige Jugendliche einen Konsum bei 61,4% feststellte, konnten hier nur 25,3 % ausgemacht werden. Der Betreuungszeitraum ist durch die häufig sehr zügig erreichte Volljährigkeit bei minderjährigen Geflüchteten jedoch sehr kurz und für die sog. frühen Care Leaver als hoch problematisch einzuschätzen (Labatzki, 2017).

Trotz der erfreulichen Studienergebnisse sollte nicht vernachlässigt werden, dass einige Studien Heimerziehung (insbesondere geschlossene Unterbringung) nicht nur positiv bewerten. Denn, wie Schrapper (2014) formuliert, „Macht und ihr Missbrauch in Institutionen war und bleibt ein brisantes Thema öffentlicher Erziehung, eine ‚offene Wunde' für das so gerne postulierte Selbstverständnis ‚moderner Erziehungshilfen'" (S. 47; vgl. auch z.B. die Untersuchung zu sog. Haasenburg-Biografien von Lippmann, 2015). Auch die erste deutschlandweite Untersuchung der in Nordrhein-Westfalen geschlossen untergebrachten Jugendlichen in einem Kriseninterventionszentrum fällt nicht besonders positiv aus. Zu drei Erhebungszeitpunkten (Beginn und Ende der Hilfe, dann jährliche Katamnese bis zu fünf Jahren) wurden sowohl die Wahrnehmungen und Deutungen der pädagogischen Intervention als auch deren mittelfristige Wirkungen im weiteren Leben der jungen Menschen untersucht. Trotz hoch qualifizierten Personals, sehr engagierter und reflexiver Fachkräfte belegen die Befunde, „wie gering die Erfolge sind, wie selten auch nur mittelfristig eine

Umkehr zum Besseren gelingt" (Schrapper, 2014, S. 49). Das Risiko, „diese jungen Menschen erneut und fortgesetzt zu verletzen, ihre positive Entwicklung eher zu verhindern, als zu befördern" (ebd.), scheint zu überwiegen. Auch Petrat und Santen (2010) analysierten bezüglich traditioneller Erfolgsfaktoren, dass ehemalige Heimkinder 20 Jahre später im Schnitt niedrigere Werte in der Lebensqualität erreichen als die gleichaltrige Durchschnittsbevölkerung.

Kommt es zu einer erfolgreichen Beendigung der Hilfe, steht oftmals die bereits angesprochene Rückführung in die Familie an, in der nicht selten viele Fragen und Unsicherheiten auf allen Seiten geklärt werden müssen. Zentrale Bedingungen für eine gute Begleitung der Rückkehr in das vorherige (Familien-)System untersuchen aktuell Lienhart, Hofer und Kittl-Satran (2018). In Kooperation mit SOS-Kinderdörfern in Österreich und der Universität Graz (2011 bis 2015) konnte mittels qualitativer Interviews, Stakeholder-Befragungen und quantitativer Daten aufgezeigt werden, dass das Arbeiten an besseren Entwicklungsbedingungen und den individuellen Bewältigungsleistungen (innerhalb des Hilfezeitraums) schon zentrale Faktoren für eine gelingende Rückführung darstellen. Für die Qualität des Rückkehrprozesses kann festgehalten werden, dass sich ein gutes „Sicherheitsnetz" (ebd., S. 7) mit professionellen und/oder anderen weiterführenden Angeboten als bedeutsam erweist. Dabei ist auch relevant, wie professionell betreuende Personen und Institutionen (Beziehungs-)Brüche vermeiden können bzw. Übergänge gelingend gestalten, ob sie beispielsweise auch nach der Rückführung noch Kontakt anbieten.

2.3   AdressatInnenforschung

Trotz anwachsender Forschungsaktivität steckt die adressatInnenorientierte Forschung, die die Perspektive der Kinder und Jugendlichen selbst in den Blick nimmt, noch in den Kinderschuhen. Diese Forschungsperspektive soll daher an dieser Stelle besonders hervorgehoben werden. Einen sehr frühen Versuch einer Bestandsaufnahme in dieser Hinsicht im stationären Bereich unternahm z.B. Sobczyk (1993), selbst langjährige Leiterin einer Wohngruppe für verhaltensauffällige Jugendliche. Zielsetzung war, Bedingungen zu erfassen und zu verstehen, die sowohl erzieherisches Handeln für Jugendliche subjektiv bedeutsam machen als auch die Sinnhaftigkeit und Notwendigkeit der Hilfestellungen auf den Prüfstand stellen. Sie resümiert: „Pädagogische Arbeit kann nur gelingen, wenn das Verhalten, Denken, Fühlen und Handeln dieser Jugendlichen nicht nur unter dem Blickwinkel der eigenen Weltsicht, sondern insbesondere unter der Perspektive der Sinngebung der Jugendlichen selbst erfaßt wird, da nur so gegenseitiges Vertrauen, Achtung, Wertschätzung und damit der Aufbau einer Beziehung als Voraussetzung erzieherischer Einflußnahme möglich ist" (ebd., S. 63; vgl. auch Schrenk, 2009).

Mittels einer explorativen Studie wurde das Erleben ehemaliger Heimkinder für den Raum Regensburg beschrieben: Jugendliche und junge Erwachsene sollten insbesondere bewerten, wie sie die Fachkräfte im Heim bzw. Jugendamt erlebt hatten und welchen Einfluss diese auf die weitere Sozialisation der Betroffenen hatten. Sgolik und Buchholz-Graf (2010) fassen die wesentlichen Ergebnisse zusammen: Drei von vier Befragten (73%) sprechen über „wichtige Beziehungen" zum Fachpersonal, 75,7 % fühlten sich während der Heimunterbringung von den Fachkräften ernst genommen. Tendenziell zeigen sich Personen mit vergleichsweise langem Aufenthalt (über zwei Jahre) zufriedener. Befragte Personen, die in relativ jungen Jahren und dazu vergleichsweise lange untergebracht waren, bewerteten die MitarbeiterInnen des Jugendamts im Vergleich zum Fachpersonal der Einrichtungen mit schlechteren Noten; dieser Umstand könnte mit einer geringeren Kontakthäufigkeit in Zusammenhang stehen und „besonders bei den Langzeitfällen zum Tragen kommen" (ebd., S. 111).

Das kleinere Forschungsprojekt „14plus" aus Stuttgart (Trelle & Kuhrt, 2015), das sich die Aufgabe gestellt hat, ein niedrigschwelliges Angebot für schwer erreichbare Jugendliche aufbauend auf deren Befragung zu entwickeln, belegt die hilfreichen Eigenschaften eines Milieus mit authentischen Verbindungen zu erwachsenen Bezugspersonen. Als Erfolgskriterium benannten die Jugendlichen „echte Sorge spüren, … die sie auch nicht ‚betüttelt'" (S. 150). Außerdem stellten „das Aushalten der jungen Menschen und das Dranbleiben … die wichtigsten pädagogischen Grundhaltungen des Konzepts in der Arbeit mit den jungen Menschen" (S.152) dar.

Von 2001 bis 2003 führten Munsch und Zeller (2003) im Rahmen des Bundesmodellprojekts INTEGRA („Implementierung und Qualifizierung integrierter, regionalisierter Angebotsstrukturen in der Jugendhilfe am Beispiel von fünf Regionen") 26 narrative Interviews mit Jugendlichen ab 14 Jahren und ihren Eltern. Ein überraschendes Ergebnis war, dass die Eltern von der Jugendhilfe vor allem Kompetenz im Umgang mit Behörden lernen wollen und nicht in erster Linie die Verbesserung der Erziehungsfähigkeit. Als Unterstützung beim gesamten Hilfeprozess wird außerdem „eine Hilfe erlebt, die sich flexibel an den Bedürfnissen der AdressatInnen orientiert" (Munsch, 2007, S. 46) und demnach nicht von vorgegebenen (Zeit-)Plänen und eingrenzenden Programmen dominiert wird. Die Ziele der AdressatInnen stimmen daher nicht immer mit den konzeptionellen Zielsetzungen Professioneller überein – eine Tatsache, die der Aufmerksamkeit in Forschung und Praxis bedarf. Wolf sichtete und beurteilte 2007 im Rahmen der oben angesprochenen Initiative „Wirkungsorientierte Jugendhilfe" zwölf qualitative Studien. Neben transparenten Strukturen und einem respektvollen Klima und Setting der Einrichtung kristallisierten sich insbesondere ein Eingehen auf die jeweils spezifische Biografie und die Förderung persönlicher und institutioneller Netzwerke der jungen Menschen als konstitutiv für eine gute Hilfe heraus. Ähnlich wie in der Untersuchung des Arbeitskreises Therapeutischer Jugendwohngruppen (2009) stechen jedoch insbesondere gelungene Beziehung und Einbettung als Wirkfaktoren

hervor. Gelingt in einer gemeinsamen Koproduktion eine Verknüpfung eines vertrauensvol-
len Beziehungsgefüges zugleich mit Möglichkeiten der Orientierung an transparenten
Strukturen, verspricht dies den meisten Erfolg (vgl. auch Gahleitner, 2017a, 2017b).

Im Zuge dessen wird auch Elternarbeit in Wissenschaft wie Praxis immer stärker in den
Blick genommen. Eine zwar nicht adressatInnentypische Studie, jedoch an den Interessen
der Eltern als AdressatInnen orientiert, führten Arnold und Macsenaere (2015) durch. Die
empirische Analyse von 17.000 Hilfen im ambulanten und (teil)stationären HzE-Bereich
zeigt, dass die Arbeit mit Eltern eine Vielzahl (73,6%) zielgerichteter eltern- und familien-
bezogener pädagogisch-therapeutischer Interventionen beinhaltet und somit einen wesentlichen Erfolgsfaktor für die Kooperation der Adressierten und das Gelingen der Hilfen
darstellt (ebd.). Insbesondere ist hervorzuheben, dass „der vorliegenden Auswertung eine in
qualitativer Hinsicht recht hochschwellige Definition von Elternarbeit zugrunde gelegt
wurde" (ebd., S. 9). In Bezug auf Elternarbeit mit Familien in prekären Lebenssituationen
und/oder mit Migrationshintergrund sowie auf genderbezogene Fragestellungen werden
jedoch große Optimierungsbedarfe festgestellt. Die Wichtigkeit der Kooperation mit den
Eltern belegen weiterhin sowohl Mayer (2017) mit acht qualitativ ausgewerteten Interviews in Österreich als auch Gabriel, Gavez, Keller und Schmidt (2009) für den Kanton
Zürich.

Insgesamt kann festgehalten werden, dass Kinder und Jugendliche sowie Eltern auch in
adressatInnenorientierten Studien vor allem positive Aussagen über Heimaufenthalte machen. Dies korrespondiert mit dem entgegengesetzten Pol, den sog. Nutzen-Kosten-
Relationen. Roos (2002; vgl. aktuell Macsenaere, 2016) stellte dazu Berechnungen an: Bei
Jungen ergab sich insgesamt eine Nutzen-Kosten-Relation von +1,95 Euro, was bedeutet,
dass ein in Heimerziehung investierter Euro im weiteren Lebensverlauf gesamtwirtschaft-
lich mit 2,95 Euro zurückgezahlt wird, also der Volkswirtschaft einen Gewinn von +1,95
Euro einbringt. Entsprechend ergibt sich bei Mädchen eine Nutzen-Kosten-Relation von
+2,00 Euro (vgl. Zinkl & Roos, 2007). Macsenaere, Keller und Arnold (2010) fügen diesen
Ergebnissen hinzu, dass die Kosten-Nutzen-Relation stark von der Hilfedauer abhängt. So
erreichen Hilfen von unter einem Jahr Dauer einen kritischen Wert von 1:0,74, bei ein bis
zwei Jahren 1:3,35 und bei über zwei Jahren Dauer sogar 1:3,85, obwohl die Kosten mit
der Hilfedauer linear steigen. Heimerziehung lohnt sich folglich auch aus wirtschaftlicher
Sicht, da sie in späteren Jahren zusätzliche Produktivität und Erwerbstätigkeit erzielt und
auf lange Sicht zur Verminderung von Ausgaben in den Bereichen Arbeitslosigkeit, Delinquenz und Gesundheit führen kann.

2.4   Rückblick auf die Ergebnisse der vorherigen Studie KATA-TWG

Das Forschungsprojekt KATA-TWG, auf dem die vorliegende BEGEVAL-Studie beruht, hat in den Jahren 2007 bis 2009 über eine Mixed-method-Studie eine explorative Annäherung an Wirkungsforschung über eine mehrperspektivische Evaluation gesucht. Eine Kombination aus qualitativen und quantitativen Herangehensweisen mit adressatInnenorientierten qualitativen Interviews mit ehemaligen BewohnerInnen und ihren BetreuerInnen sowie Leitungskräften auf der einen Seite und einer quantitativen Aktenanalyse von 237 Betreuungsakten auf der anderen Seite ermöglichte eine Annäherung von verschiedenen Seiten und die Ausleuchtung durch eine Triangulation der Ergebnisse (vgl. ausführliche Informationen zum methodischen Vorgehen im Forschungsbericht: AK TWG, 2009). Im Folgenden werden in gebotener Kürze die damaligen Ergebnisse zusammengefasst, da sie die Grundlage für die vorliegende Untersuchung darstellen und in Ergebnissen sowie Diskussion darauf wiederholt Bezug genommen wird.

Anhand der vorliegenden quantitativen Ergebnisse der Studie (n = 237) ist davon auszugehen, dass TWGs einen Rahmen für die Jugendlichen schaffen, der für ihre Entwicklungsperspektive, ihr Wachstum, ihre Möglichkeiten der Problembewältigung und für ihre Ressourcenaktivierung förderlich ist. Bei ca. zwei Drittel der Jugendlichen können eindeutige Verbesserungen im Bereich der interventionsbedürftigen Probleme festgestellt werden, obwohl die Jugendlichen und BetreuerInnen den Ergebnissen der quantitativen und qualitativen Untersuchung zufolge durchweg Multiproblemlagen und komplexe psychiatrische Diagnosen in der Vorgeschichte der Jugendlichen schildern. Der familiäre Hintergrund der Ursprungsfamilie weist entweder extreme Konfliktlagen, Verwahrlosungstendenzen, physische und/oder sexuelle Gewalt, Armut, soziale Isolierung bzw. gesellschaftliche Stigmatisierung oder manifeste psychische Krankheiten der Eltern auf, in jedem Fall jedoch Bindungsdefizite oder bereits manifeste Bindungsstörungen.

Als elementare Säulen des Konzepts der TWGs lassen sich aus der KATA-TWG-Studie folgende Charakteristika der Hilfeleistung herauskristallisieren: Beziehungsarbeit innerhalb einer haltgebenden Struktur und eines aufrichtigen Dialogs, Fachkompetenz und personelle, disziplinäre sowie methodische Vielfalt bzw. Vernetzungskompetenz. Psychotherapie entfaltet sich in der Regel fruchtbar auf dem Boden dieses Beziehungsgefüges, seltener als Alternativangebot dazu. Ähnlich verhält es sich mit dem Einfluss der Peers, sowohl für die gesamte Gruppe als auch für Freundschaftsbeziehungen. In der Regel entfaltet der gemeinsame Alltag mit der Gruppe oder mit Peerbeziehungen seine Wirkung eher auf dem Boden der Betreuungsarbeit. Letztlich bedeutet dies: In Einrichtungen, in denen es gelingt, pädagogisches Handeln und therapeutisches Verstehen in Form von Milieuarbeit in Einklang zu bringen, ist der Erfolg am deutlichsten. MitarbeiterInnen aus allen Bereichen profitieren daher von beraterischen und therapeutischen Zusatzausbildungen, weil dann die Beziehungs- und Arbeitsräume in ihrer Unterschiedlichkeit abgestimmt im Lebensalltag der

Jugendlichen zusammenwirken können. Innerhalb der Arbeit im Lebensalltag der Jugendlichen lässt sich Bindungs- und Beziehungsarbeit als wichtigster Faktor in der Arbeit begreifen. Bindungsarbeit bedeutet nicht nur eine Grundlage zu Beginn des Hilfeprozesses, auf der gearbeitet werden kann, sondern jede Intervention entfaltet ihre Wirkung durch die Qualität der Bindungs- und Beziehungsarbeit (Gahleitner, 2017a, 2017b). Die Untersuchungsergebnisse zeigen hier eine große Nähe zu mentalisierungsbasierter Therapie (Reiter, Bock, Althoff, Taubner, & Sevecke, 2017) und sozialtherapeutischen Unterstützungssettings (Romanowski & Pauls, 2017).

Die Ergebnisse der qualitativen Untersuchung korrespondieren zudem an der Stelle der Aufenthaltsdauer und der Kooperationsfähigkeit aufschlussreich mit den Ergebnissen der Aktenanalyse. Kooperationsvermögen stellt nach der Aktenanalyse einen der wichtigsten Einflussfaktoren auf die Hilfe dar. Der Einfluss des Gruppenzusammenhangs kann positiv bis hin zu rückfallgefährdend oder ,ansteckend negativ' erfahren werden. Gleiches gilt für das Thema der Stigmatisierungskomponente, ein Preis, den nahezu alle Jugendlichen in einem gewissen Umfang zu zahlen haben, die aufgrund der desolaten Bedingungen des Aufwachsens eine institutionelle Hilfe in Anspruch nehmen müssen. Institutionen bieten KlientInnen neue Entwicklungsräume, jedoch auch lebenslang eine gewisse Verortung als ,Hilfesuchende'. Dieser Ebene entgegenzuwirken, verlangt eine klare ethisch-politische Ausrichtung, die sich nicht nur in der Außenwelt in politischen Gremien, sondern vor allem in der tagtäglichen Arbeit mit den Jugendlichen eindeutig zu einer reflektierten Grundhaltung bekennt und die Ursachen dort verortet, wo sie entstanden sind: in aller Regel außerhalb der Jugendlichen selbst, in ihrem Umfeld und ihrer Umwelt, im gesellschaftlich-aktualpolitischen Raum von Modernisierungs- und Exklusionsprozessen. Dies bedeutet, dass das Betreuungsteam sich auf jeden Fall im Arbeitsalltag parteilich-reflektiert positionieren muss.

Als Qualifikationsprofil für die Fachkräfte in den TWGs ergibt sich daraus eine Kombination aus Anforderungen im Bereich Bindungs- und Beziehungsarbeit, Fachwissen zur vorherrschenden Problematik (z.B. Trauma), Strukturgebung, Flexibilität, Teamgeist, Vernetzungskompetenz, Selbstreflexion und Psychohygiene. Fort- und Weiterbildung, Supervision, Intervision und ein guter Teamgeist sind Voraussetzung, um in der komplexen Anforderung gute Arbeit zu leisten. Dies bedeutet für das multiprofessionelle, gemischtgeschlechtliche Team, im Lebensalltag fachlich qualifiziert eine produktive Korrespondenz sozialarbeiterischer Unterstützung, sozialpädagogischen Handelns und psychotherapeutischen Verstehens herzustellen. Damit wird eine konstruktive interdisziplinäre Zusammenarbeit ermöglicht, in der die unterschiedlichen Beziehungs-, Bearbeitungs- und Alltagsräume hergestellt und in ein fruchtbares Zusammenspiel gebracht werden können. Für einige Jugendliche bleibt den Interviews zufolge in schwierigen Zeiten nach dem TWG-Aufenthalt das Angebot der BetreuerInnen bzw. Einrichtungen, sich – auch nach der Hilfeleistung – an sie zurückzuwenden, der letzte Rettungsanker.

2.5   Resümee

Die Auflistung der durchgeführten Untersuchungen erhebt keinen Vollständigkeitsanspruch, soll aber durch die zusammengetragenen Ergebnisse aus (meist) deutschsprachigen Ländern einen Überblick darüber verschaffen, wie sich die Kinder- und Jugendhilfeforschung in den letzten Jahren entwickelt hat und in welchen Forschungskontext das vorliegende Projekt eingebettet ist. Zusammenfassend kann vermerkt werden, dass die AdressatInnen selbst ihre jeweiligen biografischen Vorerfahrungen im Familiensystem und oftmals auch bereits in der Jugendhilfe mitbringen, dass die Jugendämter und Zuweisungsstellen eine sorgfältige diagnostische Abklärung und wirkungsorientierte Hilfeplanung (z. B. ausreichende Dauer!) als Aufgabe haben und dass in den Einrichtungen selbst die Qualifikation der Fachkräfte in Bezug auf die Problematiken der Jugendlichen, insbesondere auf die Beziehungs- und Einbettungsgestaltung, die partizipative Einbindung und Ressourcenorientierung die Wirkung ausmacht (Macsenaere, 2017).

Die Gesamtbilanz ist in jedem Falle als positiv zu betrachten, in Bezug auf das wachsende Forschungsbewusstsein wie auch auf die Ergebnisse. „Selbst mit Blick auf vergleichsweise stark individualisierte psychologische bzw. in Psychopathologiekriterien beschriebene Problemlagen, schneiden Maßnahmen der Sozialen Arbeit insgesamt nicht schlechter ab, als von Psychologen durchgeführte Psychotherapien" (Ziegler, 2016, S. 4; unter Verweis auf Seligman, 1995). Auf jeden Fall gibt es zu einer „Selbstverzwergung keinen Anlass" (Ziegler, 2016b, S. 4). Dennoch besteht Bedarf an weiteren Studien und Belegen. Zudem hat die Jugendhilfeforschung die Wirkungsforschung auch in eine andere – praxisangemessenere – Richtung beeinflusst. Albus (2011) hält fest: „Wirksamkeit wird ... nicht primär anhand der Wiederherstellung psychischer Gesundheit, ... bloßer Integration in den Arbeitsmarkt oder in Beziehungen bewertet, sondern anhand der Möglichkeiten, die Kindern und Jugendlichen geboten werden, ein gutes Leben nach ihren Vorstellungen verwirklichen zu können" (S. 44).

Die Ergebnisse der einzelnen Untersuchungen werden daher im weiteren Verlauf wieder herangezogen und mit den vorliegenden Ergebnissen in Beziehung gesetzt, mit dem Ziel, die bestehenden Praxismodelle dieses Jugendhilfesegments in einen möglichst umfassenden Rahmen zu setzen und Reflexionsprozesse in den Einrichtungen selbst in Gang zu bringen. Zunächst sollen jedoch die untersuchte Einrichtung und der methodische Hintergrund der Studie exemplifiziert werden.

3 Die untersuchten Einrichtungen und ihre konzeptionellen Überlegungen

Das Angebot Therapeutischer Jugendwohngruppen (TWGs) richtet sich an Jugendliche und junge Erwachsene zwischen 14 und 21 Jahren sowie an deren Eltern. Viele der Jugendlichen haben Verhaltensauffälligkeiten oder psychiatrische Symptomatiken entwickelt, die ihre momentane Situation und ihr jeweiliges Umfeld überfordern. Dazu gehören u. a. schwere Traumata, Bindungsstörungen, Persönlichkeitsstörungen, Essstörungen, Selbstverletzung, Sucht, soziale Störungen. Ein erheblicher Anteil der Jugendlichen war zuvor in psychiatrischen Kliniken untergebracht oder wurde ambulant jugendpsychiatrisch behandelt. Jugendliche mit diesen Problematiken brauchen eine Unterstützung durch die Jugendhilfe und haben nach § 27 in Verbindung mit den §§ 27 (3), 30, 34, 35, 35a und 41 KJHG einen gesetzlichen Anspruch darauf. Ziele sind die Erlangung von Selbstverantwortung und ein eigenständiges Leben außerhalb psychiatrischer oder sozialpädagogischer Institutionen.

Der Unterschied zwischen regulären Jugendwohngemeinschaften und Therapeutischen Wohngruppen besteht dabei nicht in einer längeren Betreuungsdauer, sondern einer grundsätzlich anderen Betreuungsqualität, in der ein multiprofessionelles Team ein „Pädagogisch-Therapeutisches Milieu" etabliert (siehe Kap. 3.1). Die Herstellung des Pädagogisch-Therapeutischen Milieus" dient dazu, Alternativerfahrungen auf Bindungs-, Beziehungs- und sozialer Ebene bereitzustellen, da Jugendliche, die in therapeutische Wohngruppen aufgenommen werden, in der Regel fortgesetzte negative Beziehungserfahrungen gemacht und daraus hervorgehend schwere Bindungsproblematiken entwickelt haben. „Therapeutisches Milieu" bedeutet dabei nicht etwa eine Therapeutisierung des Alltags, sondern die Wahrnehmung der Jugendlichen durch das Betreuungsteam vor einem professionellen Hintergrund, also unter Einbezug eines professionellen Verständnisses von Störungsbildern, Krisenanfälligkeiten, Dynamiken, jedoch auch von Ressourcen und der subjektiven Perspektive der Jugendlichen (Gahleitner, Ossola & Mudersbach, 2005).

Auf dem Boden der Milieuarbeit können die Interventionen je nach Situation und Indikation stützenden oder konfrontierenden Charakter haben. Trotz der Schwere der Symptomatiken der Jugendlichen steht die Entwicklungsperspektive des KJHG als Leitlinie im Mittelpunkt der Arbeit. Die Jugendlichen sollen in die Lage versetzt werden, mit ihrer spezifischen Störung bzw. Problematik zu leben und die nächste psychosoziale Entwicklungsstufe trotz der erfahrenen erschwerten biografischen Bedingungen zu erreichen, indem sie neue Bewältigungsstrategien erlernen und sich in einer krisenhaften Situation zum richtigen Zeitpunkt an der richtigen Stelle Hilfe holen können (Lindauer, 2005). Ein ‚Zuviel' an Versorgung und Unselbstständigkeit wird laut den Konzepten der einzelnen Einrichtungen dabei ebenso vermieden wie der Aufbau eines psychiatrieähnlichen Rahmens und Milieus (Gahleitner & Schmude, 2005). Inklusionsprozesse und eine grundsätzlich dialogisch und partizipativ orientierte Vorgehensweise gehören ebenfalls zum angestrebten Ziel der Einrichtungen (Meybohm, 2005).

Zu den Hilfezielen im Einzelnen zählt die Förderung innerpsychischer, jedoch zugleich alltags- und realitätsbezogener Entwicklungsprozesse. Dies umfasst z. B. die Arbeit an den Themen Selbstwert und Autonomie, die Stärkung vorhandener bzw. der Aufbau neuer Ressourcen und Kompetenzen zur adäquaten Selbstregulation und zur eigenverantwortlichen Alltagsbewältigung. Unterstützung brauchen Jugendliche dabei i.d.R. bei der konstruktiven Bewältigung von Ablösungskonflikten, der Herbeiführung von Klärungen familiärer Verstrickungen und bei der Integration in altersentsprechende schulische, berufliche und soziale Kontexte (Lindauer, 2005). Die Teams der Therapeutischen Jugendwohngruppen sind dafür meist interdisziplinär zusammengesetzt. Sie bestehen aus weiblichen und männlichen Fachkräften mit sozialpädagogischer, psychologischer oder ErzieherInnenausbildung, zumeist mit diversen Zusatzqualifikationen aus den Bereichen Beratung, Psychotherapie, Kinder- und Jugendlichenpsychotherapie, Gruppentherapie, Kunsttherapie und Familienberatung bzw. -therapie.

Die enge Verknüpfung von pädagogischer und therapeutischer Arbeit findet in kleinen gemeinsamen Wohnbereichen statt und beinhaltet wöchentliche interdisziplinäre Fachgespräche innerhalb des Betreuungsteams. In enger Verzahnung mit dem Alltagsbereich, jedoch auch mit ausreichend Distanz dazu, bieten Angebote wie Kinder- und Jugendlichenpsychotherapie, Familientherapie und/oder Gruppentherapie einen zusätzlichen Reflexions- und Entwicklungsraum für die Jugendlichen zur Bearbeitung spezifischer Thematiken. In enger Kooperation mit Jugendämtern, Kliniken und ÄrztInnen, Schulen, Ausbildungs-/Arbeitsstätten und anderen zentralen Sozialisationsagenturen arbeiten alle TWGs trotz konzeptueller Unterschiede am jeweiligen Einzelfall orientiert, mithilfe kontinuierlicher Einzelgespräche unter aktivem Einbezug der Jugendlichen und mit klarer Tagesstruktur, ob dies nun den Besuch einer Schule, einer Ausbildungsstätte, einer Tagesklinik oder eines Praktikums bedeutet. Begleitung bei alltagspraktischen Anforderungen wie z.B. dem Umgang mit Behörden sowie hygienischen, hauswirtschaftlichen und finanziellen Aspekten gehören zum selbstverständlichen Angebot (Lindauer, 2005).

Das psychotherapeutische Angebot beinhaltet Aspekte wie Diagnostik (Pauls, 2008; Gahleitner & Rajes, 2008; Wolfrum, 2008), Prozessbegleitung, Therapieanbahnung, Durchführung von Psychotherapie, Gruppentherapie und Krisenintervention. Jede/r Jugendliche hat zunächst einige Gesprächstermine, die der persönlichen Anbindung und dem Vertrautwerden mit einem therapeutischen Setting dienen, das für Jugendliche zunächst häufig mit unangenehmen Assoziationen/Bewertungen verknüpft ist. In vielen Einrichtungen finden in regelmäßigen Abständen gruppentherapeutische Sitzungen und Gruppengespräche statt, die den Aufbau und die Gestaltung von Peerbeziehungen unterstützen (Egel & Rosemeier, 2008). Im Zuge des familientherapeutischen Angebots geht es um Diagnostik in Bezug auf familiäre Interaktionsmuster, um Begleitung des Prozesses der gesamten Familie während der Unterbringung und um familiäre Krisenintervention. Allen Familien, Eltern oder wichtigen Bezugspersonen werden regelmäßige familientherapeutisch orientierte Gespräche angeboten, die je nach Einzelfall in unterschiedlichen Settings stattfinden (Nürnberg & Wolfrum, 2008; Otto, 2008; Rosemeier & Hestermeyer, 2005).

Auch wenn sich die Einrichtungen konzeptuell unterscheiden, haben sie jedoch gemeinsam, innerhalb des multiprofessionellen, gemischtgeschlechtlichen Teams das heilsame Milieu auf eine Weise zu etablieren, dass sozialarbeiterische Unterstützung, sozialpädagogisches Handeln und psychotherapeutisches Verstehen im Lebensalltag miteinander in Einklang gebracht werden. Sie vertreten gemeinsam eine wirkungsorientierte Grundkonzeption, die im Folgenden an einigen zentralen Aspekten erläutert wird.

3.1 Das Pädagogisch-Therapeutische Milieu

Zu Beginn des 20. Jahrhunderts erfuhren psychoanalytische und bindungstheoretische Überlegungen im Kontrast zu rein autoritären Konzepten der Kindererziehung Aufwind (du Bois & Ide-Schwarz, 2001). Eine Reihe heilpädagogischer Heime fungierte als Vorläufer kinderpsychiatrischer Stationen. Aufgrund unterschiedlicher historischer Verortungen und eines heterogenen Gebrauchs des Begriffs „therapeutisches Milieu" ergibt sich allerdings nicht nur die Schwierigkeit, die Inhalte der Milieutherapie bzw. den Zuständigkeitsbereich genau zu definieren (Trieschman, Whittaker & Brendtro, 1969/1975), in der heutigen Versorgungslandschaft führt er häufig zu Missverständnissen. Auf Fachtagungen und in Diskussionen mit FachkollegInnen wird unter der Begrifflichkeit „therapeutisches Milieu" immer wieder der hervorstechende Einfluss psychotherapeutischer Interventionen verstanden, nicht etwa – wie es Milieukonzepte eigentlich vertreten –, dass das heilsame bzw. förderliche Geschehen im natürlichen Lebensalltag der AdressatInnen stattfindet und von dort aus seine Wirkung entfaltet (vgl. zum Konzept des Milieus detailliert Gahleitner, 2016a, 2017a, 2017b, und die vier Herausgabebände des Arbeitskreises der Therapeutischen Jugendwohngruppen Berlin: AK TWG, 2005, 2008, 2012, 2017).

Eben Letzteres jedoch haben aktuelle Jugendhilfestudien aufgezeigt (AK TWG, 2009; Gahleitner et al., 2015; Gahleitner, Frank, Hinterwallner, Gerlich & Schneider, 2016). Kinder und Jugendliche aus stationären Einrichtungen weisen eindeutig den Fachkräften im Alltag die größte Veränderungsrelevanz für positive Verläufe zu. Aus der Konzeption des „therapeutischen Milieus" die Logik abzuleiten – wie dies durchaus häufig geschieht –, in stationären Kinder- und Jugendhilfekontexten sei es damit getan, einzelne qualifizierte Kinder-

und JugendlichenpsychotherapeutInnen anzustellen und die Fachkräfte, die den Alltag mit den Kindern und Jugendlichen bestreiten, mit schlecht bezahltem und gering qualifiziertem ‚Bodenpersonal' auszustatten, ist folglich ein fataler Irrtum. „Therapeutisches Milieu" – oder unmissverständlicher ausgedrückt „Pädagogisch-Therapeutisches Milieu" – bedeutet also offenbar „ausdrücklich nicht eine Therapeutisierung des Alltags, sondern eine explizite Betonung auf pädagogisch verwurzelte Betreuungskonzeptionen" (Gahleitner, 2011, S. 9).

Das „Hauptinteresse gilt dabei jenen 23 Stunden, die außer der psychotherapeutischen Sitzung vom Tag noch verbleiben – denn es ist dann und dort, dass das Milieu am stärksten zur Wirkung kommt" (Trieschman et al., 1969/1975, S. 23). Als Herzstück der Arbeit gilt dabei „ein von Erzieher und Kind gemeinsam durchlebter, tiefenpsychologisch reflektierter und gestalteter Alltag" (Krumenacker, 2001, S. 18), der dem Beziehungs- und Interaktionsgeschehen und der Nachnährung die entscheidende Wirkung zuschreibt. Unter „Umwelt" wird im Zusammenhang milieutherapeutischer Überlegungen auch das Ambiente von Gebäuden, Räumen und Ausstattungen gefasst, das einen schützenden und Halt gebenden Rahmen etablieren soll. Redl (1971) forderte zudem bereits früh, dass die Maßnahmen spezifisch auf die jeweiligen Kinder zugeschnitten sein und unter ihrer Beteiligung, also partizipativ, erfolgen müssten. Das „therapeutische Milieu" lässt sich somit als ein zusammenfassender Begriff für sämtliche Aspekte eines pädagogisch-therapeutischen Gesamtsystems verstehen (Becker, 2005), einer „demokratischen, repressionsarmen Lebensgemeinschaft ..., die ihre Stabilität wesentlich durch die therapeutisch reflektierten personalen Bindungen" (Müller, 1999, S. 406) erhält.

Die Herstellung dieses „Milieus" erfolgt dafür auf mindestens zwei Ebenen: (1) auf der Alltagsebene durch die Etablierung einer stationären Bezugsbetreuung, und (2) auf der psychotherapeutischen Ebene durch das Angebot einer tragfähigen – vom Alltag entlasteten – therapeutischen Beziehung. In enger Vernetzung machen die Angebote zwei Beziehungsräume möglich: einerseits eine klar strukturierte und nach außen orientierte Alltagsbeziehung und andererseits eine nach innen orientierte, Raum gebende, vor dem Alltag geschützte therapeutische Beziehung. Beide eröffnen gleichermaßen Alternativerfahrungen – sowohl in Bezug auf das Angebot von Schutz und Fürsorge als auch bezüglich des verantwortungsvollen Umgangs mit Grenzen – und ermöglichen Unterstützung und Verbundenheit im vorsichtigen Wiederaufbau der Selbstorganisation und Dialogfähigkeit. Optimal ist es, wenn eine dritte erfahrungsorientierte Ebene eines kreativtherapeutischen Übergangsraums für die Jugendlichen nutzbar wird (ausführlich Gahleitner, 2017a).

Böhnisch (1994; 2004/2008, S. 439f.) formuliert zudem vier Dimensionen eines „pädagogischen Milieus": eine personal-verstehende Dimension, in der die Kinder und Jugendlichen in ihrem Milieubezug akzeptiert und verstanden und ‚neue Milieus' dem ‚alten' entgegengesetzt werden, eine aktivierende Dimension, in der gemeinsam nach neuen Ressourcen gesucht wird, eine pädagogisch-interaktive Dimension, in der über einen gemeinsamen

Milieubezug Sicherheit und Vertrauen aufgebaut und ein förderliches soziales Klima bereitgestellt wird, und eine infrastrukturell orientierte Dimension, die die nötige Vernetzung und einen Strukturrahmen bietet – im Sinne aktivierender sozialräumlich-lebensweltlicher Kontexte (ebd.). Die Überlegungen weisen große Nähe zu aktuellen traumapädagogischen Konzeptionen auf (vgl. z.B. Weiß, 2003/2016).

3.2   Bindungs-, Beziehungs- und Einbettungsgestaltung

Milieuarbeit basiert in erster Linie auf förderlichen menschlichen Begegnungen und Beziehungen (Gahleitner, 2016b). Als Qualitätsmerkmal erweist sich demnach ein eng geknüpftes Netz aus positiven und verlässlichen Beziehungen, das durch eine angemessene Sozialisationsstruktur und fundiertes Fachwissen über die jeweiligen Problematiken hindurch gewebt wird (AK TWG, 2009). Positive Bindungen bedeuten ein Gefühl von innerer Sicherheit und damit auch von Fähigkeiten zur gelingenden Stressregulation sowie zu grundlegenden emotionalen wie kognitiven Steuerungsprozessen. Sie entwickeln sich in der Regel in frühen Bindungsbeziehungen (vgl. Ziegenhain & Gloger-Tippelt, 2013). Bei traumatisierten Kindern und Jugendlichen sind die Fähigkeiten daher stark eingeschränkt bzw. geschädigt.

In aller Regel haben Kinder und Jugendliche, die in die stationäre Jugendhilfe aufgenommen werden, fortgesetzte negative Beziehungserfahrungen gemacht. „Hoffnungsvolle Bindungen" (Hart, 2006, S. 207) können aber auch in dieser Situation noch, also im späteren Leben, die Basis dafür sein, im Sinne einer „Nachsozialisation" neue positive Erfahrungen den vergangenen traumatischen Erlebnissen gegenüberzustellen. Sie sind daher Basis jedes erfolgreichen pädagogischen Handelns. Der gemeinsame Alltag mit der Gruppe oder in Peerbeziehungen entfaltet seine Wirkung auf dem Boden dieses gesamten, aufeinander abgestimmten Betreuungsnetzwerkes. Dies kann jedoch nicht gelingen, ohne dass alle Fachkräfte über bindungstheoretische Grundlagen sowie Aspekte traumatischer Erfahrungen, Belastungen und Bewältigungsmöglichkeiten informiert sind (Gahleitner, 2011).

Zugegebenermaßen verengte sich Bowlbys (1973/2006) ursprünglich durchaus komplex angelegte Theorie, die entwicklungspsychologisches und klinisch-psychoanalytisches Wissen mit evolutionsbiologischem und systemischem Denken verknüpfte, in der Rezeption eine Zeit lang stark auf die Mutter-Kind-Dyade und die ersten Lebensjahre. Dies führte vielfach zu der Kritik an der Bindungstheorie, zu individuenzentriert, ethologisch und normorientiert ausgerichtet zu sein (insbesondere Beck-Gernsheim, 1981). Heute hat sich die Bindungstheorie jedoch stark „sozial geöffnet", aktuelle Diskussionen einbezogen (Drieschner, 2011; Gahleitner, 2017b) und lässt sich auch als Entwicklungstheorie im Sinne breiterer Interaktionserfahrungen unter Einbezug gesellschaftlicher und historischer Perspektiven verstehen. Denn gerade in der Traumapädagogik hat man es nie mit isolierten

Individuen zu tun, sondern benötigt eine deutlich erweiterte Perspektive. Es geht um die „person-in-environment" (Germain & Gitterman, 1980, S. 3; vgl. auch Richmond, 1917; Karls & Wandrei, 1994; Dorfman, 1996) und um ein „Gefüge psychischer Sicherheit" (Grossmann & Grossmann, 2004).

Gelungene oder weniger gelungene Interaktionen werden auf diese Weise zu einem grundlegenden Organisationsprinzip der gesamten weiteren Entwicklung – auch die ganze Zeit in der stationären Kinder- und Jugendhilfe über –, wenn sie denn angemessen vom Betreuungspersonal genutzt werden. Es überrascht daher nicht, wenn auch in der Forschung immer wieder deutlich wurde, dass „korrektive emotionale Erfahrungen" den Erfolg professioneller Begleitung maßgeblich beeinflussen (Alexander & French, 1946; Cremerius, 1979; Grawe, 2004; Orlinsky et al., 1994). Als auslösende Faktoren für die Herstellung und Aufrechterhaltung dieser „korrektiven emotionalen Erfahrungen" gelten nach diesen Ergebnissen die „unausgesprochene Affektabstimmung" sowie das „affektive Klima" (Brisch, 1999, S. 94) im Sinne eines Mikrokosmos von Feinabstimmungen (vgl. Rahm, 2005). Aktuellen Forschungsergebnissen zufolge sind aus dieser Perspektive jedoch neben der Bindungstheorie insbesondere Netzwerktheorien und Theorien sozialer Unterstützung heranzuziehen (Laireiter, 2009; Nestmann, 2010; Röhrle, 2001).

Eine darauf ausgerichtete Intervention mit Kindern und Jugendlichen arbeitet daher nicht nur an der Beziehungsdyade, sondern gestaltet nach dem Sozialitätsprinzip durch diese Beziehung hindurch das vergangene, gegenwärtige und zukünftige Beziehungsumfeld der KlientInnen. In der Arbeit mit Kindern und Jugendlichen spielt dabei häufig auch eine gelungene Einbettung in tertiäre Netzwerke und Kooperationszusammenhänge, z.B. in Kinder- und Jugendhilfestrukturen, eine bedeutsame Rolle (vgl. Gahleitner & Homfeldt, 2012, 2016). Gelungene Bindungsprozesse herzustellen klingt daher sehr einfach, hat aber inhaltlich wie praktisch vielfältige Implikationen.

3.3   Die Ermöglichung von Exploration und gelungener Ablösung

Psychosoziale Fachkräfte verfügen in der Praxis über einen immensen Schatz an fachrelevanten Erfahrungen, häufig fällt es jedoch aufgrund des komplexen Arbeitsalltages schwer, das erworbene Erfahrungswissen systematisch an Konzepte zurückzubinden und selbstbewusst auf die eigene Berufsidentität zurückzugreifen (Gahleitner & Schulze, 2009). Dies gilt auch und besonders für eine professionelle Bindungs- und Beziehungsarbeit, die den Kindern nicht nur Sicherheit und eine angemessene Einbettung, sondern vor allem weitreichende Explorations- und Entwicklungsmöglichkeiten verschaffen soll. Dabei geht es zudem nicht nur um Anerkennung in der Dyade, sondern um die Herstellung von „wertschätzenden Verhältnissen" im gesamten Umfeld. Insbesondere bereits früh in desolate Verhältnisse eingebundene Kinder und Jugendliche sind existenziell auf soziale Ressourcen angewiesen, die als positive Gegenhorizonte eine stabile psychosoziale Geborgenheit verbürgen könnten (Keupp, 1997).

„Dabei können vor allem Erzieher und andere wichtige Personen auch außerhalb der engen Kernfamilie eine entscheidende Rolle spielen" (Grossmann & Grossmann, 2004, S. 51). Der unumstritten wichtigste Schutzfaktor sind „schützende Inselerfahrungen" (Gahleitner, 2005, S. 63). Wie aber stellt man „schützende Inselerfahrungen" her? Psychosoziale Fachkräfte tun dies tagtäglich – häufig intuitiv. Es gibt aber auch gute theoretische Erklärungsmodelle dazu, warum dieser Aspekt in der Entwicklung und zum Schutz von Kindern so wichtig ist. Werden – bindungstheoretisch betrachtet – emotional wichtige Erlebnissequenzen bereits früh von mindestens einer Bezugsperson empathisch unterstützt, so werden „innere Gefühlszustände ... für das Kind auf der Ebene bewusster sprachlicher Diskurse ‚verfügbar'" (Grossmann & Grossmann, 2004, S. 419). Für diese Entwicklung braucht das durch traumatische Erfahrungen belastete Kind jedoch möglichst viele „emotional korrigierende Erfahrungen" (Brisch, 1999, S. 94). „Nach bisherigem Erfahrungswissen kann man davon ausgehen, dass die Korrektur des Verlustes von Vertrauen durch neue positive Erfahrungen über die Verlässlichkeit von Beziehungen der vielleicht wichtigste Ansatzpunkt zur Bearbeitung traumatischer Erfahrung ist" (Weiß, 2003/2016, S. 113).

Gelungene Beziehungssituationen – gleichgültig, ob in einer Therapie, einer Heimsituation oder einer Pflegestelle – werden auf diese Weise Stück für Stück zu einem grundlegenden Prinzip der emotionalen, sozialen und kognitiven Entwicklung in die Selbstständigkeit hinein: Man nennt diese Prozesse auch „Mentalisierungsprozesse" (vgl. Fonagy, Gergely, Jurist & Target, 2002/2004). Traumatisierte Kinder benötigen daher Alternativ-Erfahrungen, d.h. möglichst viele „schützende Inselerfahrungen", also Räume des Verstehens und des immer wieder neu Anknüpfens an eine konstruktive Veränderungsmöglichkeit, die sich aus den Alltagssituationen ergibt. Dazu bedarf es nicht nur einzelner dyadischer Beziehungen, sondern – wie bereits erwähnt – umfassende Beziehungsnetzwerke, bis hinein in konstruktive Vernetzungssettings unter Institutionen (Gahleitner, 2011, Kapitel 5). Kühn (2009) und Lang (2009) sprechen vom Begegnungsrahmen des „Sicheren Ortes", einem Konzept, das jenem der „schützenden Inselerfahrung" (Gahleitner, 2005, S. 63) stark ähnelt (vgl. auch Weiß, 2003/2016).

Stück für Stück können in „emotional-orientierten Dialogen" in solchen Räumen „korrektive Erfahrungen" gemacht und neue Fähigkeiten und Fertigkeiten ermöglicht werden (Kühn, 2009, S. 31). Auf diesen Überlegungen baut das Konzept der Selbstbemächtigung auf, das Weiß (2003/2016, S. 120-139) ausformuliert und in die Traumapädagogik eingebracht hat. Mit dem Gedanken der Selbstbemächtigung gehen Überlegungen zur „Partizipation" einher, die sich als wichtiger Wirkfaktor in der Kinder- und Jugendhilfe herausgestellt haben. Auf dieser Basis – die dem Grundkonzept folgt, dass Problemlagen und Störungen immer eine biografisch-verstehende Dimension enthalten und damit über psychosoziale Arbeitskonzepte im Alltag verstehbar und veränderbar sind – kann auch eine Stabilisierung physiologischer und psychologischer Reaktionen (Krüger & Reddemann, 2007/2009) und eine Erschließung sozialer Ressourcen erfolgen.

Auf diese Weise für Kinder in jeder Altersstufe Möglichkeiten und Veränderungsräume für Aspekte der Selbstbemächtigung zu schaffen (Weiß, 2003/2016, S. 120-139), z.B. Fertigkeiten wie Körperwahrnehmung, Selbstwirksamkeitserwartungen, soziale Kompetenz sowie Sinneswahrnehmungs- und Emotionsregulationsfähigkeiten (Schmid, 2010) zu erlernen, stellt eine große Chance für die weitere Entwicklung dar und gehört damit zu den grundlegenden Haltungs- und Interventionsbestandteilen der Traumapädagogik. In sinnvoller Kooperation (Gahleitner & Homfeldt, 2016) kann für betroffene Kinder und Jugendliche ein umfassendes Hilfespektrum entstehen. Voraussetzung jedoch ist, dass – entlang der Überlegungen pädagogischer und therapeutischer Milieukonzepte – die Gedanken und Gefühle Traumatisierter auf die oben beschriebene Weise professionell diagnostiziert, verstanden und angenommen werden. Der Prozess beginnt also bereits bei der Diagnostik. Nur ein mehrdimensionales, interdisziplinäres Vorgehen kann ein kontext-, bindungs- und traumasensibles Verständnis ermöglichen (Gahleitner & Weiß, 2016). Inzwischen wurden dazu verschiedene Modelle vorgelegt (vgl. an einem Fallbeispiel Gahleitner, 2017a; vgl. aktuell Gahleitner, Pauls & Glemser, 2018; Gahleitner & Dangel, 2018a, 2018b, 2018c).

3.4 Der Wirkfaktor Partizipation

Partizipation und Kooperation wurden in wissenschaftlichen Studien in den letzten Jahren zunehmend als bedeutsame Wirkfaktoren erkannt. Partizipation wird beschrieben als eine „in der Erziehungshilfe … ,angemessene' Form der Beteiligung von Kindern und Jugendlichen, die das Ziel verfolgt, stets ein Höchstmaß an Kooperation zu gewährleisten" (Macsenaere & Esser, 2012, S. 59). Im Praxisalltag verwirklicht sich dieser Faktor beispielsweise in einer aktiven Beteiligung der jungen Menschen oder auch ihrer Eltern am Hilfeprozess. Dies kann durch das Treffen wichtiger Entscheidungen oder die Verwirklichung gemeinsamer Zielsetzungen realisiert werden. „Wird der junge Mensch nicht nur beteiligt, sondern auch selbstgestaltend im Rahmen der Hilfe aktiv, spricht man von Kooperation" (Macsenaere, 2013, S. 4). Kooperation findet nicht nur zwischen Kind bzw. Jugendlichem/Jugendlicher und dem Leistungserbringer, sondern auch zwischen Eltern und Leistungserbringer, Eltern und der Kinder- und Jugendhilfe, zwischen Kinder- und Jugendhilfe und Leistungserbringer sowie zwischen den Leistungserbringern untereinander statt. Hinsichtlich der Wirkung spielt dabei die gelingende Kooperation zwischen KlientInnen und Leistungserbringer(n) eine entscheidende Rolle. Sie wird vor allem durch eine gelungene Passung der Hilfeform und eine gut funktionierende Partizipation gefördert (vgl. Gahleitner & Homfeldt, 2012).

Wolf (2007) benennt als Ergebnis einer Meta-Analyse von zwölf qualitativen Studien als zentralen Wirkfaktor die Partizipation von Jugendlichen und Eltern an den für sie wichtigen Entscheidungen. Auch Lambers (2010) führt als Erfolgsindikator aus qualitativen Studien vor allem die Unterstützung an, die Eltern, Kinder und Jugendliche erfahren, um sich mit der neuen Situation zurechtzufinden oder um die Eltern am Prozess zu beteiligen. Außerdem stellte sich eine gute Einbettung in das neue Setting als wirksam heraus, was auch beinhaltet, sich mit der Vergangenheit auseinanderzusetzen und neue Perspektiven zu entwickeln. Des Weiteren erwies sich in quantitativen Studien, dass sich die Partizipation und damit die Kooperation der jungen Menschen und der Eltern positiv auf die Wirksamkeit der Hilfe auswirken. „Die Erfahrung beteiligt zu sein und gehört zu werden, hat prinzipiell positive Effekte. Sie entfaltet eine positive Wirkung, weil die Mitgestaltung und damit die Verantwortungsübernahme angeregt werden" (Macsenaere & Esser, 2012, S. 59). Eine gelingende aktive Mitarbeit verbessert die Aussicht auf Erfolg erheblich, wohingegen ohne aktive Mitarbeit ein Misserfolg sehr wahrscheinlich ist (Macsenaere, 2009).

Ochs (2008) fasst die Ergebnisse bezüglich Partizipation und Kooperation aus den Studien JuLe, JES und EVAS in ähnlicher Weise zusammen, zieht daraus aber vor allem Schlussfolgerungen für die Angehörigenarbeit. In Bezug auf das familiäre Herkunftsmilieu der Kinder und Jugendlichen ergeben die Studien, dass die fehlende Kooperation mit den Eltern einer der Hauptgründe für einen späteren Misserfolg der Hilfe darstellt. Andererseits stellt jedoch auch die Qualität der Zusammenarbeit mit den Kindern und Jugendlichen und deren Eltern einen Faktor dar. Die Zahlen, die Ochs (2008) aus verschiedenen Studien zusammenträgt, zeigen allerdings in ihrer Gesamtheit, dass Partizipation und Kooperation, vor allem mit den Eltern, nicht ausreichend stattfinden. Gründe hierfür sieht er in der Haltung der Fachkräfte. Pluto (2007) führte Interviews mit Fachkräften der Kinder- und Jugendhilfe und den verschiedenen Einrichtungen der Kinder- und Jugendhilfe sowie mit AdressatInnen, also Eltern und Jugendlichen, zum Thema Partizipation in den Hilfen zur Erziehung. In den Interviews mit den Fachkräften konnte er zwei Standpunkte herauskristallisieren: Entweder wird eine tendenziell unterstützende Perspektive eingenommen oder eine abwehrende Haltung. Die Interviews mit den Betroffenen ergaben, dass es der Klientel bei der Partizipation vor allem um die Wahrnehmung und Anerkennung durch die Fachkräfte geht.

4 Methodisches Vorgehen der Studie

In der Praxisforschung sind Forschung und Praxis wechselseitig aufeinander angewiesen (Maykus, 2010). Forschung soll Verstehens- und Handlungsmodelle für die Praxis entwickeln und überprüfen. Stoßen die entwickelten Modelle auf Grenzen in der Anwendbarkeit, müssen diese als neue Fragestellungen zurück in die Forschung kommuniziert werden. „Im Kern geht es um eine Prozessspirale von verschiedenen Stufen der Wahrnehmung, des Handelns und der Überprüfung der Handlungen als eine kontinuierliche Problematisierung bzw. Evaluation von Praxis" (Schaub, 2008, S. 31). Diese für sich bereits komplexen Prozesse geraten im interdisziplinären Zusammenspiel oftmals an ihre Grenzen. Bereits bei der Frage, mittels welcher empirisch fundierter Methoden die Phänomene aus der Praxis am besten „einzufangen" (Denzin, 1989, S. 246) sind, trifft man auf grundlegend verschiedene Traditionen und Maximen.

Auf der Suche nach Tragfähigkeit und Generalisierbarkeit von Ergebnissen haben in den letzten Jahren auch in der Kinder- und Jugendhilfe z. B. „evidenzbasierte" Methoden an Gewicht gewonnen. Zur Unterstützung von „evidence-based social work" (Sommerfeld, 2005) sollen nicht nur Probleme und Lebenswelten erforscht, sondern verstärkt Vorgehensweisen und Wirksamkeit professionellen Handelns evaluiert werden. Nur solche „Behandlungsweisen" sind demnach heranzuziehen, „für die es eine hinreichende Evidenz gibt, dass sie tatsächlich bewirken, was man erreichen will" (Wendt, 2005, S. 169). Nach der dort ursprünglich zugrunde liegenden Logik wird randomisierten Kontrollgruppenstudien („RCT-Studien") der „Goldstandard" der Forschung zugewiesen. Psychosoziale Prozesse sind jedoch in ihrer Komplexität und mit ihren AdressatInnen, deren Biografien, Lebenslagen, Lebensstilen, Wünschen, Werten, Absichten, Gefühlen und Wirklichkeiten schwer zu (er)fassen (vgl. Gahleitner & Ortmann, 2006) und mit den in der Medizin üblichen symptombezogenen, komparativen, randomisierten Kontrollgruppenstudiendesigns nur schlecht abbildbar.

In einer Expertise im Auftrag der Arbeitsgemeinschaft für Kinder- und Jugendhilfe haben Otto, Albus, Polutta, Schrödter und Ziegler (2007; vgl. auch Ziegler, 2016a, 2016b; Eppler, Miethe & Schneider, 2011; Früchtel, Budde & Herweg, 2010; Sommerfeld & Hüttemann, 2007; Hüttemann, Solèr, Süsstrunk & Sommerfeld, 2017; Schneider, 2016) eine Übersicht über diesen – an vielen Stellen kritisch zu betrachtenden – Diskussionszusammenhang erstellt. Für viele Aspekte in der Kinder- und Jugendhilfe ist z.B. weder eine Kontrolle über alle jeweiligen Einflussfaktoren noch eine Standardisierung der komplexen sozioökonomischen, biografischen und anderer diversitätsbedingter Einflüsse möglich, die dem „Goldstandard" genügen würde. „Kontextualität, Komplexität, Eigensinnigkeit, biographische

Anschlussfähigkeit und ihre professionelle Kunstlehre des Fallverstehens interessieren im evidenzbasierten Denken nicht" (Hanses, 2007a, S. 50). Die Ergebnisse vieler Studien aus Psychiatrie und Psychotherapie erscheinen sozialwissenschaftlich ausgerichteten Forschenden daher für den Arbeitsbereich der Kinder- und Jugendhilfe häufig in ihrer Komplexitätsreduktion nur bedingt brauchbar (vgl. Begemann, 2016).

Sogar die ‚Quelle' evidenzbasierter Ansätze selbst, die „Evidence Based Practice Task Force" der American Psychiatric Association (vgl. Levant, 2005) spricht sich keineswegs mehr allein für engspurige Forschungsdesigns aus: „Evidence-based medicine (EBM) is the integration of best research evidence with clinical expertise and patient values" (Sackett, Straus, Richardson, Rosenberg & Haynes, 1997/2000, S. 1), heißt es in der zentralen Publikation. Eine gültige Übersicht über „Multiple Types of Research Evidence" gibt in einem Bericht der American Psychological Association (APA; Levant, 2005) der klinischen Expertise, partizipativen Forschungsanliegen und qualitativen Methoden deutlich mehr Gewicht als früher (ebd.). Im European Journal of Social Work wird eine integrierende Formulierung für Evidenzbasierung vorgeschlagen: „Multidimensional Evidence-Based Practice (MEBP) validates consumer wisdom, professional experience and qualitative research as equal partners to quantitative research in determining current state-of-the art best practices. Furthermore, MEBP incorporates a value-critical analysis of those best practices that can lead to improvements and innovations, so that ‚best practice' becomes a dynamic rather than a static construct" (Petr & Walter, 2009, S. 221).

Radikale Positionen haben also offenbar ausgedient (vgl. auch Dieckerhoff & Schneider, 2011; Hüttemann & Sommerfeld, 2007). Die Offenheit für eine Kombination verschiedener methodischer Herangehensweisen, heute weitgehend gefasst unter den Begriffen „Methodenintegration", „mixed methods" oder „Triangulation", erweist sich dabei – bei allen kritischen Aspekten (vgl. Flick, 2011) – als geeigneter Anknüpfungspunkt. Die vorliegende Studie folgt daher diesem Design. Dies ist auch deshalb sinnvoll, da es zu den Hilfen in stationären kleineren Einrichtungseinheiten (im Gegensatz zu größeren Heimen) noch wenig Forschung gibt (Gabriel, Gavez, Keller & Schmid, 2009). Studien zur Situation stationärer kleinerer Einrichtungen und spezifischer dort untergebrachter KlientInnengruppen sind daher dringend gefragt. An dieses Defizit knüpft die vorliegende Studie an. Zielsetzung war eine explorative Annäherung an Wirkungsforschung über eine mehrperspektivische Evaluation aus einem quantitativen und einem qualitativen Forschungsteil. Das methodische Vorgehen der beiden Studienteile wird jeweils zu Beginn der Ergebnisdarstellungen vorgestellt.

Als zentrale Frage beider Studienparts galt es herauszufinden, ob der pädagogische Alltag in den TWGs ein gezielt stabilisierender, geschützter und vor allem wirksamer Ort für den sicheren Umgang mit schwer belasteten Jugendlichen ist. Die Ergebnisse der qualitativen und quantitativen Analyse wurden dafür während des Auswertungsprozesses immer wieder miteinander trianguliert, um möglichst viel Breite auf der einen und Validität auf der anderen Seite zu ermöglichen (vgl. Flick, 2011). Zur ethischen Absicherung der Studie wurde das Vorgehen 2012 mit dem Berliner Beauftragten für Datenschutz und Informationsfreiheit abgeklärt. Zur kommunikativen Validierung (vgl. Köckeis-Stangl, 1980) wurden die Interviewergebnisse mit den Befragten rückgekoppelt, zur argumentativen Interpretationsabsicherung und Wahrung der Praxisrelevanz wurden die Ergebnisse in begleitenden ExpertInnenrunden und Veranstaltungen für MitarbeiterInnen der therapeutischen Wohngruppen mehrfach zur Diskussion gestellt. Die Ergebnisse der einzelnen Untersuchungsabschnitte und die daraus abgeleiteten triangulativen Schlussfolgerungen werden im weiteren Verlauf für die Ergebnisdarstellung herangezogen und im Diskussionsteil mit den vorliegenden qualitativen Ergebnissen und bisheriger Forschung und Theorie in Beziehung gesetzt.

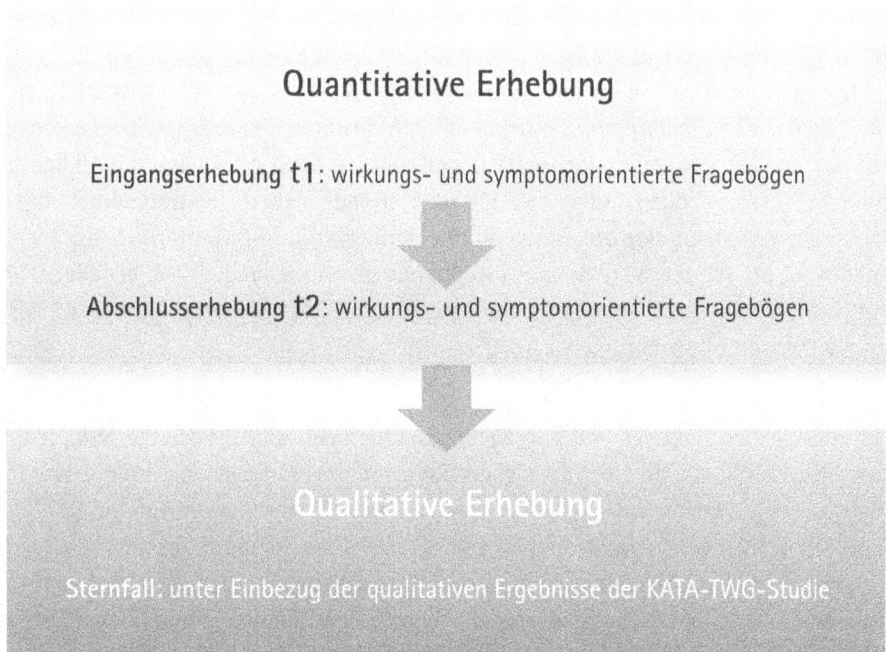

Abbildung 1:   Übersicht zum Vorgehen der BEGEVAL-Studie (KATA-TWG-Studie: AK TWG, 2009)

5 Forschungsergebnisse der Studie

5.1 Methodisches Vorgehen und Ergebnisse der quantitativen Datenerhebung

Zum Einsatz im quantitativen Untersuchungsteil kamen quantitative Fragebögen, die zuvor in einem mehrmonatigen Pretest gemeinsam mit Fachkräften der Einrichtung besprochen, ausgewählt und getestet wurden. Als Fragebogensammlung kristallisierten sich schließlich ein wirkungsorientierter Fragebogen sowie ein bewährter selbst entwickelter Verlaufsfragebogen für stationäre Jugendhilfeeinrichtungen (siehe Anhang F.1 bis F.3: KATA I bis III; vgl. u.a. AK TWG, 2009) heraus, zusätzlich wurden symptomorientierte Fragebögen wie die SCL-90-R oder der SOC-9 angewandt. Die Einschulung zur Datenerhebung (u.a. zum Umgang mit dem PC-Programm) fand im Winter 2012 mit den MitarbeiterInnen der TWGs statt, der Startschuss zur quantitativen Erhebung erfolgte jedoch deutlich später, da es mehrerer Anläufe bedurfte, die Datensammlung auf gemeinsame und zuverlässige ,Füße' zu stellen. Im Sommer 2013 hatte sich eine engagierte Kerngruppe herauskristallisiert, die von nun an dazu angehalten war, in regelmäßigen Abständen eine Fragebogenbatterie pro Jugendlichem/r auszufüllen, manche der Bögen wurden auch direkt durch die KlientInnen bearbeitet. Die Fragebögen boten den MitarbeiterInnen neben der Datenerhebung auch diagnostische Anhaltspunkte zur Beurteilung der Hilfeverläufe aus ihrer und der Sicht der Jugendlichen. Im Winter 2017 wurde die quantitative Erhebungsphase beendet. Für die Studie wurden neben dem selbsterstellten Bogen KATA I bis III (siehe Anhang F.1 bis F.3) die nachfolgenden Messinstrumente genutzt.

SCL-90-R: Die SCL-90 von L. R. Derogatis ist ein Selbstbeurteilungsbogen zur Erfassung der psychischen Belastung durch vorgegebene körperliche und psychische Symptome innerhalb des Zeitraums der letzten sieben Tage. In der vorliegenden Studie wurde die deutschsprachige Version von Franke in der zweiten, neu normierten Auflage (2002) verwendet. Der Fragebogen erfasst anhand von 90 Items die symptomatische Belastung der KlientInnen, dies geschieht anhand einer 5-stufigen Likertskala (von 0 = „überhaupt nicht" bis 4 = „sehr stark"). Das Instrument enthält neun Skalen (Somatisierung, Zwanghaftigkeit, Unsicherheit im Sozialkontakt, Depressivität, Ängstlichkeit, Aggressivität/Feindseligkeit, phobische Angst, paranoides Denken, Psychotizismus) und erlaubt die Berechnung von drei globalen Kennwerten (GSI, PSDI, PST). Der GSI (Global Severity Index) misst die grundsätzliche psychische Belastung (Franke, 2002). Als Faustregel für die Interpretation gilt hierbei: T-Werte von 60 bis 64 gelten als leicht erhöht, ab einem T-Wert von 65 spricht man von einer deutlich erhöhten Belastung. Daneben eignet sich die SCL-90 für Verlaufsbeschreibungen. Das Verfahren ist international wie auch im deutschsprachigen Raum in seiner Nutzung weit verbreitet und umfassend in Bezug auf Gütekriterien untersucht (vgl. u.a.

Franke, 2002; Hessel, Schumacher, Geyer & Brähler, 2001; Essau, Groen, Conradt, Turba-
nisch & Petermann, 2001; zur vorhandenen Äquivalenz zwischen SCL-90-S und SCL-90-R:
Hergert, Franke & Petrowski, 2014; Hergert, Franke & Petrowski, 2015; Franke, Hergert,
Petrowski & Jagla, 2014).

SOC-9: Hierbei handelt es sich um eine adaptierte Kurzform des Selbstbeurteilungsinstru-
ments „Sense of Coherence". Der Fragebogen liegt in verschiedenen Sprachen und unter-
schiedlichen Varianten vor. Das Konzept der Sense of Coherence wurde in den 1970er-
Jahren entwickelt (Antonovsky, 1979), konzipiert als „way of looking at the world" (ebd.,
S. 8), also als generelle Einstellung gegenüber der Welt, als Lebensorientierung. Sense of
Coherence lässt sich übersetzen als Kohärenzsinn, Kohärenzerleben, Kohärenzgefühl oder
als Kohärenzempfinden. Das Konzept umfasst drei Komponenten: (1) Verstehbarkeit: Das
Leben scheint verstehbar, geordnet. Es „geht in der Welt geregelt zu". (2) Handhabbarkeit:
Das Leben scheint beeinflussbar, aus eigener Kraft oder mit fremder Hilfe. (3) Bedeutsam-
keit bzw. Sinnhaftigkeit: Das Leben ist „die Mühe wert", es ist sinnvoll, macht Freude (Antonovsky, 1987; vgl. Singer & Brähler, 2007/2014). Im vorliegenden Fragebogen handelt es
sich um eine eindimensionale Skala mit 9 Items. Items aller drei Komponenten fließen in
die SOC-9 ein. Der SOC-Gesamtwert wird durch Summation der Itemwerte berechnet, mit
einem Wertebereich von 9 bis 63 Punkten. Je höher der Wert, desto stärker bzw. ‚besser' ist
das Kohärenzempfinden.

Frustrationstoleranz und Selbstwertgefühl: Dieser Bogen setzt sich aus 5 Items zur Erfassung der Frustrationstoleranz zusammen sowie aus der 10 Items umfassenden Skala
zum globalen Selbstwertgefühl nach Rosenberg (1979). Die 5 Frustrationstoleranz-Items
sind umformulierte Items aus dem FPI-R, hier aus der Subskala zur Erregbarkeit. Ziel war es
auch, eher umgangssprachliche bzw. stark am Alltag orientierte Merkmale zu erfassen. Die
zweite Subskala erfasst mit einem der mit Abstand am häufigsten eingesetzten Instrumen-
te – der Rosenberg-Skala – das Selbstwertgefühl der Befragten. Der Einfluss des Selbst-
wertes auf zahlreiche Lebensbereiche ist in der Forschung unumstritten (u. a. Rosenberg,
1979, S. 54). Es handelt sich bei beiden Skalen um Selbsteinschätzungsinstrumente.

Wohlbefinden (WB): Die Selbstbeurteilungsskala Wohlbefinden orientiert sich stark am
Fragebogen zur Erfassung des körperlichen Wohlbefindens (FEW 16; vgl. Kolip & Schmidt,
1999). Dieser Fragebogen soll verschiedene subjektive Dimensionen des habituellen körperlichen Wohlbefindens erfassen. Im Zuge der Erstellung des Fragebogens FEW 16 wurden
vier Dimensionen des subjektiven körperlichen Wohlbefindens abgedeckt: körperliche Be-
lastbarkeit, Vitalität, Genussfähigkeit sowie innere Ruhe, außerdem lässt sich ein Gesamtwert errechnen. Die statistischen Kennwerte zeigen für den FEW 16, dass die Skalen hoch
reliabel sind, die interne Konsistenz für die Gesamtskala liegt bei zufriedenstellenden
$\alpha = .92$. Die Skala Wohlbefinden hat einen Wertebereich von 1 bis 4, somit wird 2,5 als
(theoretischer) Durchschnittswert angenommen.

5.1.1   Auswertung der wirkungsorientierten Fragebögen

Im quantitativen Teil der Untersuchung wurden in einem wirkungsorientierten Fragebogen (siehe Anhang F.1: KATA I; vgl. u.a. AK TWG, 2009) Daten von 173 Kindern und Jugendlichen gesammelt. Davon sind n = 5 Bögen nicht in die Auswertung mit eingeflossen, da es sich um mehrfache Eintragungen für dieselben Teilnehmenden handelte. Somit ist von einem gesamten N = 168 zum ersten Erhebungszeitpunkt (t1) des wirkungsorientierten Fragebogens auszugehen.

5.1.1.1 Demografische und gesundheitsstatistisch relevante Daten

Die vorliegenden Daten weisen folgende Geschlechterverteilung auf: Der Anteil weiblicher Jugendlicher beträgt 66,67, der Anteil männlicher Jugendlicher 33,33 % (Abb. 2). Die Altersverteilung liegt zwischen 13 und 19 Jahren (n = 2 K.A.), der Mittelwert beträgt 15,86 Jahre (SD=2,21). Insgesamt haben 15,48% der Jugendlichen ein Familienmitglied mit Migrationshintergrund (n = 26). Länder, aus denen emigriert wurde, sind u.a. Albanien, Afghanistan, Türkei, Somalia, Kamerun und weitere afrikanische Länder.

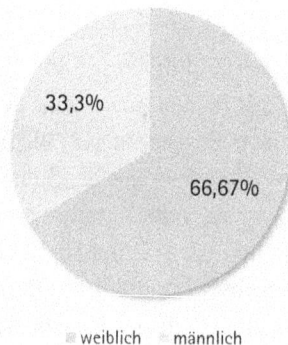

Abbildung 2:   Geschlechterverteilung; N = 168 (KATA1-Bogen)

Bevor die Jugendlichen in einer der TWGs untergebracht wurden, leben 46,43% bei einem alleinerziehenden Elternteil, 15,48% kommen aus einer anderen Kinder- und Jugendhilfeeinrichtung, 11,90% von den zusammenlebenden leiblichen Eltern, 9,52% aus der stationären Psychiatrie, 5,36% aus der Stieffamilie, die restlichen 11,31% verteilen sich auf andere Wohn- und Herkunftsmöglichkeiten (N = 168). Bei Betrachtung der zuletzt besuchten Schulform zeigt sich folgendes Bild: Von den 168 Jugendlichen besuchen u.a. 27,98% ein Gymnasium, 25,00% die Gesamtschule und 17,86% die Realschule (Abb. 3).

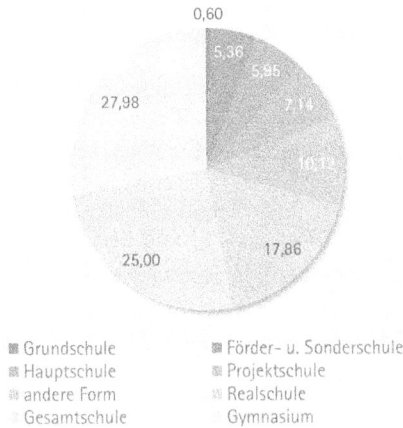

0,60
5,36
5,95
7,14
10,14
17,86
27,98
25,00

- ▦ Grundschule
- ▦ Hauptschule
- ▦ andere Form
- ▦ Gesamtschule
- ▦ Förder- u. Sonderschule
- ▦ Projektschule
- ▦ Realschule
- ▦ Gymnasium

Abbildung 3: Zuletzt besuchte Schulform (N=168)

Für die meisten Jugendlichen lässt sich zum Zeitpunkt der Erhebung noch keine valide Aussage über etwaige spätere Berufsbildungsmaßnahmen treffen, für n = 63 Jugendliche wird keine Angabe getätigt, bei n = 60 Kindern entfallen Maßnahmen aufgrund des zu geringen Alters, bei 29 KlientInnen werden keine Berufsbildungsmaßnahmen angedacht, für die restlichen 16 Jugendlichen treffen Ausbildung oder diverse Maßnahmen, u.a. des Arbeitsamts, zu.

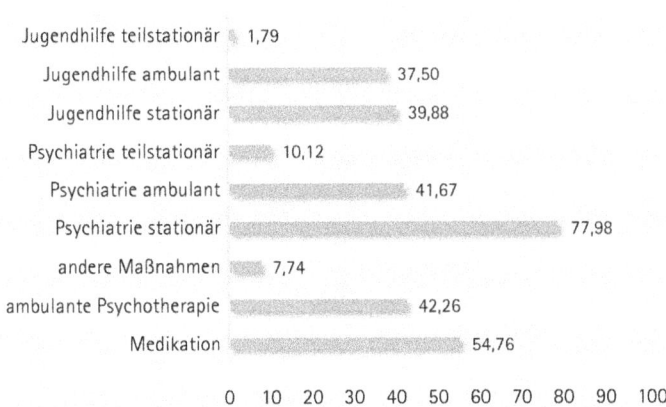

Jugendhilfe teilstationär	1,79
Jugendhilfe ambulant	37,50
Jugendhilfe stationär	39,88
Psychiatrie teilstationär	10,12
Psychiatrie ambulant	41,67
Psychiatrie stationär	77,98
andere Maßnahmen	7,74
ambulante Psychotherapie	42,26
Medikation	54,76

0   10   20   30   40   50   60   70   80   90   100

Abbildung 4: Jugendhilfemaßnahmen, psychiatrische Maßnahmen und andere in der Vorgeschichte (Mehrfachantworten, Darstellung in Fallprozent; N=168)

Bei Betrachtung der bereits in Anspruch genommenen Jugendhilfemaßnahmen, psychiatrischen und weiteren Maßnahmen zeigt sich, dass n = 63 Jugendliche bereits ambulante Jugendhilfemaßnahmen, n = 67 schon stationäre Jugendhilfe in Anspruch genommen haben. Ambulante psychiatrische Maßnahmen wurden von n = 70 Jugendlichen, stationäre psychiatrische Maßnahmen von n = 131 Jugendlichen in Anspruch genommen, n = 71 Jugendliche waren bereits in ambulanter Psychotherapie, n = 92 Jugendliche haben Medikamente verordnet bekommen. Der Anteil der Kinder und Jugendlichen, die bereits Maßnahmen durchlaufen haben, ist demzufolge hoch (Abb. 4).

Die Initiative zur Aufnahme ging in 45,24% der Fälle (n=76) vom Jugendamt aus, in 17,86% (n = 30) vom Krankenhaus, in 16,67% (n = 28) von den Eltern, in 6,55% (n = 11) von den Jugendlichen selbst (SelbstmelderInnen), in 5,36% (n=9) von anderen Jugendhilfe-Einrichtungen, in 4,76% (n = 8) vom Notdienst bzw. Kriseneinrichtungen sowie in 3,57% (n = 6) von Sonstigen aus. Abbildung 5 gibt die am häufigsten genannten Gründe für die Aufnahme in die TWGs an.

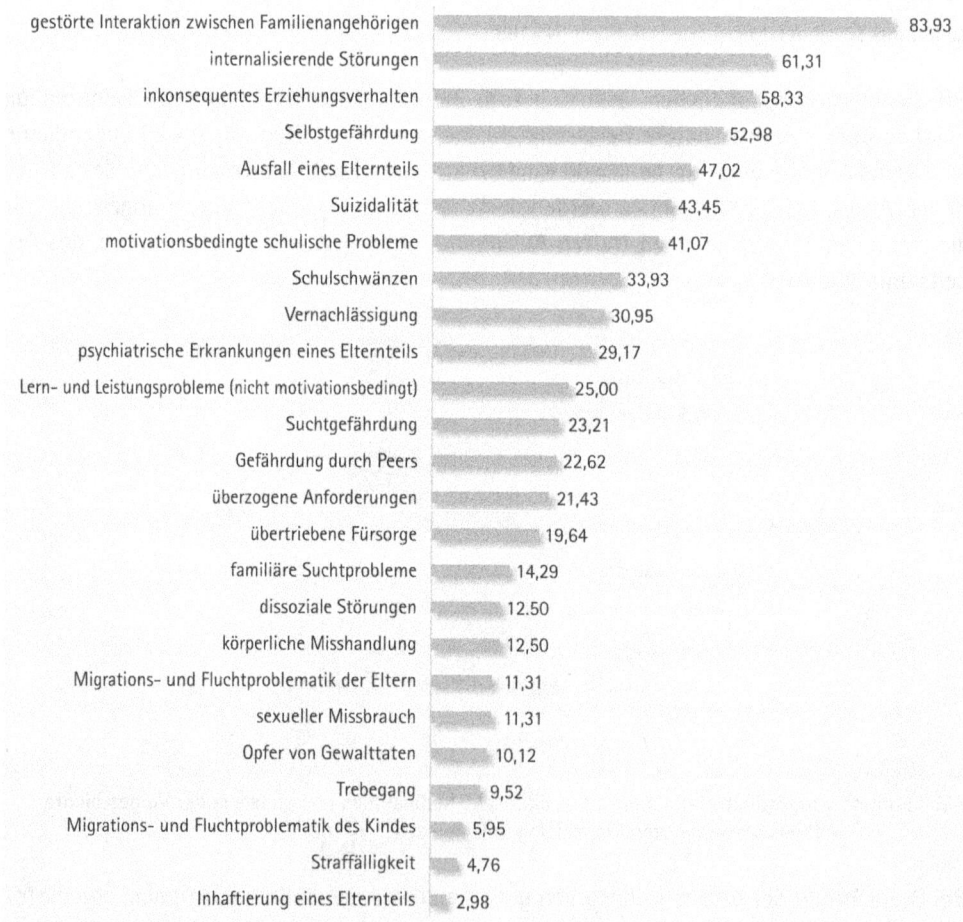

Grund	%
gestörte Interaktion zwischen Familienangehörigen	83,93
internalisierende Störungen	61,31
inkonsequentes Erziehungsverhalten	58,33
Selbstgefährdung	52,98
Ausfall eines Elternteils	47,02
Suizidalität	43,45
motivationsbedingte schulische Probleme	41,07
Schulschwänzen	33,93
Vernachlässigung	30,95
psychiatrische Erkrankungen eines Elternteils	29,17
Lern- und Leistungsprobleme (nicht motivationsbedingt)	25,00
Suchtgefährdung	23,21
Gefährdung durch Peers	22,62
überzogene Anforderungen	21,43
übertriebene Fürsorge	19,64
familiäre Suchtprobleme	14,29
dissoziale Störungen	12.50
körperliche Misshandlung	12,50
Migrations- und Fluchtproblematik der Eltern	11,31
sexueller Missbrauch	11,31
Opfer von Gewalttaten	10,12
Trebegang	9,52
Migrations- und Fluchtproblematik des Kindes	5,95
Straffälligkeit	4,76
Inhaftierung eines Elternteils	2,98

Abbildung 5: Gründe für die Aufnahme in eine TWG (Mehrfachantworten möglich, Darstellung in Fallprozent; N=168)

Psychiatrische Diagnosen nach ICD-10: Der Anteil der Kinder und Jugendlichen, die eine oder mehrere psychiatrische Diagnosen aufweisen, liegt bei 79,64 % (n = 133; von gesamt 167 ProbandInnen), für 34 Kinder gibt es bisher keine Diagnose. Wurde bei einem Kind keine der angeführten Diagnosen vergeben und lagen dennoch Auffälligkeiten vor, die in das Symptomumfeld einer Diagnose fallen, so konnte dies ebenfalls in den wirkungsorientierten Fragebögen vermerkt werden. Hier wurden für 84,43 % (n = 141) der Kinder und Jugendlichen eine oder mehrere Symptomatiken angeführt, die im Umfeld einer Diagnose liegen.

Zu den drei am häufigsten diagnostizierten Problematiken gehören mit 27,54 % (n = 46) depressive Störungen (F32), gefolgt von Persönlichkeitsstörungen (F60-F62) mit 19,16 % (n=32) und Belastungs- und Anpassungsstörungen (F43) mit 16,7% (n=27) der Diagnosen (Abb. 6).

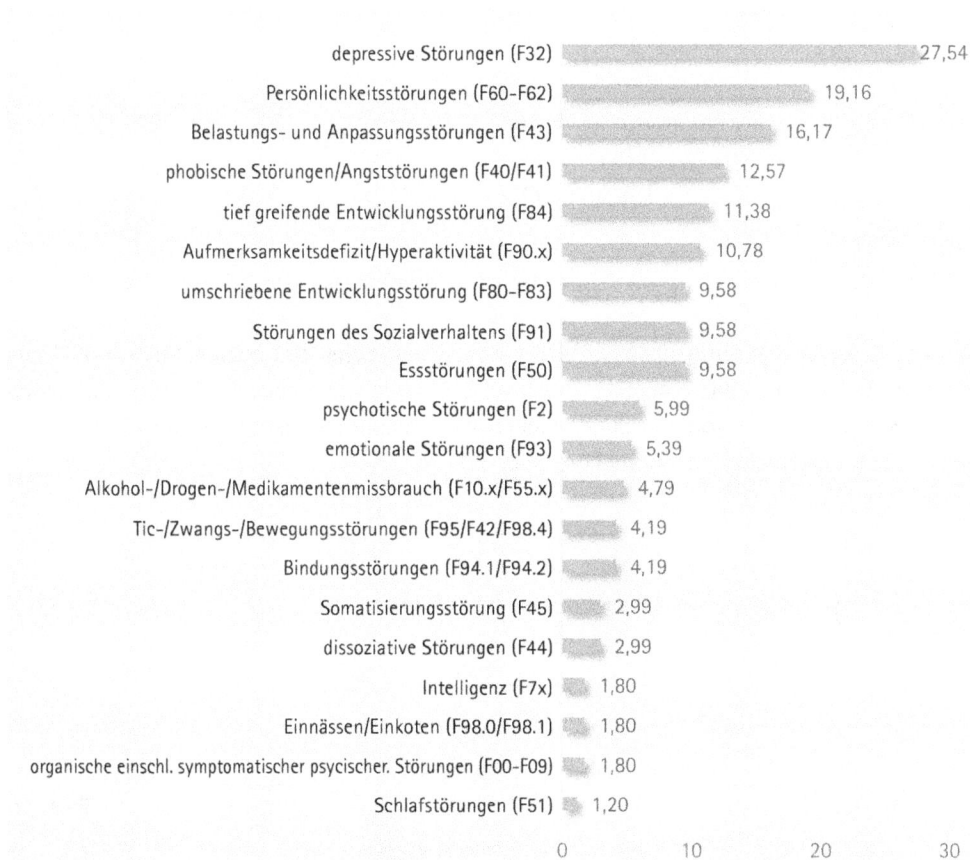

Abbildung 6: Verteilung der ICD-10-Diagnosen. Mehrfachdiagnosen wurden berücksichtigt. Ohne (bisher festgestellte) Diagnose 20,36%, eine Diagnose 27,54%, zwei oder mehr Diagnosen 52,10% (Darstellung in Fallprozenten)

Pro Jugendlichem/r wurden zwischen 0 und 6 Diagnosen vergeben, in Summe sind 273 Diagnosen zu verzeichnen. Diese Daten verweisen darauf, dass bei einem bedeutenden Anteil der Kinder und Jugendlichen bereits starke, chronifizierte Auffälligkeiten vorlagen, bevor sie in einer der familienähnlichen Wohngemeinschaften der TWGs einen neuen Lebensraum fanden.

Krankheiten und Behinderungen: Die häufigsten Erkrankungen sind mit 24 Nennungen Kopfschmerzen und Migräne sowie mit 17 Nennungen andere Erkrankungen/Behinderungen, z.B. Lebensmittelunverträglichkeiten, Epilepsie, Schilddrüsenerkrankungen (Abb. 7).

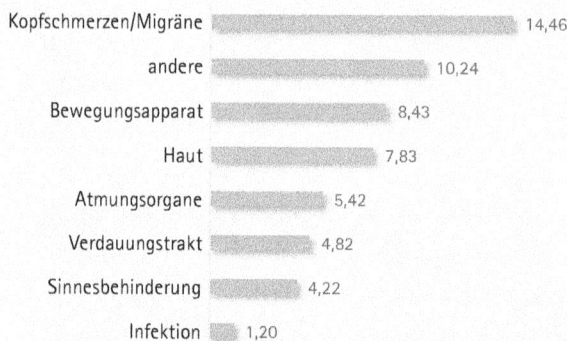

Kopfschmerzen/Migräne 14,46
andere 10,24
Bewegungsapparat 8,43
Haut 7,83
Atmungsorgane 5,42
Verdauungstrakt 4,82
Sinnesbehinderung 4,22
Infektion 1,20

Abbildung 7: Anzahl der Erkrankungen/Behinderungen (Mehrfachantworten, Fallprozent; N=166)

Zusätzlich wurde der Drogenkonsum der Jugendlichen näher betrachtet. Mit n = 40 Nennungen sind Alkohol dicht gefolgt von n = 32 Cannabismissbrauch die zwei häufigsten Problematiken. Für 12 von 167 Jugendlichen wird Amphetaminkonsum und für n = 7 Jugendliche Medikamentenmissbrauch verzeichnet.

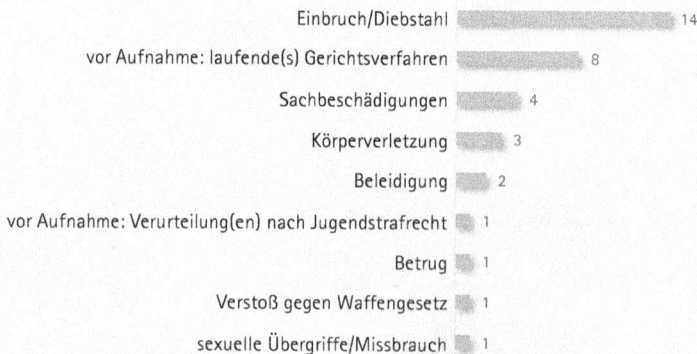

Einbruch/Diebstahl 14
vor Aufnahme: laufende(s) Gerichtsverfahren 8
Sachbeschädigungen 4
Körperverletzung 3
Beleidigung 2
vor Aufnahme: Verurteilung(en) nach Jugendstrafrecht 1
Betrug 1
Verstoß gegen Waffengesetz 1
sexuelle Übergriffe/Missbrauch 1

Abbildung 8: Anzahl der Nennungen von delinquentem Verhalten (N=167)

Delinquenz: Von 167 Jugendlichen waren 8,38% (n=14) in einen Einbruch bzw. Diebstahl involviert, bei 4,79% (n=8) der Jugendlichen war schon vor der Aufnahme in die TWGs ein laufendes Gerichtsverfahren anhängig. In Summe ergeben sich 35 Nennungen (Abb. 8).

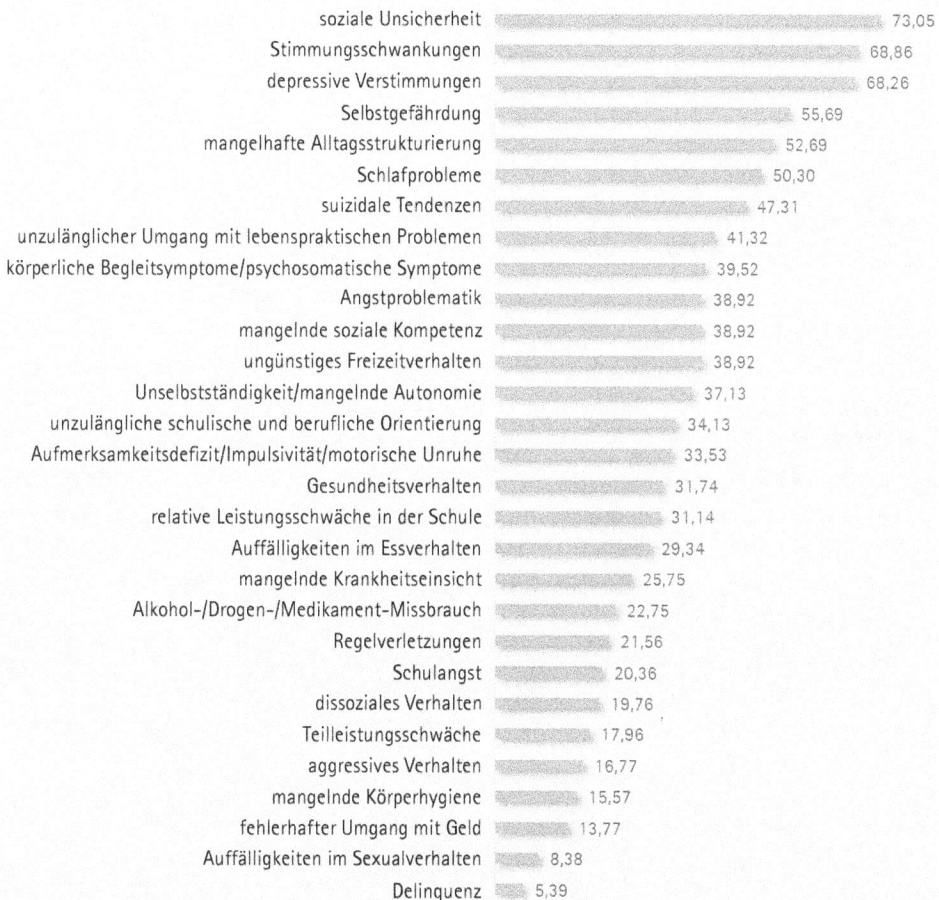

Problem	Wert
soziale Unsicherheit	73,05
Stimmungsschwankungen	68,86
depressive Verstimmungen	68,26
Selbstgefährdung	55,69
mangelhafte Alltagsstrukturierung	52,69
Schlafprobleme	50,30
suizidale Tendenzen	47,31
unzulänglicher Umgang mit lebenspraktischen Problemen	41,32
körperliche Begleitsymptome/psychosomatische Symptome	39,52
Angstproblematik	38,92
mangelnde soziale Kompetenz	38,92
ungünstiges Freizeitverhalten	38,92
Unselbstständigkeit/mangelnde Autonomie	37,13
unzulängliche schulische und berufliche Orientierung	34,13
Aufmerksamkeitsdefizit/Impulsivität/motorische Unruhe	33,53
Gesundheitsverhalten	31,74
relative Leistungsschwäche in der Schule	31,14
Auffälligkeiten im Essverhalten	29,34
mangelnde Krankheitseinsicht	25,75
Alkohol-/Drogen-/Medikament-Missbrauch	22,75
Regelverletzungen	21,56
Schulangst	20,36
dissoziales Verhalten	19,76
Teilleistungsschwäche	17,96
aggressives Verhalten	16,77
mangelnde Körperhygiene	15,57
fehlerhafter Umgang mit Geld	13,77
Auffälligkeiten im Sexualverhalten	8,38
Delinquenz	5,39

Abbildung 9:   Interventionsbedürftige Probleme (Mehrfachantworten möglich, Darstellung in Fallprozenten; N=167)

Interventionsbedürftige Probleme: Insgesamt erfassen 29 Problemkategorien die lebenspraktischen Auswirkungen der psychischen Problematiken sowie der chronifizierten und lebensgeschichtlich bedingten Krankheiten. Die in diesem Zusammenhang beschriebenen Probleme sind nicht als Ausdruck einer alterstypischen Entwicklungsphase (Adoleszenz) zu verstehen, sondern Ausdruck behandlungsbedürftiger psychischer Problemlagen. Es handelt sich also um Beeinträchtigungen, die die Jugendlichen seit mehreren Monaten haben und die ihre Teilnahme am gesellschaftlichen Leben stark einschränken. Die Informationen zur

Problembeschreibung wurden vor allem aus Dokumentationen zur Hilfeplanung entnommen, die der Zielsetzung der Jugendhilfemaßnahme dienen. Die Zuweisung einer oder mehrerer Kategorien, die in Abbildung 9 zu sehen sind, impliziert damit stets, dass diese Schwierigkeiten als interventionsbedürftige Probleme verstanden werden müssen.

Durchschnittlich werden pro Kind 9,93 der interventionsbedürftigen Probleme diagnostiziert (MD=10; SD=3,84). Mehr als zwei Drittel der Kinder weisen folgende Problematiken auf: Als aufscheinende Problematiken werden soziale Unsicherheit mit 73,05% (n=122), Stimmungsschwankungen mit 68,86% (n=115) und depressive Verstimmungen mit 68,26% (n=114) festgehalten.

Ressourcen und Schutzfaktoren: Neben den zahlreichen Beeinträchtigungen bringen die Jugendlichen auch viele Ressourcen und Schutzfaktoren mit. An erster Stelle steht hier eine gute körperliche Gesundheit, was auf 82,04% der Kinder und Jugendlichen (n=137) zutrifft. Alltagspraktische Kompetenzen stehen an zweiter Stelle mit 79,64% (n=133), soziale Interaktion/kommunikative Kompetenzen zählen für 73,05% (n=122) der Jugendlichen zu den positiven Ressourcen. Insgesamt wurden 1040 Nennungen von Ressourcen für 167 Kinder von den Fachkräften abgegeben (Abb. 10). Dies macht deutlich, dass in der Arbeit mit den KlientInnen neben den umfassenden Problemlagen auch auf eine Reihe von Ressourcen zurückgegriffen werden kann und diese angemessen zu nutzen sind. Fraglich ist jedoch, ob die im Rahmen der Einrichtung erprobten und genutzten Ressourcen auch in Alltagssituationen für die jungen Menschen im Sinne eines kompetenten Einsatzes verfügbar sind.

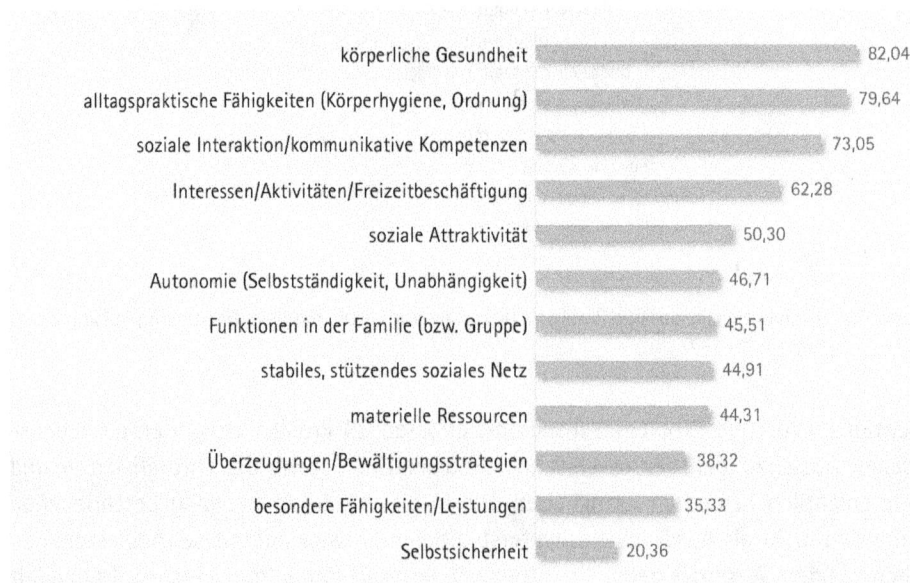

Ressource	Fallprozent
körperliche Gesundheit	82,04
alltagspraktische Fähigkeiten (Körperhygiene, Ordnung)	79,64
soziale Interaktion/kommunikative Kompetenzen	73,05
Interessen/Aktivitäten/Freizeitbeschäftigung	62,28
soziale Attraktivität	50,30
Autonomie (Selbstständigkeit, Unabhängigkeit)	46,71
Funktionen in der Familie (bzw. Gruppe)	45,51
stabiles, stützendes soziales Netz	44,91
materielle Ressourcen	44,31
Überzeugungen/Bewältigungsstrategien	38,32
besondere Fähigkeiten/Leistungen	35,33
Selbstsicherheit	20,36

Abbildung 10: Ressourcen der Kinder und Jugendlichen (Fallprozent, Mehrfachnennungen möglich; N= 167)

5.1.1.2 Psychotherapeutische, sozialtherapeutische und andere Maßnahmen während des Aufenthalts (zum ersten Erhebungszeitpunkt t1)

Im Verlauf ihres Aufenthaltes in den TWGs haben die Jugendlichen die Möglichkeit, an einem breiten Angebot an diversen psychotherapeutischen, sozialtherapeutischen und weiteren Maßnahmen teilzunehmen. Nachfolgend sind die Maßnahmen zum ersten Erhebungszeitpunkt dargestellt (N=125). 109 Kinder (56,00% intern + 31,20% extern) erhalten einzelpsychotherapeutische Maßnahmen, 41 Kinder (32,80%) befinden sich zum Zeitpunkt t1 in Gruppenpsychotherapie (Abb. 11).

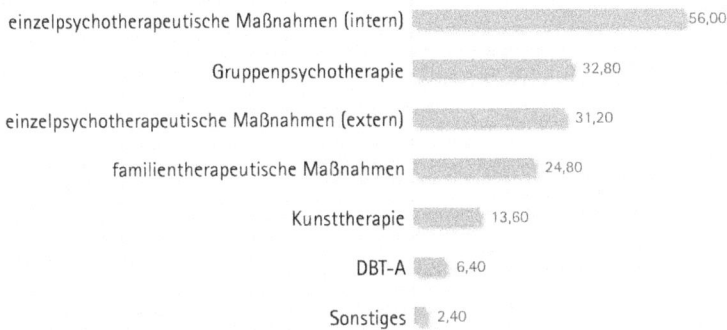

Abbildung 11: Sozial- und psychotherapeutische Maßnahmen zu t1 (Mehrfachantworten möglich, Angabe in Fallprozenten, N=125)

Bei der Umsetzung sozialtherapeutischer und sozialpädagogischer Maßnahmen wird deutlich, dass vor allem Bezugsbetreuungsgespräche (n=122), Gruppengespräche (n=121) und erlebnispädagogische Angebote (n=105) eine große Bedeutung in der Betreuung der Jugendlichen haben. Auch Elternarbeit wird mit n=103 Nennungen häufig eingesetzt (Abb. 12).

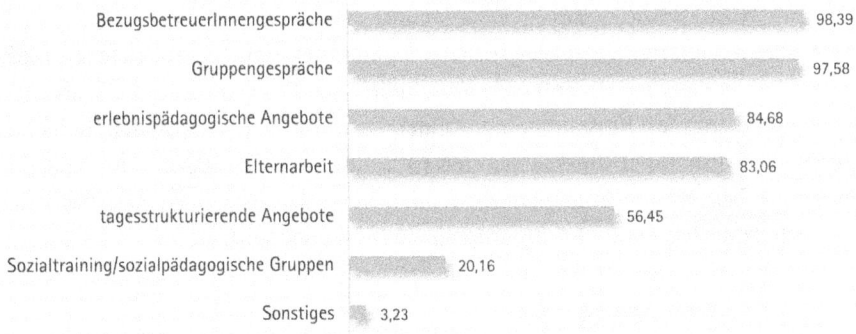

Abbildung 12: Sozialtherapeutische und sozialpädagogische Maßnahmen (Mehrfachantworten möglich, Angabe in Fallprozenten, N=124)

Weitere häufigere Maßnahmen sind u. a. die Einnahme von Psychopharmaka (n = 45, 36,00 %), Krankschreibung (n = 37, 29,60 %), Klinikaufenthalte in der Psychiatrie (n = 28, 22,40 %), Schulbefreiungen (n = 22, 17,60 %), Verwarnungen (n = 20, 16,00 %), andere Medikamente (n = 18, 14,40%), Krisenkonferenzen (n = 16, 12,80%). Abbildung 13 zeigt die Kooperation/Compliance der Jugendlichen in Bezug auf die Jugendhilfemaßnahme der TWGs.

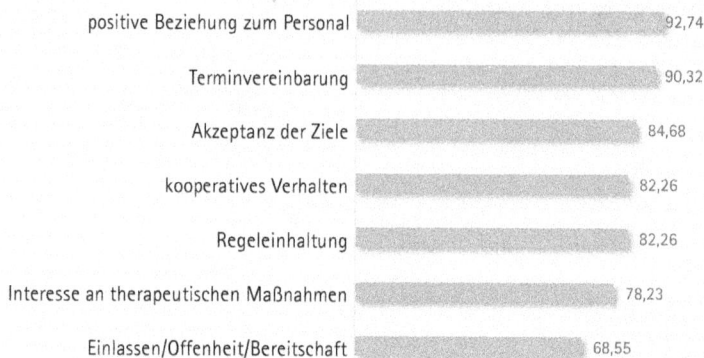

positive Beziehung zum Personal	92,74
Terminvereinbarung	90,32
Akzeptanz der Ziele	84,68
kooperatives Verhalten	82,26
Regeleinhaltung	82,26
Interesse an therapeutischen Maßnahmen	78,23
Einlassen/Offenheit/Bereitschaft	68,55

Abbildung 13: Kooperation/Compliance (Mehrfachantworten möglich, Angabe in Fallprozenten, N=124)

Hier ist vor allem die positive Beziehung zum Personal der TWGs als besonderer Compliance-Faktor zu betonen, daneben sind die Bereitschaft zur Einhaltung von Terminvereinbarungen und die Akzeptanz der Ziele zu nennen. Die Ergebnisse weisen darauf hin, dass die Kinder und Jugendlichen über eine hohe soziale Anbindung an die Einrichtung verfügen, ein Sachverhalt, der in der qualitativen Untersuchung weiter ausgeführt wird.

5.1.1.3 Erfolge und Einflussfaktoren

Zu den übergeordneten Zielen der sozialpädagogischen und therapeutischen Maßnahmen gehören die Reduzierung der interventionsbedürftigen Probleme und die Stärkung der persönlichen und sozialen Ressourcen der Kinder. Es wurde ein Erfolgsindex[1] berechnet, der – basierend auf bisherigen Untersuchungen (vgl. u. a. AK TWG, 2009) – die Reduzierung der interventionsbedürftigen Probleme abzubilden versucht. Hierzu werden die individuellen Indexwerte zunächst in drei Erfolgsgruppen zusammengefasst.

---

1 Der Erfolgsindex berechnet sich aus den positiven Veränderungen (= gelösten Problemen) im Verhältnis zur Summe von ursprünglich vorhandenen, interventionsbedürftigen und neu hinzugekommenen Problemen.

Der Anteil der Jugendlichen mit positivem Erfolgswert beträgt in Summe 74,59%, wobei für 38,52% ein Erfolgswert zwischen 10 und 50% ermittelt werden konnte. Diese Jugendlichen haben also aus Sicht der professionellen HelferInnen maximal die Hälfte der diagnostizierten Probleme bearbeitet. 36,07% der Jugendlichen weisen einen Wert zwischen 50 und 100% auf und haben damit die Hälfte oder mehr Probleme erfolgreich bearbeiten können. Der Anteil der Jugendlichen, die im Verlauf der Maßnahme aus Sicht der BetreuerInnen nur wenige Probleme bearbeiten konnten und bei denen im Verlauf mehrere neue Probleme diagnostiziert wurden, beträgt 25,41% (Abb. 14). Für die Errechnung des Erfolgsindex konnten N=122 KlientInnen berücksichtigt werden (für Ausschlussgründe gab es u.a. keine Verlaufsdaten und damit zu viele fehlende Werte).

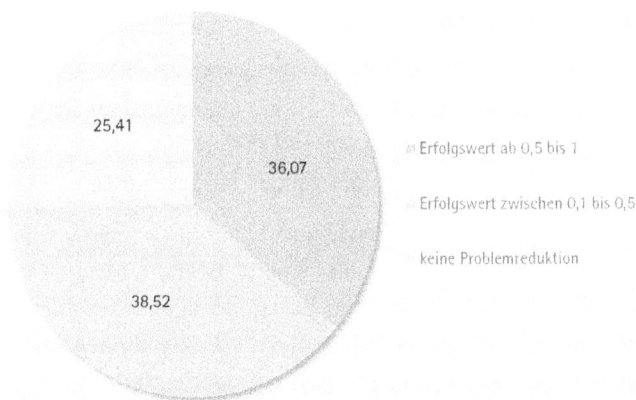

Abbildung 14: Zusammenfassung der Erfolgswerte in drei Gruppen: sehr erfolgreiche Problemreduktion (mehr als 50% erfolgreiche Bearbeitung), erfolgreiche (bis zu 50% erfolgreiche Bearbeitung der eingangs diagnostizierten Probleme), keine Problemreduktion (N =122)

Die Indexwerte über 10% gehen demnach mit einer erfolgreichen Problembewältigung einher, jene unter 10% verweisen auf beständige Probleme, die möglicherweise bisher im Hilfeprozess nicht diagnostiziert bzw. thematisiert wurden. Dies ist ein bekanntes Phänomen in der Kinder- und Jugendhilfe. Die Kinder und Jugendlichen brauchen Zeit, um in Übertragungen die anstehenden Entwicklungsaufgaben zeigen zu können (sog. „Erstverschlimmerung"). Insgesamt bewegt sich der Erfolgsindex auf einem guten Wirkungsniveau – bei einer Aufnahme äußerst schwer belasteter Kinder und Jugendlicher.

5.1.2 Auswertung der symptomorientierten Fragebögen

Ergänzend zu den wirkungsorientierten Fragebögen wurde in fortlaufenden Abständen eine Batterie an symptomorientierten Fragebögen erhoben. In den wirkungsorientierten Fragebögen ist zu t1 von N = 168 Kindern und Jugendlichen ausgegangen worden. Unterschiedlichste Gründe, z. B. Mindestanzahl von zwei Messzeitpunkten, fehlende Werte, falsche oder keine Datumsangabe, fehlende Angabe zur Versuchsperson, führen bei der nachfolgenden Auswertung der symptomorientierten Fragebögen jedoch zu veränderten Stichprobengrößen je Fragebogen.

Zur Überprüfung der Veränderung der unterschiedlichen Skalen und Subskalen der vorliegenden Fragebögen wurden Mittelwertvergleiche als einseitige Hypothesentests mittels T-Test für gepaarte/verbundene Stichproben durchgeführt, wobei ein 95%iges Konfidenzintervall zugrunde gelegt wurde.

Symptom-Checkliste SCL-90-R: Der Fragebogen wurde von N = 130 ProbandInnen zumindest einmal ausgefüllt. Nachdem bei n = 42 ProbandInnen über die Erstmessung hinaus keine weiteren SCL-90-R-Daten (von späteren Erhebungen) zur Verfügung standen, wurden diese als Drop-out von weiteren Auswertungen ausgeschlossen.

Betrachtet man den Drop-out im Vergleich zur Verlaufsstichprobe von n = 88, so zeigt sich für die Drop-out-Gruppe ein T-Wert von 63,76 zu t1, bei der Verlaufsstichprobe liegt ein T-Wert von 58,07 zu t1 vor. Die psychische Belastung dürfte demnach für die Drop-out-Gruppe höher einzuschätzen zu sein. Für 28 der 42 ProbandInnen, für die keine SCL-90-Verlaufsmessung vorliegt, konnten über die wirkungsorientierten Fragebögen (KATA I bis III, siehe Anhang F.1 bis F.3 und Kap. 5.1.1) die Hilfeverläufe nachvollzogen werden. Es zeigt sich, dass in 64,29 % dieser Fälle die Hilfe „abgebrochen", also nicht geplant und vorbereitet beendet wurde. Die Hilfeprozesse sind dabei fast ausnahmslos relativ kurz (0 bis 3 Monate: n=9; 4 bis 9 Monate: n=8). Begründet werden die „Hilfeabbrüche" häufig mit einer Zunahme der Problematik oder einer Verschlechterung des Befindens bzw. der Symptomatik, z. B. wegen massiver Selbstverletzungen (n = 6), fehlender Mitarbeitsbereitschaft der Jugendlichen (n = 13) oder der Eltern/Sorgeberechtigten (n = 2) oder aktuellen Vorkommnissen wie krisenhafter Zuspitzung/Selbstgefährdung oder körperlicher Übergriffe in der WG/Fremdgefährdung (n = 4). Bei diesen KlientInnen handelt es sich offenbar um psychisch höchst belastete Jugendliche, für die die Hilfeform nicht ,ausreichend' bzw. nicht geeignet scheint. In 5 Fällen erfolgt entsprechend auch ein direkter Übergang aus der TWG in eine psychiatrische Klinik. Vor dem Hintergrund dieser Befunde scheinen die höheren SCL-90-Werte der Drop-out-Gruppe (n = 42) im Vergleich zur Verlaufsstichprobe (n = 88) plausibel.

Im Folgenden soll ausschließlich die Verlaufsstichprobe (n=88; 55 weibliche und 33 männliche Jugendliche; Durchschnittsalter: 16,1 Jahre) betrachtet werden.

In die Auswertung der SCL-90-R fließen n=88 Fälle ein. Abbildung 15 zeigt die GSI-Werte von t1 (erste Erhebung zu Beginn des Hilfeprozesses) im Vergleich zu t2 (letzte Erhebung zum Ende des Hilfeprozesses) nach Geschlecht. Für die männlichen Jugendlichen zeigt sich eine signifikante Abnahme der psychischen Belastung von t1 zu t2 (t=1,73, p=0,047).

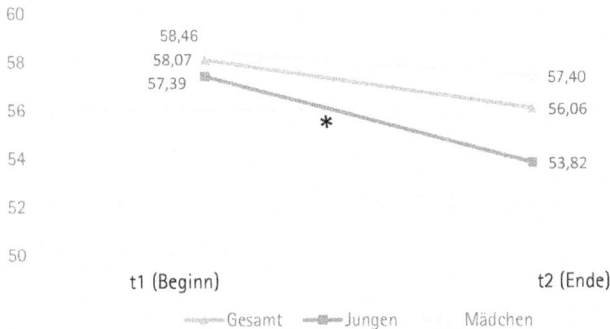

Abbildung 15: Global Severity Index (GSI): Vergleich t1 zu t2 (n=88, ✳ signifikanter Unterschied)

Wie beschrieben werden T-Werte über 60 als „auffällig" interpretiert. Das heißt, ein GSI-T-Wert zwischen 60 und 64 deutet auf eine (im Vergleich zur „Normgruppe") erhöhte psychische Belastung hin. Werte über 65 sind deutlich erhöht (im Sinne einer sehr hohen psychischen Belastung). Tabelle 1 stellt den Anteil der Jugendlichen dar, deren Fragebogenwerte in diesem auffälligen Bereich liegen.

Tabelle 1: Jugendliche mit „auffälligem" GSI-T-Wert

GSI-T-Wert (Anteil an Gesamtgruppe)	t1 (Beginn)	t2 (Ende)
T≥60	48,8%	37,5%
T≥65	30,7%	25,0%

Betrachtet man den GSI-Wert hinsichtlich der Dauer der Inanspruchnahme der Hilfemaßnahme (Abb. 16), so zeigt sich eine signifikante Abnahme der psychischen Belastung für die Gruppe der Jugendlichen, die die Hilfemaßnahme zwischen 1 und 2 Jahren beanspruchen (t=1,80, p=0,040).

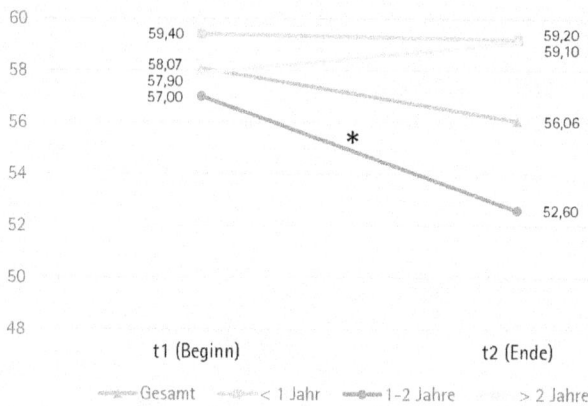

Abbildung 16: Global Severity Index (GSI): kurze vs. lange Verläufe zu t1 und t2 (n= 88, ∗ signifikanter Unterschied)

Betrachtet man auch hier die GSI-T-Werte im „auffälligen" Bereich (T≥60), so fällt auf, dass der Anteil der Jugendlichen, die eine hohe oder sehr hohe psychische Belastung angeben, im Verlauf der Jugendhilfemaßnahme nur in der Gruppe mit einer mittleren Aufenthaltsdauer von ein bis zwei Jahren reduziert wird (vgl. Tab. 2). Bei kurzen (unter einem Jahr) und langen Hilfeverläufen ist eine solche Verbesserung nicht beobachtbar – im Gegenteil: Hier erhöhen sich die Anteile der Jugendlichen mit sehr hoher psychischer Belastung im Selbsturteil.

Tabelle 2:   GSI-T-Werte im „auffälligen" Bereich (Differenzierung nach Aufenthaltsdauer in der TWG

	<1 Jahr		1–2 Jahre		>2 Jahre	
GSI-T-Wert	t1 (Beginn)	t2 (Ende)	t1 (Beginn)	t2 (Ende)	t1 (Beginn)	t2 (Ende)
T≥60	50,0%	50,0%	46,3%	24,4%	53,3%	46,7%
T≥65	28,4%	34,4%	31,7%	9,8%	33,3%	46,7%

SOC-9: Der Fragebogen wurde von N=126 ProbandInnen zumindest einmal ausgefüllt. Da bei n=45 ProbandInnen keine Verlaufsdaten zur Verfügung stehen, wurden diese als Dropout von weiteren Auswertungen ausgeschlossen. In die Auswertung fließen entsprechend n=81 Versuchspersonen (51 weibliche und 30 männliche Jugendliche; Durchschnittsalter: 16,0 Jahre) ein.

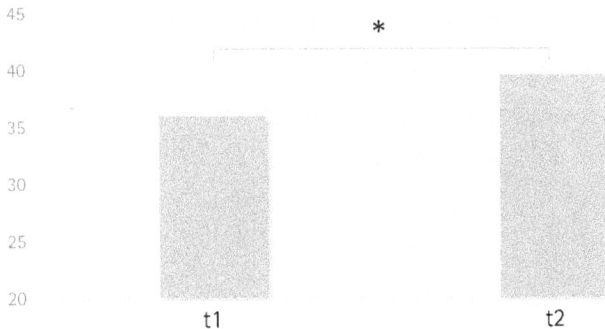

Abbildung 17: SOC-Gesamtwert im Verlauf (n=81, ∗ signifikanter Unterschied)

Bei Betrachtung des Gesamtwertes von t1 zu t2 (vgl. Abb. 17) zeigt sich ein signifikanter Unterschied (t=-3,06, p=0,002). Der SOC-Gesamtwert steigt im Zeitvergleich an und lässt sich als steigendes Kohärenzempfinden von t1 zu t2 interpretieren. Betrachtet man die SOC-Werte nach Geschlecht (Abb. 18), so ergibt sich für die weiblichen Jugendlichen ein signifikanter Unterschied von t1 zu t2 (t=-2,57, p=0,007), demnach steigt das Kohärenzgefühl der weiblichen Jugendlichen signifikant von t1 zu t2.

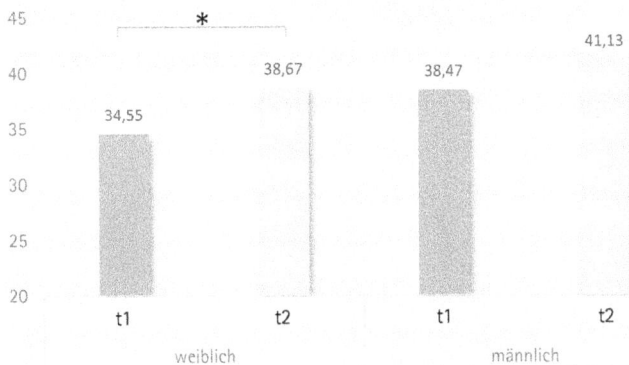

Abbildung 18: SOC-Gesamtwert im Verlauf: Vergleich von männlichen und weiblichen Jugendlichen (n= 81, ∗ signifikanter Unterschied)

Betrachtet man den SOC-Wert hinsichtlich der Dauer der Inanspruchnahme der Hilfemaßnahme (Abb. 19), so zeigt sich eine signifikante Zunahme des Kohärenzgefühls für die Gruppe der Jugendlichen, die die Hilfemaßnahme zwischen 1 und 2 Jahren beanspruchen (t=-2,77, p=0,005).

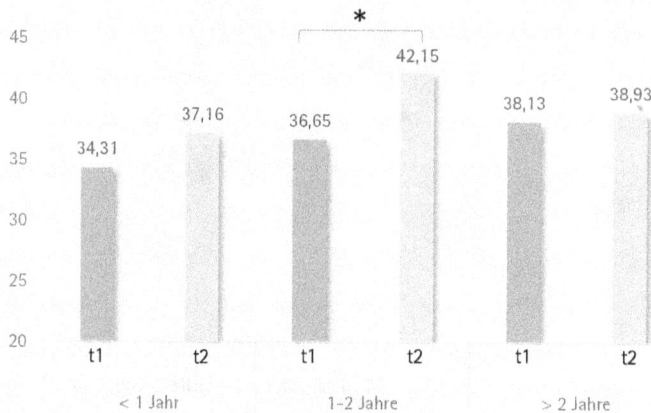

Abbildung 19: SOC-Gesamtwert im Verlauf: Vergleich der Dauer der Hilfeprozesse (n=81, * signifikanter Unterschied)

Wohlbefinden: Der Fragebogen wurde von N=125 ProbandInnen zumindest einmal ausgefüllt. Da bei n=43 ProbandInnen keine Verlaufsdaten zur Verfügung stehen, wurden diese als Drop-out von weiteren Auswertungen ausgeschlossen. In die Auswertung fließen entsprechend n=82 Versuchspersonen (53 weibliche und 29 männliche Jugendliche; Durchschnittsalter: 15,79 Jahre) ein. Da die Skala Wohlbefinden einen Wertebereich von 1 bis 4 hat, wird 2,5 somit als (theoretischer) Durchschnittswert angenommen. Abbildung 20 zeigt für weibliche Jugendliche wie auch männliche Jugendliche die Abweichung vom (theoretischen) Durchschnittswert zu Zeitpunkt 1 und Zeitpunkt 2.

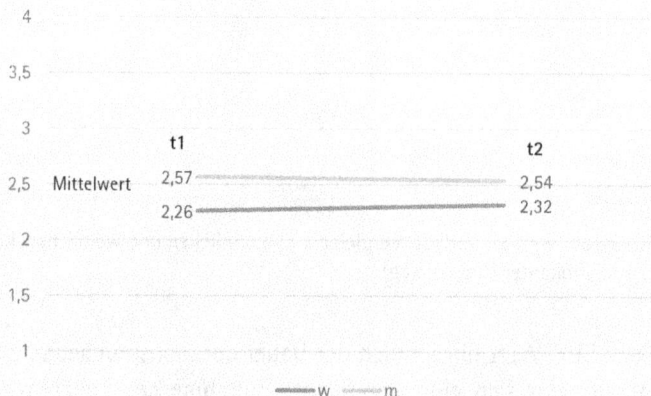

Abbildung 20: Wohlbefinden: Gesamtwert nach Geschlecht, Abweichungen vom Mittelwert (2,5) im Verlauf (n=82)

Die Veränderungen sind nicht statistisch signifikant, jedoch zeigt sich bei den männlichen Jugendlichen ein leicht überdurchschnittliches Wohlbefinden. Weibliche Jugendliche liegen leicht unter dem angenommenen Durchschnitt, jedoch steigt deren Wohlbefinden (nicht signifikant) von t1 zu t2 leicht in Richtung Durchschnitt an.

Frustrationstoleranz und Selbstwertgefühl: Der Fragebogen wurde von N = 122 ProbandInnen zumindest einmal ausgefüllt. Da bei n = 40 ProbandInnen keine Verlaufsdaten zur Verfügung stehen, wurden diese als Drop-out von weiteren Auswertungen ausgeschlossen. In die Auswertung fließen entsprechend n = 82 Versuchspersonen (53 weibliche und 29 männliche Jugendliche; Durchschnittsalter: 15,79 Jahre) ein. Auch der Fragebogen zu Frustrationstoleranz und Selbstwertgefühl hat einen Wertebereich von 1 bis 4. Vor der Auswertung werden die Variablen 2,5,6,8,9 der Subskala Selbstwertgefühl umkodiert (Abb. 21).

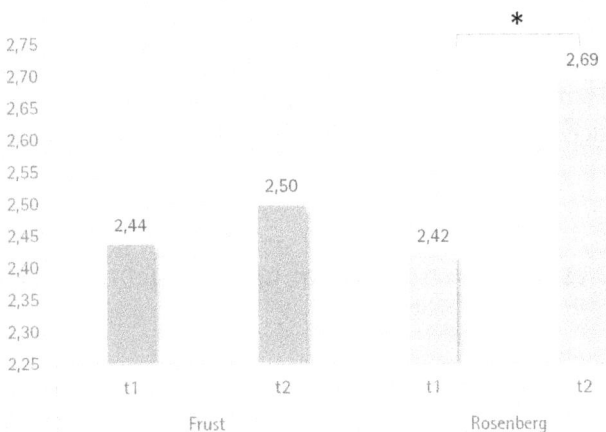

Abbildung 21: Frustrationstoleranz und Selbstwertgefühl im Zeitverlauf (∗ signifikanter Unterschied)

Es zeigt sich ein signifikanter Unterschied für die Subskala Rosenberg/Selbstwertgefühl (t= -3,71; p=0,001) (Abb. 22).

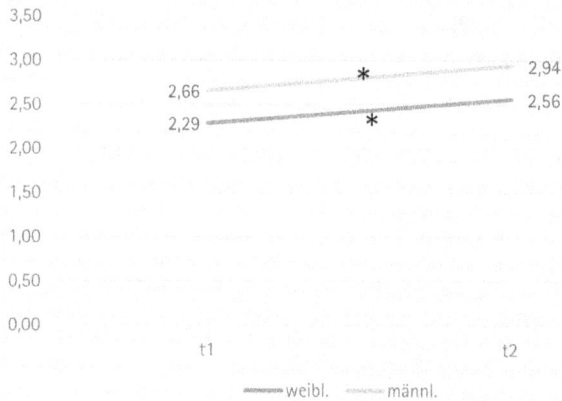

Abbildung 22: Selbstwertgefühl nach Geschlecht (∗ signifikanter Unterschied)

Betrachtet man die beiden Subskalen nach Geschlecht, so zeigt sich im Zeitverlauf sowohl für weibliche als auch männliche Jugendliche eine signifikante Veränderung in der Subskala Rosenberg (männliche Jugendliche: $t = -2{,}17$; $p = 0{,}04$; weibliche Jugendliche: $t = -2{,}99$; $p = 0{,}001$).

5.2   Methodisches Vorgehen und qualitative Ergebnisse aus dem Sternfall

Neben dem Erkenntnisgewinn der quantitativen Forschung mit ihrem Fokus auf verallgemeinerbare Ergebnisse bezüglich Lebensbedingungen und Lebensumfeldparametern und ihren Fähigkeiten der Reduktion (Pauls, 2006) ermöglicht die qualitative, rekonstruktive Sozialforschung den Zugang zu subjektiven Deutungen, also der „anderen" komplexen Seite zwischen Theorie- und Fall-Orientierung (Bock & Miethe, 2010). Hier interessieren insbesondere das subjektive Erleben und reaktive Verhalten der Jugendlichen in bestimmten Lebensumfeldern und prekären Situationen, um die Interdependenz somatischer, psychischer und sozialer Faktoren zu erfassen. Neben den quantitativen Daten wurden in der vorliegenden Studie daher auch die Erfahrungen, Wahrnehmungen und Erwartungen der beteiligten Personen in die Evaluationsüberlegungen einbezogen (vgl. dazu Gabriel, 2001). Dieses bedarfs- und einzelfallorientierte Vorgehen in der Forschung hat gerade für TWGs große Bedeutung, da es dem Arbeitskonzept in den Einrichtungen entspricht und sowohl Hinweise auf die Prozessqualität als auch die Ergebnisqualität gibt.

In die vorliegende Untersuchung wurden dafür zweierlei qualitative Datenbestände eingearbeitet. Der erste Datenbestand stammt aus der Untersuchung KATA-TWG, die der BEGE-

VAL-Studie voranging (vgl. AK TWG, 2009; Gahleitner & Rosemeier, 2011; Krause, Wachs-muth, Rosemeier, Meybohm & Gahleitner, 2009; Gahleitner & Krause-Lanius, 2013). Über 20 problemzentrierte retrospektive Interviews mit den jugendlichen HilfeempfängerInnen und ihren zugehörigen BetreuerInnen wurde eine Einschätzung des Verlaufs und Erfolgs der bereits abgeschlossenen Hilfemaßnahme anvisiert. Als Leitfrage zur Konstruktion der problemzentrierten (Witzel, 1982, 2000) Interviewleitfäden diente die Suche nach wesent-lichen Einflussfaktoren auf positiv strukturierende, hilfreiche und vor allem nachhaltig wirksame Erfahrungen der Betreuung bzw. Behandlung in therapeutischen Jugendwohn-gruppen. Über einen minimalen und maximalen Vergleich in Bezug auf den familiären Hin-tergrund und die vorherrschende Problematik wurde versucht, eine möglichst große Breite von BewohnerInnen des Jugendhilfesegments in der Untersuchung abzubilden (zur detail-lierten Beschreibung des Samplings vgl. AK TWG, 2009).

Auf Basis dieser qualitativen Daten, die eher über verschiedene ForschungsteilnehmerInnen hinweg zu Ergebnissen zu kommen versuchte (siehe Kapitel 2.4), wurde in der Studie BEGEVAL eine zweite qualitative Erhebung an einem Einzelfall in die Tiefe vorgenommen. Wie jeweils Einrichtung, Jugendamt, Therapie, Eltern und die Jugendlichen selbst mitei-nander in Kontakt gebracht, verknüpft und die einzelnen Schritte konstruktiv aufeinander abgestimmt werden, beeinflusst die Qualität der Hilfeleistung in großem Maße. In dieses Zusammenspiel gibt es jedoch noch wenig empirisch gestützten Einblick. Die Erhebung der Daten wurde daher in Form eines „Sternfalls" gestaltet. Dafür wurden eine Jugendliche selbst sowie ihre Mutter, ihr Vater, die Bezugsbetreuerin, der Einrichtungsleiter und die Jugendamtsmitarbeiterin mit ebenfalls problemzentrierten Interviews befragt. Auch hier wurde mit einer erzählgenerierenden, narrativ geprägten Eingangsfrage (vgl. Witzel, 1982, 2000) zunächst ein Zugang zur Lebensrealität der Jugendlichen sowie deren Eltern und der Arbeitsrealität der Fachkräfte geschaffen, und erst später wurden – entsprechend der Fra-gestellung – noch einige weitere problemzentrierte Erzählanstöße eingebracht.

Zur Auswertung der Interviews wurde in beiden Fällen die qualitative Inhaltsanalyse nach Mayring (1993, 2000) angewendet, allerdings stark induktiv orientiert und mit einem fall-kontextualisierenden Zwischenschritt, um in einem induktiv-deduktiven Wechselspiel der explorativen Vorgehensweise Raum zu öffnen (vgl. zum exakten methodischen Vorgehen vgl. Mayring & Gahleitner, 2010). Die jeweils vorliegenden Interviews wurden zunächst einzeln in Form von Einzelfalldarstellungen ausgewertet. Anschließend wurden die Einzel-fälle über Gesamtauswertungen jeweils miteinander in Beziehung gesetzt. Die ähnlich angelegten Leitfäden mit jeweils nur wenigen Nachfragekomplexen ließen ein mehrper-spektivisches Abbild des Hilfeprozesses zu, indem Aussagen und Erzählungen sowohl zum Hilfeprozess selbst als auch zum Hilfeverhältnis – und damit zur professionellen Bezie-hungsgestaltung – ermöglicht wurden. Die Teilstandardisierung erleichterte die Vergleich-barkeit der Interviews und bot die Basis für eine prozesshafte flexible Strukturierung zwi-schen induktivem und deduktivem Vorgehen in der Datenanalyse des Auswertungsprozesses. Im Folgenden werden zunächst die Einzelfalldarstellungen und im Anschluss daran die Gesamtauswertung vorgestellt.

5.2.1   Falldarstellung Friederike Farnag

Friederike Farnag, 1995 geboren, wächst bei ihren Eltern in einer Großstadt in Deutschland auf. Die Mutter ist als Angestellte tätig, der Vater ist selbstständig. In Friederikes Jugendalter trennen sich ihre Mutter und ihr Vater voneinander. Das Verhältnis zu ihren Eltern beschreibt sie als kompliziert. Bezüglich ihrer Tante väterlicherseits spricht sie hingegen von einer guten Beziehung. Eine große und kontinuierliche Bedeutung hat für sie der Sport, insbesondere ein Hockeyverein sowie die dortige Mannschaft.

Im Jugendalter treten bei Friederike Essstörungen, schwere Selbstverletzungen sowie suizidale Gedanken und Suizidversuche auf. Erste Symptome entwickelt sie mit Beginn des 14. Lebensjahres. Viele Gespräche sowie alternative Behandlungsversuche führen nicht zu einer Verbesserung ihrer psychischen Verfassung, sondern intensivieren die Gewichtsabnahme binnen mehrerer Monate so gravierend, dass ein Klinikaufenthalt notwendig wird. Unter dieser Behandlung stabilisiert sich zwar ihr Gewicht, allerdings treten dafür Symptome wie Selbstverletzungen und erste Suizidgedanken auf. Auch die Distanz zu den Eltern nimmt eher zu als ab.

An dieser Stelle beginnt der Hilfeverlauf im Rahmen der Jugendhilfe. Friederike Farnag durchlebt eine Reihe von Hilfesettings, geprägt von mehreren Aufenthalten in psychiatrischen Kliniken und zwei stationären Kinder- und Jugendhilfeeinrichtungen. Im gesamten Verlauf besucht Friederike vier bis fünf Mal stationäre psychiatrische Kliniken und mehrfach Notfallstationen zur Wundversorgung, nachdem sie sich selbst verletzt hat. Trotz mehrerer Psychiatrieaufenthalte und eines ersten Aufenthalts in einer Wohngruppe kommt es zu keiner Verbesserung ihres Zustands. Da Friederike jedoch aus dem Elternhaus ausziehen möchte, erfolgt auf ihren drängenden Wunsch die langfristige Aufnahme in eine TWG. Sie äußert in dieser Zeit das Bedürfnis, einen stabilen Lebensort im Alltag zu haben, um sich auf dieser Basis in einem weiteren Schritt mit einer stationären Behandlung auseinandersetzen zu können.

Von 2011 bis 2013 lebt Friederike Farnag in der TWG, in der sich Stück für Stück ihr Zustand stabilisiert. Im Rahmen eines zunehmenden Autonomiebestrebens zieht sie anschließend für weitere zwei Jahre von 2013 bis 2015 in das Betreute Einzelwohnen (BEW). Mit ihrem 18. Geburtstag enden die Jugendhilfemaßnahmen, sie zieht aus der TWG aus und verbringt ein Jahr im Ausland als Au-pair. Nach ihrem Abitur beginnt sie ein Studium, was sie jedoch vorzeitig beendet, da es nicht ihrem Interessengebiet entspricht. Heute ist Friederike 21 Jahre alt, lebt vorübergehend bei ihrer Mutter und macht eine Ausbildung als

Kauffrau für Marketingkommunikation. Bis heute erhält sie psychotherapeutische Begleitung, ist jedoch stabil. Da sie im Verlauf ihrer Erkrankung Tagebücher schrieb, spielt sie derzeit mit dem Gedanken, diese zu veröffentlichen, um andere Kinder und Jugendliche in ihrer Entwicklung zu unterstützen.

5.2.1.1 „Das hätte ich zu Hause einfach nicht geschafft, ... das irgendwie zuzulassen, dass jetzt jemand da ist, der mir hilft" – Friederikes Weg aus ihrer Sicht

„Ich bin mit 14 ... in die Klinik gekommen wegen Magersucht", erzählt Friederike Farnag im Interview, *„war dann da drei Monate ... und hab' da zugenommen und wollte das aber irgendwie nicht, also ich hab's gemacht, weil es ging ja einfach nicht anders"* (Absatz 18). Unter der Behandlung, einschließlich Zwangsernährung, stabilisiert sich ihr Gewicht, jedoch beginnen zur gleichen Zeit die Selbstverletzungen und erste Suizidgedanken. *„Quasi irgendwie so als Ventil und auch, weil ich es bei anderen Patienten gesehen habe ... , ich kannte das vorher nicht so ... . Und habe aber auch nicht mehr aufgehört, als ich rausgekommen bin, und es wurde eigentlich nur schlimmer"* (Absatz 18). Aus diesem Kreislauf findet Friederike nicht mehr selbstständig heraus: *„Wenn ich mich schlecht gefühlt habe, habe ich das gemacht. Es gab eigentlich gar nichts anderes mehr so richtig. Beim Training war ich halbherzig, in der Schule auch nicht richtig, und das hat mich einfach auch in dem Sinne gar nicht interessiert, weil ich so darauf fixiert war, dass ich nicht leben will oder das alles scheiße ist. ... Das ist so ein Kreislauf, aus dem man nicht so richtig rauskommt, da an der Stelle"* (Absatz 34).

Friederike sucht nach dem ersten Aufenthalt und der Verschlimmerung der Selbstverletzungen und suizidalen Gedanken, ohne das Wissen ihrer Eltern, selbstständig Unterstützung in einem anderen Hilfesetting: *„Ich hab' dann irgendwann mal bei so einer Krisen-Hotline ... habe eine SMS geschrieben, weil ich nicht telefonieren wollte, dass meine Eltern das nicht mitbekommen"* (Absatz 18). Die Krisen-Hotline übergibt die Information zur Klärung an die Polizei, die im Rahmen eines Besuchs in der Familie versucht, hilfreiche Schritte einzuleiten. Mit diesem Schritt nehmen die Eltern die Selbstverletzungen ihrer Tochter das erste Mal wahr. Daraufhin bringen sie Friederike für einen weiteren Aufenthalt in eine stationäre geschlossene psychiatrische Klinik. Insgesamt besucht sie im weiteren Verlauf vier bis fünf Mal eine stationäre Klinik. *„Also wegen selbstverletzendem Verhalten und Suizidalität, ja, das lief halt irgendwie immer weiter, dass so die Essstörung lief irgendwie so nebenbei, aber eigentlich nicht so schlimm die ganze Zeit, also mal besser, mal schlechter"* (Absatz 18).

Da sich keine dauerhafte Verbesserung abzeichnet und Friederike aus dem Elternhaus ausziehen möchte, nimmt sie selbstständig Kontakt zu einer ersten Wohngruppe auf, in die sie daraufhin einziehen kann. Aufgrund der starken Selbstverletzungen und suizidalen Handlungen im Rahmen des Aufenthalts sowie der immer wieder damit einhergehenden Klinikaufenthalte kann sie nicht in der Wohngruppe bleiben, als Alternative wird ihr jedoch eine TWG angeboten. Voraussetzung dafür ist ein weiterer stationärer Aufenthalt im Rahmen einer psychiatrischen Klinik. *„Ich habe dann noch kurz überlegt, noch mal in eine Klinik zu gehen, war ich ja auch für zwei Wochen und habe es dann wieder abgebrochen, weil ich doch kein' Bock mehr hatte"* (Absatz 10). Die Aufnahme in die TWG erfolgt auf Wunsch von Friederike. Sie äußert, dass sie einen stabilen Lebensort im Alltag und Abstand zu ihrem Elternhaus möchte, um sich dann mit einer stationären Behandlung auseinandersetzen zu können. *„Zu Hause ging's für mich nicht, weil ich niemals irgendwie noch mal mit meinen Eltern gesprochen hätte, weil die sich viel zu viel Sorgen gemacht hätten, und das war in der WG nicht so, dass ich das Gefühl hatte, dass ich damit irgendwie irgendjemand zu doll belasten würde"* (Absatz 12).

Der Einzug in die TWG bringt Friederike bezüglich ihres Verhältnisses zu ihrer Familie große Entlastung. Sie beschreibt, vor dem Einzug *„hat's angefangen eigentlich auch, dass ich mich von meinen Eltern total distanziert habe. Und auch nicht mehr mit denen gesprochen hab'"* (Absatz 18). Durch die TWG wird es für sie wieder möglich, sich vorsichtig anzunähern: *„Das hätte ich zu Hause einfach nicht geschafft, und … alleine schon die Tatsache, war halt irgendwie erleichtert, ohne dass sie irgendwas dafür gemacht haben"* (Absatz 18). Nachdem sie einige Zeit in der TWG lebt, darf sie unter weiterer Betreuung in das Betreute Einzelwohnen ziehen. *„Und dann zwei Jahre noch mal im Betreuten Einzelwohnen, sprich meine Betreuerin hat mich da weiter betreut in der Wohnung, wo ich gewohnt hab'"* (Absatz 10). Insbesondere dieser Schritt, für den sie sich immer wieder sehr einsetzt und kämpft, scheint sie in der Verringerung der Symptomatik zu unterstützen. *„Als ich in meiner Wohnung war, habe ich mich einmal noch verletzt. Weil ich so mit Familienfesten nicht gut klar kam … . Da war das dann noch mal dolle, aber danach nicht mehr. Also das war so das letzte Mal gewesen"* (Absatz 18).

Nach dem Auszug aus dem Betreuten Einzelwohnen wagt Friederike den Schritt ins Ausland, um dort einen längeren Aufenthalt zu absolvieren. *„Und nach den zwei Jahren, als ich da gewohnt hab', bin ich ins Ausland gefahren für ein Jahr und habe da Au-pair gemacht … . Das war so der komplette Umschwung, weil's halt was ganz anderes war, weil ich auf andere Sachen fixiert war, und das hat mich schon total geprägt, weil ich das Gefühl hatte, dass … ich so sein kann, wie ich will … , und das fand ich total schön und erleichternd … . Und das habe ich, glaub' ich, gut wieder mit hierhergebracht, das Gefühl"* (Absatz 18). Mittlerweile hat Friederike klare Zukunftsvorstellungen und Ziele, die sie Schritt für Schritt verfolgt. *„Ich mache jetzt gerade eine Ausbildung als Kauffrau für Marketingkommunikation. … Und ich möchte gerne in Journalismus und Redaktion gehen"* (Absatz 16). Sie empfindet die Zeit in der TWG und ihre damalige Gefühlslage inzwischen eher als befremdlich. *„Ich find's eigentlich gar nicht mehr schlimm. Ich find's komisch, drüber zu reden oder auch drüber zu* schreiben. … *Weil ich das so komisch finde und es in gewisser Art und Weise auch gar nicht mehr nachvollziehen kann"* (Absatz 36).

Unterstützungsaspekte auf Friederikes Weg – was wirkt aus ihrer Sicht?

Insbesondere die Beziehungsgestaltung mit ihrer Bezugsbetreuerin erinnert Friederike wiederholt positiv und schreibt dieser einen erheblichen Einfluss auf ihre Entwicklung zu: *„Abgesehen davon, dass meine Betreuerin einfach geil war. Also ich würde fast behaupten, von allen Therapeuten, die ich irgendwie kennengelernt habe, dass sie halt irgendwie am besten war, obwohl sie nicht mal Therapeut war"* (Absatz 12). Das gute und intensive Betreuungsverhältnis zur Bezugsbetreuerin entwickelt sich von Anfang an. *„Als ich da den ersten Tag war, ist sie mit mir Eis essen gegangen und war halt total lieb und jetzt nicht irgendwie ‚So, jetzt reden wir erst mal über eine Stunde darüber, was wir jetzt machen oder nicht machen, was du darfst und nicht darfst'. Das war in dem Sinne locker, … es war halt irgendwie normal und nicht irgendwie, wir machen jetzt mal Therapie miteinander, und zwar den ganzen Tag lang"* (Absatz 26). Friederike beschreibt das Angebot der Beziehung als spürbar wirksam für ihren Entwicklungsprozess. *„Das hat mir auf jeden Fall geholfen, dass da irgendwie jemand da war, den es interessiert hat"* (Absatz 40). Friederike hat zudem den Eindruck, dass die BetreuerInnen Freude an ihrer Arbeit haben: *„Die haben sich schon krass Mühe gegeben, das hat man auch gemerkt, und die waren nicht, dass sie sagen, das ist irgendwie Arbeit, dass wir jetzt hier sind, sondern ich hatte schon meistens das Gefühl, dass es doch auch schön für sie ist"* (Absatz 46).

Insbesondere auf das authentische Interesse an ihr als Person und ihrer Entwicklung kommt Friederike immer wieder zu sprechen. Dabei wird mehrmals deutlich, dass ihr in erster Linie der ungezwungene und doch kompetente Umgang im Lebensalltag wichtig ist. Sie kann sich in Momenten der alltäglichen Gespräche mehr öffnen als im therapeutischen Setting. *„Das war irgendwie nicht so komplett therapeutisch basiert, sondern eigentlich so: Wie mach' ich meinen Tag so, dass ich das mach', was ich muss, und aber auch das machen kann, was ich gerne machen möchte"* (Absatz 40). Auch bezogen auf ihr selbstverletzendes Verhalten erinnert sich Friederike sehr positiv an den Umgang seitens der BetreuerInnen der TWG. Sie betont, dass sie sich mit ihrem Problem ernst genommen und nicht ‚abgespeist' fühlt. *„Und ich hatte in der WG das Gefühl, dass sie halt viel länger mit mir reden und nach einer Lösung für mich suchen, die halt irgendwie was bringt. Und sei es einfach, mit mir darüber jetzt eine Stunde reden, dann bin ich halt eine Stunde länger wach und müde und habe mich aber in dieser Stunde nicht verletzt, als wenn mir jemand in zwei Minuten sagt, ‚Ja, schnipps dir mit einem Haargummi und esse eine Chilischote'"* (Absatz 44). Sie beschreibt aber auch Situationen, in denen sie sich seitens der MitarbeiterInnen mehr Nähe und Unterstützung gewünscht hätte. *„Da sitzt du halt im Krankenhaus, dann ist es halt so. … Wie sinnvoll das war, das hab' ich da nicht kapiert"* (Absatz 44).

Insbesondere die Alltagsorientierung im Rahmen der TWG bewirkt bei Friederike viel in ihrem Umgang mit der Krankheit. *„Das war schon viel, was mit Leben zu tun hat. Es war sehr natürlich und auch nicht unrealistisch oder irgendwie so, dass es komplett anders wäre, als wenn man noch zu Hause wohnen würde. ... Das fand ich total schön, so die Vorstellung davon, dass man da irgendwie doch wieder ins Leben zurückkommt mit den, aber trotzdem irgendwie die Unterstützung hat. Also das ist halt irgendwie doch kein Ferienlager"* (Absatz 26). Im Vergleich zur Therapie erlebt Friederike die ungezwungenen, alltagsrelevanten Momente im Rahmen der TWG, in denen Gespräche und Entwicklungen entstehen, ohne dass dies ein Muss ist und sie sich damit zu etwas gezwungen fühlt, als sehr entwicklungsfördernd. Dennoch ist sie im TWG-Alltag auch mit unangenehmen Situationen konfrontiert, besonders in Essenssituationen. *„Auch in gewisser Weise das Essen zusammen hat mir auch geholfen, obwohl ich es eigentlich immer schrecklich fand, weil das Sachen waren, richtig krasse Mahlzeiten, weil wir eine Köchin hatten"* (Absatz 40). Gemeinsame Unternehmungen mit der Gruppe können ihr jedoch immer wieder sehr viel Kraft geben. *„Wir haben halt öfter irgendwelche Sachen zusammen gemacht, das waren auch Pflichtveranstaltungen ... . Normalerweise war das schon so geregelt, dass man da irgendwie da sein sollte. ... Ich fand's immer cool, es war total schön, irgendwas miteinander zu tun"* (Absatz 46).

Die Regeln und Vorgaben in der TWG erzeugen in Friederike allerdings Ambivalenz: *„Ich denke schon, dass mir in gewisser Weise die Alltagsstruktur da geholfen hat ... . Wobei die Struktur halt irgendwie auch doch mich gestört hat, weil ich diese Struktur ja eigentlich hatte durch Schule und mein Training"* (Absatz 40). Besonders wichtig ist ihr autonomes Handeln und ein ausgewogenes Verhältnis zwischen Struktur und Flexibilität und zwischen Autonomie und Abhängigkeit im Umgang: *„Gerade wenn man so unter Zwang steht, jetzt essen zu müssen oder irgendwas nicht zu dürfen, kommt ganz schnell dieses Zwangsgefühl, dann auch Wut gegen Leute auf, auch wenn sie jetzt in dem Moment helfen wollen oder es halt wirklich tun ... . Und das Gefühl hatte ich in der WG nicht ... . Sie mussten mich eigentlich nicht zu irgendwelchen Dingen zwingen. ... Die haben Entscheidungen getroffen, wenn ich mich doll verletzt habe ... , und deswegen hatte ich, glaub' ich, eine ganze Menge Vertrauen zu denen und fand das auch gut, dass ... schon ziemlich strikt geregelt war, was dann wie passiert"* (Absatz 54). Dabei ist stets die Kooperation zwischen den verschiedenen Institutionen, insbesondere mit den Kliniken, sehr bedeutsam: *„Es war halt ein ziemliches Netz, was mich irgendwie immer aufgefangen hätte. Und das habe ich schon gemerkt und nicht in dem Moment so doll gemerkt, dass sie das jetzt irgendwie alle machen ... . Aber im Nachhinein merkt man das halt"* (Absatz 54).

Friederikes Weg in die Selbstständigkeit

Aufgrund der großen Bedeutung, die Friederike der Autonomiefindungs- und Ablösungsphase in der Adoleszenz im Interview gibt, soll dieser Aspekt besonders herausgearbeitet werden.

Zunächst erzeugt ihr Autonomiebestreben einiges an Konflikt: „*Da gab's grade wegen der Gruppentherapie oft Auseinandersetzungen mit meiner WG und auch mit dem Leiter und der Therapeutin, weil's eine Pflichtveranstaltung war … . Das hat mich auf jeden Fall gestört. So, dass diese Struktur so eng war. Obwohl sie mir eigentlich auch geholfen hat*" (Absatz 40). Deutlich wird im Interview also, wie schnell Friederike sich eingeengt fühlt. Den Freiraum, also ein Leben außerhalb der TWG führen zu können, beschreibt sie dagegen als positiv und hilfreich. „*Man hat den Rahmen, wenn man Hilfe braucht, sich die Hilfe zu holen oder dass man da auch gesehen und angesprochen wird, wenn es einem nicht gut geht. Aber irgendwie noch so ein Leben nebenbei zu haben, ich glaube, das war so, was mir so mit am meisten geholfen hat*" (Absatz 10). Wie es Friederike und der Einrichtung gemeinsam, also Schritt für Schritt gelingt, Einbettung und Eingebundenheit auf der einen und Freiraum für eigene Entwicklung auf der anderen Seite zu schaffen, soll im Folgenden genauer betrachtet werden.

In den ersten Monaten findet Friederike es z.B. durchaus schwer in der WG und kann sich nur bedingt auf die Angebote und Hilfemaßnahmen einlassen, weil sie sich nicht „*vorstellen konnte aufzuhören, mich zu verletzten … . Also ich kannte das halt eigentlich gar nicht so, dass man jetzt irgendwie krass über irgendwelche Dinge so redet. Und deswegen bin ich auch alleine nicht hingegangen, um es zu tun*" (Absatz 74). Sie weiß daher zwar von Beginn an, was sie will und was sie nicht will, kann jedoch Aushandlungsprozesse dafür noch schwer für sich nutzen. Sowohl im schulischen Setting als auch in der TWG gerät sie in Konfliktsituationen, doch ihre Betreuerin und ihre Lehrerin führen sie immer wieder auf den Dialog zurück. Dieses andauernde Bemühen von allen Seiten im Lebensalltag löst eine Veränderung in ihr aus. „*Und da ist bei mir halt einfach eine Leitung durchgebrannt … und bin auch wieder gegangen, und dann ist mir meine Lehrerin hinterhergelaufen gekommen und hat mir gesagt, dass ich jetzt einfach mal hierbleibe und den Unterricht weitermachen soll. Und ich hatte ziemlich Respekt vor der … . Und das habe ich gemacht … , bin dageblieben, und seitdem war ich jeden Tag da*" (Absatz 18).

Insbesondere bei ihrer Betreuerin nutzt Friederike viele Möglichkeiten für wachstumsunterstützende Dialoge und fühlt sich von ihr ernst genommen, wertgeschätzt und sehr unterstützt. „*Was ich wirklich am meisten bewundert habe, ist, ich hatte immer das Gefühl, ich habe ihr was komplett Neues erzählt, wovon sie überhaupt nichts wissen konnte, und sie wusste sofort eine Antwort darauf. Das fand ich so krass. … Ich hatte immer bei ihr das Gefühl, dass sie schon zehn Jahre lang darüber nachgedacht hat, was sie jetzt sagt*" (Absatz 68). Im Kontakt mit anderen BetreuerInnen tut sich Friederike am Anfang etwas schwer, kann aber mit der Zeit ein großes Vertrauen aufbauen, sogar für Extremsituationen: „*Und ich glaube, dass es in dem Sinne schon geholfen hat, die Leute da zu haben, gerade so, nachdem ich da eine Weile da war, irgendwie doch das Gefühl hatte, bevor ich mich verletze, hinzugehen und mit den Leuten so lange zu reden oder irgendeine Lösung zu finden dafür, dass ich mich eben nicht verletzen muss*" (Absatz 44). Dieser Prozess jedoch braucht offenbar Zeit: *„Weil ich also das Hilfsangebot am Anfang kaum angenommen oder wahrgenom-men habe. Dass es eigentlich existiert und da ist. Weil ich eine ganze Weile gebraucht [ha-be], um das irgendwie zuzulassen, dass jetzt jemand da ist, der mir hilft"* (Absatz 72).

Diese Vorgänge unterstützen sie sehr in der Entwicklung ihrer Reflexionsfähigkeit und Fähigkeit, im richtigen Moment Hilfe zu suchen und auch annehmen zu können. *„Die Mög-lichkeit, zum Beispiel hinzugehen und zu sagen, ‚ich hätte jetzt gerne Hilfe' oder ‚ich will einfach mal zehn Minuten spazieren gehen, kannst du mitkommen', das hab' ich halt nicht. Also ich bin von mir alleine nie darauf gekommen"* (Absatz 74). Neben der intensiven Unter-stützung durch Nähe formuliert Friederike gleichzeitig Momente der gesunden Distanz. Sie beschreibt, dass diese ebenfalls zum Abbau der Symptomatik führen, weil sie in den Situa-tionen vollkommen auf sich allein gestellt ist. Diese konfrontativen Momente haben zur Folge, dass sie eigenverantwortlich handeln muss. Friederike beschäftigt sich z. B. immer wieder mithilfe neuer Medien mit der Thematik Essstörung und ist dazu in Foren aktiv. Nachdem ihr dies eine Zeit lang viel bedeutet, nützten ihr die Foren irgendwann nicht mehr so viel: *„Ich glaube, es hängt halt generell viel davon ab, in welchem Stadium man sich befindet"* (Absatz 82).

Insbesondere wird deutlich, wie zentral für Friederike die Möglichkeit ist, ihrem Sport nachzugehen. Dabei unterstützt vor allem der soziale Aspekt der Gruppe. *„Gerade weil es halt irgendwie auch Leute waren, die mich … in Ruhe gelassen haben … . Und das halt kom-plett ablenkt irgendwie … , zum Training zu gehen, da mit anderen Leuten zu sein, mit Leu-ten, die sich über andere Dinge unterhalten und dann auch mal also fixiert zu sein … . In dem Moment wirklich vollkommen abgelenkt irgendwie von allem anderen. Von allem anderen. Und das fand ich schon entlastend. Danach war es zwar sofort wieder da, aber meistens ging's mir dann in dem Moment gut, und ich hatte da aber auch meinen Spaß"* (Absatz 64). Die Möglichkeit, zum Hockey zu gehen, ermöglicht ihr den Raum, neue Erfahrungen zu machen, sich selbstwirksam zu erleben und neue Kontakte zu knüpfen. Das ist insbesonde-re wichtig, da ihre Erkrankung zu diesem Zeitpunkt schon großen Einfluss auf ihr soziales Umfeld genommen hat. *„Ich hatte in der Schule das Gefühl, dass ich da nicht mehr rein-komme, weil ich so meine Freunde quasi komplett verloren hab' eigentlich dadurch, und alleine deswegen schon nicht mehr gerne hingegangen bin, weil da quasi keiner auf mich gewartet hat"* (Absatz 74). Heute kann Friederike gut damit in der Öffentlichkeit umgehen.

Nachdem Friederike auf diese Weise, unterstützt von der Einrichtung, immer wieder auf allen Ebenen für Freiräume und Autonomie kämpft und das Angebot der Einrichtung zur Selbstreflexion und Entwicklung sehr gut nutzen kann, darf sie nach Absprache mit den Eltern und dem Jugendamt vorzeitig in das Betreute Einzelwohnen einziehen. Der mit ei-nem hohen Risiko verbundene Schritt erfordert seitens der Einrichtung und insbesondere seitens ihrer Bezugsbetreuerin einen großen Vertrauensvorschuss gegenüber Friederike, die diese Entscheidung bis heute als bedeutsamen Wendepunkt in ihrem Leben und sehr ent-

wicklungsprägend für sich ‚verbucht'. Im Rückblick kann sie die Maßnahmen der Einrichtungen, das Angebot und Vorgehen, sehr reflektiert betrachten. Immer wieder wiegt sie im
Rahmen des Interviews die einzelnen Punkte ab. Auf die Frage, wie es ihr heute insgesamt
geht, antwortet sie: *„Also ich fühl' mich da auf jeden Fall wohl. Ich find's jetzt was ganz
anderes, wenn ich zurückgucke, so auf die Zeit in der WG oder als ich in der Klinik war, war
das irgendwie ganz anders, also ich hatte einfach nicht ein Leben nebenbei. Ich würde jetzt
nicht behaupten, dass es so alles komplett weg ist, aber, also es ist halt irgendwie immer nur
so beiläufig"* (Absatz 10).

5.2.1.2 „Als Eltern, als Mutter ist man ... so hilflos wie sonst überhaupt keiner" – Friederikes Weg aus Sicht der Mutter

Friederike Farnags Mutter nimmt die Essproblematik ihrer Tochter das erste Mal wahr, als
diese 14 Jahre alt ist: *„Nach ihrem 14. Geburtstag, da habe ich dann gemerkt, dass es für sie
ein ganz dolles Thema ist. Da habe ich dann mal irgendwann im Badezimmer einen Zettel
gefunden, wo ... ein Datum notiert ist ... , und daneben jeden Tag das Gewicht, und wie das
immer weniger wird und gravierend, und habe dann meinen damaligen Partner daraufhin
angesprochen, ‚pass auf, du, Friederike, die macht das auch'"* (Absatz 4). Zunächst versuchen
die Eltern daraufhin, mit ihrer Tochter in Kontakt zu treten – mithilfe einer Beratungsstelle
sowie alternativer Behandlungswege: *„Wo wir dann einen Termin gemacht haben, uns mit den
Leuten unterhalten haben und Friederike auch mitgenommen haben"* (Absatz 4).

Der Zustand ihrer Tochter wird jedoch nach kurzer Zeit so ernst, dass die Eltern sie in eine
psychiatrische Klinik einliefern lassen müssen. *„Es wurde so schnell so schlimm, dass das ...
von Silvester an bis, ich glaub', sie ist irgendwie im März das erste Mal in das Klinikum ein-
gewiesen worden ... , also dieses Gewicht, es ist so rapide, so schnell abwärts gegangen, dass
das eigentlich, ja, dass man gemerkt hat, da gibt's jetzt kein Stoppen ... , also wenn da jetzt
nicht von außen irgendjemand hilft, dann ist sie irgendwann weg. Dann stirbt sie wirklich,
also so ist das gewesen"* (Absatz 4). Friederike steckt laut der Mutter in dieser Zeit in einer
sehr krisenhaften Situation, aus der sie nicht alleine herausfindet: *„Ja, sie konnte mit den
Problemen nicht umgehen. Also sie hat, wie gesagt, ganz schlimm gehungert und hat sich
ganz schlimm selbst verletzt. Und hat irgendwie darauf gewartet, dass da was passiert"*
(Absatz 12).

Die selbstgefährdende Situation, in der sie Friederike erleben, versetzt die Eltern in höchste
Alarmbereitschaft: *„Weil anfangs war die Situation ja eigentlich so eine Situation ‚ich
möchte überhaupt nicht leben ... , das hat ja alles überhaupt keinen Sinn'"* (Absatz 2). Aus
dieser gravierenden Situation wollen die Eltern Friederike mit der Einlieferung in die Klinik
befreien und sie vor sich selbst schützen. *„Weil wir wirklich Angst hatten, dass sie einen
Suizid begeht ... , und das war die einzige Möglichkeit. Sie dort hinzubringen und in Obhut zu
geben. Und das war für sie natürlich furchtbar: ‚Meine Eltern geben mich jetzt hier einfach*

weg' ... . Aber ... man musste sie schon vor sich selbst schützen. Definitiv" (Absatz 12). Die Eltern kommen kaum zur Ruhe, die Mutter ist ständig angespannt und von Ängsten geschüttelt: *„Also, das ist wirklich die Hölle, wo man denkt, nimmt des jetzt überhaupt kein Ende mehr?"* (Absatz 34). Der Klinikaufenthalt ist für Friederikes Situation und für sie selbst jedoch hilfreich, so die Mutter: *„Also grundsätzlich hat es ihr erst mal wirklich sehr geholfen, ... aus diesem ... familiären Umfeld rauszukommen, was ihr wohl offensichtlich super zu schaffen gemacht hat"* (Absatz 2).

Neben dem ersten Aufenthalt in der Klinik durchläuft Friederike mit ihren Eltern viele weitere Stationen über diverse Hilfesettings, bevor sie sich für eine TWG entscheidet. *„Und ... das ist ja auch ein langer Weg gewesen über die Krankenhäuser, über die Intensivstationen, und dann eine Wohngruppe zu finden, die geeignet ist, wo sie sich auch bereit erklärt dorthin zu gehen ... und für sich zu sehen, dass es eben auch gut ist"* (Absatz 2). Die Familie gibt aber nicht auf, eine Lösung zu finden – weder Friederike noch die Eltern: *„Dass man trotz alledem immer wieder zeigt, dass es, ‚egal wie viel Blödsinn du machst ... , also so doof kann es gar nicht sein, dass wir sagen, wir wollen dich nicht mehr sehen ... . Also das gibt es einfach nicht', dieses immer zu zeigen: ‚Wir sind trotzdem deine Eltern, wir haben dich lieb, und wenn wir dich jetzt weggeben, dann, weil wir es einfach nicht schaffen, weil wir wollen, dass du lebst'"* (Absatz 34).

Einige der Schwierigkeiten kann sich die Mutter nur mit Friederikes Charaktereigenschaften erklären, damit, dass die Jugendliche sehr intelligent, sorgfältig und perfektionistisch auf sie wirkt. *„Also ich denke, es ist eine ganz schlimme Art der Pubertät ... , irgendwie alles so, wo sich andere schlimm ärgern und eine Tür schmeißen, da wird da eben die Haut aufgeritzt ... . Also, ich glaube, das ist eine ganz ganz dolle Impulsivität, und das betrifft auch immer, glaube ich, Jugendliche, die schon irgendwie besonders sind ... , die sehr intelligent sind, die ... perfektionistisch sind. Und auf irgendwie eine Art und Weise auch immer was Besonderes sind. Irgendwie weniger Durchschnitt. Irgendwie nie was halbwegs ganz normal machen können. Wenn man rennen geht, muss man eben gleich einen Marathon laufen, es reicht nicht einmal ums Feld ... und so auf diese Art und Weise. ... Ja, aber ist man ja total auch stolz darauf ... , manchmal wünscht man sich ... , einfach nur Gang runter so"* (Absatz 4).

Auf die Nachfrage, wie sich die Symptomatik weiterentwickelt, erzählt die Mutter, dass sich Friederike zwar immer wieder selbst verletzt und auch die Essstörungen wiederholt Raum einnehmen, es jedoch innerhalb der Betreuung stetig besser wird. Dennoch beschäftigt sie sich immer voller Ambivalenzen mit der Frage, ihre Tochter weggegeben zu haben: *„Was so ein bisschen aus meiner Sicht auf jeden Fall hilfreich gewesen ist, ... diese Verantwortung abgeben können, einfach wenn man, also ich hatte des Gefühl als Eltern, als Mutter ist man, ich glaube, so hilflos wie sonst überhaupt keiner ... , wie gar keine außenstehende Person, es war so eine ganz, ganz schlimme Erfahrung, weil man ja eigentlich die allerdichteste Person am Kind sein sollte und bisher ja auch gewesen ist, und das dann abzugeben,* *das ist ein totaler Schnitt irgendwie, das ist wie was rausreißen. Andererseits ... , man sieht, ich selber kann hier überhaupt nichts mehr ausrichten, und wenn sie hierbleibt, dann bedeutet es vielleicht wirklich, dass sie diesen Schritt macht, und irgendwann klappt das mal mit diesen Suizidversuchen. ... Also das war für mich, das war so beides ... , zum einen super Erleichterung zu wissen, da sind Leute, die kennen sich irgendwie vielleicht doch besser damit aus ... , zum anderen immer so dieses, wenn das Telefon klingelt, eigentlich schon fast so wie ,um Gottes Willen, was ist jetzt schon wieder passiert'"* (Absatz 2).

Unterstützungsaspekte auf Friederikes Weg – was wirkt aus Sicht der Mutter?

Mit dem Einzug von Friederike in die TWG übernehmen in der Wahrnehmung der Mutter die BetreuerInnen teilweise die Rolle der Eltern, da Friederike keinen Kontakt zu den Eltern will. *„Im Prinzip haben die Betreuer unsere Stelle eingenommen, die sind wirklich auch an Elternabende anfangs gegangen, bevor wir dann wieder gegangen sind"* (Absatz 18). Diese Rollenübernahme führen zu sehr engen Beziehungen zwischen den BetreuerInnen und ihrer Tochter, was der Mutter nicht immer leicht fällt zu akzeptieren. Sie steht dabei in einem innerlichen Konflikt dazwischen, Aufgaben abgeben zu können und zu müssen einerseits und andererseits ihrem mütterlichen Bedürfnis, ihre Tochter in ihrer Entwicklung nah begleiten zu können: Da *„kümmern sich andere Menschen um so einen ganz wichtigen Schritt, der in diesem Alter so zwischen 14 und 18 einfach mal im Leben passiert ... , dieser Schritt vom Kind zum Jugendlichen in das Erwachsenenleben. Dieses erste Mal zum Gynäkologen gehen, sich das erste Mal verlieben, erste sexuelle Erfahrungen erleben ... , das alles mit anderen Leuten besprechen und zu sehen, die baut da ganz enge Beziehungen auch auf, wo man denkt, das hätte eigentlich zwischen uns besprochen werden müssen. Ich hätte mir so gewünscht, diese Gespräche mit ihr zu führen"* (Absatz 2).

Die schlimmste Zeit ist daher für die Mutter die Zeit des Kontaktabbruchs: *„In der Zeit war, glaub' ich, über ein halbes Jahr komplett – weg – gar nichts. Kein Wort von uns sehen, hören"* (Absatz 8), sagt sie und wirkt dabei sehr bedrückt. Dennoch schafft sie es, die Entwicklungen ihrer Tochter zu begleiten und die Beziehungen, die ihre Tochter neu dazugewinnen kann, als wichtig und gut anzuerkennen. Wiederholt bezeichnet die Mutter die enge Beziehungsarbeit und Begleitung der Kinder und Jugendlichen im Rahmen der Hilfemaßname auf unterschiedlichen Ebenen und mithilfe diverser Zugänge als zentrale Unterstützungsmöglichkeit: *„Also ich weiß ... , dass sie einen guten Kontakt zu den Betreuerinnen, zu den meisten Betreuerinnen hatte ... , die meisten hat sie wirklich sehr gemocht, ... haben tatsächlich wirklich auch diese Rolle übernommen, eine sehr sehr enge Bezugsperson zumindest für sie zu werden ... , weil sie ... ihr ganz nah geworden sind"* (Absatz 20). Die Mutter betont, dass nicht nur Friederike zu der TWG ein enormes Vertrauen aufbaut, sondern die TWG ihrer Tochter auch einen Vertrauensvorschuss als Fundament der Zusammenarbeit entgegengebracht hat.

Neben den professionellen Beziehungen beschreibt die Mutter insbesondere die Alltagsorientierung im Rahmen der TWG sowie deren familiäre Umsetzung als hilfreich. *„Ja, ich glaube, dieses irgendwo in einem familiären Rahmen, in irgendeinem neu erdachten familiären Rahmen ... , ich glaube, das ist schon eine ganz gute Sache gewesen. Dass es nicht so ganz wie im Krankenhaus daher geht ... , die Jugendlichen haben gemeinsam gekocht, die haben gemeinsam eingekauft, jeder wurde zum Saubermachen eingeteilt, irgendwie, wie es in einer Familie ja auch ist. Vielleicht eben ... in einer riesengroßen Großfamilie"* (Absatz 20). Nicht nur in der TWG wurde die Begleitung so umgesetzt, so die Mutter, sondern auch im Betreuten Einzelwohnen. *„Ich glaube, die Betreuerin kam zwei Mal die Woche zu ihr in die Wohnung ... , und alles wurde besprochen"* (Absatz 18).

Eine Orientierung zur Stabilisierung gibt die TWG laut der Mutter Friederike durch die vorhandenen bzw. vorgegebenen Strukturen, an die sie sich zwar halten muss, die sie aber auch partizipativ mitgestalten darf: *„Also ich weiß, sie haben anfangs ja auch, als es noch ganz akut gewesen ist mit dem Verletzen, haben die schon auch so Pläne aufgestellt. ‚Wenn es bis da und da hin gut geht, dann kannst du Weihnachten rausgehen ... , selbstständig das und das tun', ‚wenn du dich nicht verletzt, dann hast du mehr Freiraum'. Und sie hat das zwar verlacht und gesagt, ‚das ist ja Erpressung, und das ist alles nicht richtig so, und das sind falsche Ansätze' ... , aber ich denke mal, das sind die einzig wirklichen Ansätze, die irgendwie was ..."* (Absatz 18). Einige Vorgehensweisen wiederum befremden die Mutter, insbesondere Interventionen, die Friederike nicht aktiv mitgestalten kann und ihr wie eine Art ‚Rezept' vorgegeben werden. *„Die hatten da so ein Notfallpaket, was man tun soll, wenn man das Gefühl hat, man muss sich jetzt verletzen ... , aber aus ihrer Sicht hat's ihr nicht geholfen"* (Absatz 24).

Wie Frederike thematisiert auch ihre Mutter die ‚richtige Mischung' zwischen Rahmung und Einbettung einerseits und der Unterstützung des Autonomiestrebens andererseits: *„Also am Anfang war es, glaube ich, sehr hilfreich, dieses ganz bewacht und beschützt zu sein, und sehr integriert zu sein in diese Gruppe – obwohl auch da wusste sie ja, ... es war ja nie wie in einer geschlossenen Anstalt ... , wenn sie dort einen Suizidversuch begangen hätte, dann hätte das auch geklappt. ... Davor konnte sie keiner wirklich bewahren"* (Absatz 18). Es werden Friederike neben dem relativ engen Rahmen seitens der TWG jedoch immer wieder Freiräume und Entscheidungsmöglichkeiten zugestanden, sodass sie sich auf das Angebot einlassen kann, so die Mutter. *„Dass man da auch ganz doll Freiräume hat ... , dass ... man auch Freunde treffen kann, dass wenn man es anmeldet, sogar man Freund, Freundin bei einem mit im Zimmer schlafen darf, dass man im Prinzip ein relativ normales Leben eigentlich führen kann, so wie es sein sollte. Irgendwo, nur dass die Eltern nicht präsent sind"* (Absatz 20).

Friederikes Weg in die Selbstständigkeit aus Sicht der Mutter

Aus Sicht von Friederike Farnags Mutter steckt ihre Tochter zu Beginn ihres Krankheitsverlaufs in einer sehr akuten Krise, in der sie nicht fähig ist, ihre Situation reflektiert zu betrachten sowie selbstständige Entscheidungen zu treffen. *„Es ist ja alles gegen ihren Willen passiert. Diese Zwangsernährung und dieses dann daraufhin nicht mehr leben Wollen, weil es ja schon sowieso keinen Sinn mehr hat. … Sie hat sich das so toll abgehungert, und jetzt wird das alles auf einmal wieder … rangehext … , und sie darf sich nicht bewegen, und sie muss das alles essen, und nur dann darf sie raus, und Strategien ersinnen, die Leute übers Ohr zu hauen, um doch irgendwie da raus sich zu mogeln, und diese ganzen Geschichten"* (Absatz 4). Das stark ausgeprägte Autonomieempfinden kennt die Mutter bereits aus der frühen Kindheit von Friederike – und dass dies manchmal Ratlosigkeit auslöst. *„Das hat mir sehr zu schaffen gemacht … , dass sie das Gefühl hat, sie muss für sich alleine sorgen … also, wir kümmern uns doch wirklich um all die Dinge und geben ihr Geborgenheit und alles, was ein Kind braucht, und warum ist es so … . Irgendwas muss ja gefehlt haben, sonst kommt man ja auf diese Gedanken nicht"* (ebd.).

Beeindruckt erzählt die Mutter, dass ihre Tochter als Person mit sehr komplizierter Problematik von der Einrichtung vollends akzeptiert wird. Die Jugendlichen und deren individuelle Bedürfnisse in den Vordergrund der Arbeit zu stellen, ihnen Möglichkeiten zu geben gehört zu werden sowie autonom Einfluss auf ihre Alltagsgestaltung zu nehmen, beschreibt die Mutter als hilfreiche Konzeptbestandteile. *„Und dass sie auch ganz doll respektiert haben, was sollen sie uns sagen von Friederike, und was sollen sie uns auf keinen Fall sagen … , dieser Respekt auch, vor den Jugendlichen. Der stand an erster Stelle. Also, als Eltern war man auch sehr mit involviert, aber es ging definitiv um den Jugendlichen da. Ganz klar!"* (Absatz 2). Mit den Eltern wird jedoch auch eng zusammengearbeitet: *„Was gut gewesen ist, es haben immer Treffen stattgefunden. Mit dem Einrichtungsleiter und uns als Eltern, manchmal zusammen mit Friederike, manchmal ganz alleine, sodass man auch immer wieder erfahren hat, wie geht es ihr, macht sie Fortschritte, wird es besser, und wo steht sie da, und was für Ängste und Sorgen hat sie"* (Absatz 2). Insbesondere in der Zeit, in der Friederike keinen Kontakt zu den Eltern möchte, ist die Elternarbeit seitens der TWG die einzige Möglichkeit, in indirekten Kontakt zu ihrem Kind zu stehen. *„Diesen Kontakt dann irgendwo über ihn aufrechterhalten … , zu wissen: Wie geht es ihr, was macht sie?"* (Absatz 38).

Mit dem Aufenthalt in der TWG kann Friederike nach Ansicht der Mutter ihr Autonomiebestreben für sich nutzen und einen positiven Wandel vollziehen: *„Sie ist irre selbstständig geworden. Also alles, was, sag' ich mal, 18-Jährige irgendwann in der ersten WG lernen, das konnte die mit 15"* (Absatz 6). In dieser Zeit akzeptiert Friederike keinerlei Hilfe von den Eltern. *„Nichts, wir waren ja völlig raus. Und das hat sie wirklich alles allein gemanagt. Also im Prinzip ist da ein ganz großes Stück Kindheit und Unbefangenheit geraubt worden. Würde ich mal sagen. Einfach weil sie so funktionieren musste … , super genau, super pünktlich.*

Und perfektionistisch halt" (Absatz 6). Dabei ist es für Friederike nach Ansicht der Mutter hilfreich, trotz allem Autonomiebestreben gut betreut und unterstützt zu werden, sich an Alltagsaufgaben zu orientieren, die sie bewältigen kann, um dann jeweils einen nächsten Schritt in Richtung Selbstständigkeit wagen zu können. *„Ich glaube, am Anfang war es gut gewesen, dieses wirklich sehr eingebunden Sein. Und nachdem wirklich auch Erfolge sichtbar waren, dass es ihr tatsächlich besser ging und die gesehen haben, wir können ihr vertrauen, dann zu sagen, ,ja, wir vertrauen dir, und du darfst jetzt wirklich alleine wohnen in deiner Wohnung und zeigen, dass es geht', und ging ja dann auch"* (Absatz 18).

Ihre Selbstständigkeit kann Friederike neben dem Gruppengeschehen auch in ihrer Freizeitgestaltung, dem Hockeyspielen, einbringen. Der Kontakt ermöglicht ihr, Freundschaften zu knüpfen und Kontakte außerhalb der Gruppe zu pflegen sowie in diesem Rahmen auch andere Rollen zu übernehmen. *„Das hat sie auch gesucht in ihrer Hockeygruppe, dass sie sich irgendwelche rausgesucht hat, die so diese Art Mutterrolle übernehmen mussten"* (Absatz 28). Bis heute ist der Sport für sie die Möglichkeit, für sich Sorge zu tragen, einen Ausgleich zu schaffen und ihre Tage daran zu messen, ob diese erfolgreich oder weniger erfolgreich zu Ende gehen. *„Und das ist es ja im Prinzip nach wie vor auch noch. Es ist ja kein Tag, der ohne Sport vergeht. ... Sie führt zwar ein normales Leben, geht zur Schule, geht arbeiten und alles. Aber wenn sie sich nicht wenigstens am Tag irgendwie bewegen kann, dann ist das kein guter Tag, glaube ich"* (Absatz 30).

Die Entwicklung von Friederike hat auch Auswirkungen auf die Paarbeziehung der Eltern. Rückblickend reflektiert die Mutter, dass Friederikes Problematik die Eltern zunächst näher zueinander brachte. Dennoch trennen sie sich, als wieder Ruhe einkehrt. *„Wir haben uns dann irgendwann getrennt, mein Partner und ich, insofern ist diese Familiendynamik ein bisschen aufgehoben. Also in der Zeit, als es Friederike wirklich ganz schlecht ging, da sind, also mein Partner und ich, schon noch mal sehr zusammengewachsen. Da haben wir uns ganz, ganz doll unterstützt und immer, wenn es schlechter ging, da hat der andere so ein bisschen aufgebaut und ,wird schon wieder' ... . Insofern gibt es diese Familiendynamik so als Ganzes als diese ursprüngliche Familie halt nicht mehr. Aber sie hat sowohl zu mir als auch zu ihrem Papa ein, glaub' ich, ein ganz nahes Verhältnis"* (Absatz 16).

Von veränderungsrelevanten Momenten im Rahmen der Therapie kann die Mutter weniger berichten – sowohl zum Einzeltherapie- als auch zum Gruppenbereich: *„Da war sicher keiner dabei, wo ich sag', ,oh, die kommt jetzt aber wirklich ran an sie' ... , wüsste ich nicht"* (Absatz 26). Auch in den Gruppengesprächen im Rahmen der Wohngruppe kann sich Friederike nach den Erzählungen der Mutter nicht einlassen: *„Was sie sagt, was ihr gar nichts gebracht hat und was sie gar nicht mochte, das waren die Gesprächsgruppen mit den Jugendlichen zusammen"* (Absatz 20). Die Selbstständigkeit, die Friederike gewonnen hat, führt jedoch jetzt dazu, dass sie weiteren Jugendlichen Unterstützung geben möchte. Ihr Ziel ist es, ihre Erlebnisse in einem Buch auszuformulieren und dieses zu veröffentlichen.

„Und versucht das aufzuschreiben, um irgendwie auch zu helfen. Um da auch irgendwas mitzubewirken. Für andere Jugendliche" (Absatz 14). Die Mutter reflektiert den Weg ihrer Tochter zur Selbstständigkeit insgesamt daher als sehr positiv und erfolgreich. *„Und trotzdem bin ich dankbar, weil ich sehe, heute lebt sie, und ich habe auch den Eindruck, sie lebt glücklich, sie ist zufrieden … , ich denke, sie ist nicht frei von diesen Dingen. Aber immerhin ist sie auf einem sehr, sehr guten Weg und meistert das ganz gut"* (Absatz 2).

5.2.1.3 „Das ist … bei mir ja auch ein Werdegang über mehrere Jahre gewesen, dass das sich … entwickelt hat" – Friederikes Weg aus Sicht des Vaters

Auch Friederikes Vater erinnert den Beginn der Essproblematik seiner Tochter mit 14 Jahren: *„Als sie dann mit der Magersucht angefangen hat, war das ja innerhalb kürzester Zeit, dass sie da innerhalb von drei Monaten fünfzehn Kilo weniger hatte … . Also das war ja wirklich schon dramatisch gewesen, das … war lebensbedrohlich"* (Absatz 14). Den Eltern ist es aus seiner Sicht nicht mehr möglich, ihre Tochter dazu zu motivieren, wieder vermehrt und ausgewogen zu essen, weshalb es für ihn und seine (damalige) Frau keine andere Möglichkeit gibt, als sie in eine psychiatrische Klinik einweisen zu lassen: *„Insofern war das eine absolute Notwendigkeit gewesen, dass man ihr irgendwie Nahrung wieder zufügt"* (Absatz 14). *„Sie hat wirklich zum Frühstück eine halbe Tomate durchgeschnitten"* (Absatz 30). Dieser Zustand ist für den Vater nicht aushaltbar: *„Also des war nicht mehr mit anzusehen. Also das, das war im höchsten Grade …"* (Absatz 14). Auch die Selbstverletzungen und den hohen Sportkonsum empfindet der Vater – bis zum heutigen Tag – als grenzwertig und in direktem Bezug zur Essstörung stehend: *„Erst die Magersucht, dann war die Selbstverletzung und dann der Sport"* (Absatz 28).

Die Bedrohung, die eigene Tochter zu verlieren, ist für den Vater unerträglich: *„Friederike hat ja dann Suizidgedanken gehabt. Mein Schwager, der hat sie dann mal irgendwann von einer Brücke – man kann schon sagen fast gekehrt, ja, da hat sie dann völlig apathisch dagesessen. Sie war dann wirklich mit sich und der Welt am Ende"* (Absatz 46). Allerdings kann sich diese Erkenntnis erst langsam in seinem Bewusstsein durchsetzen, die Hoffnung, dass seine Tochter nur eine Phase in ihrer Entwicklung durchmachen müsse, ist anfangs noch groß: *„Ich hatte mir auf die Fahnenstange geschrieben zu dem damaligen Zeitpunkt: ‚Zwei, drei Monate, dann ist das Kind wieder in Ordnung, und dann haben wir die Sache wieder im Griff'"* (Absatz 46). Darüber gesprochen wird in der Familie wenig. In den anfänglichen Extremsituationen funktioniert die Familie ohne jede Kommunikation: *„Die Selbstverletzung … , das war nicht gewesen, dass wir uns gestritten haben oder irgendwas zu Hause … . Das ging immer noch nach wie vor völlig ruhig ab … – irre"* (Absatz 48).

Eine lange Irrfahrt von Empfehlung zu Empfehlung, von Beratungsstelle zu Beratungsstelle, von Klinik zu Klinik beginnt, in der Erinnerung verschwimmt das alles für Friederikes Vater: *„Ach so, zwischendurch war sie noch in der Kinder- und Jugendpsychiatrie … , in der Ge-*

schlossenen ein paar Mal, ich weiß gar nicht, wie oft" (Absatz 46). Die TWG befindet sich erst am Ende einer langen Reihe von Hilfeversuchen: *„Und die hatten ihr dann eine Wohngruppe besorgt gehabt, und da ist sie dann, weiß auch nicht, einen Monat oder eineinhalb, zwei Monate geblieben"* (Absatz 16). Der Vater berichtet, dass sich Friederike im Rahmen der ersten Wohngruppe weiterhin schwerwiegend selbst verletzt, weshalb zusätzliche Klinikaufenthalte unumgänglich werden: *„Und die haben sie dann nicht mehr halten können aufgrund ihrer Selbstverletzung, und dann … ist sie nahtlos zur TWG gekommen. Und von da aus hat sie dann, nachdem sie sich da, ich nenne das jetzt mal ‚gute Führung' belegt hat, ist sie dann in ihre eigene Wohnung gekommen"* (Absatz 48).

Die Ursachen in der Entwicklung von Friederikes Symptomatik sieht der Vater bei sich und ihrer Mutter: *„Und weil sie mit diesen Umständen nicht klargekommen ist, wie ihre Eltern sich ihr gegenüber verhalten haben. Da ist es dann eben zu diesem Eklat gekommen. … Ich habe damals zum Beispiel überhaupt nicht gewusst, wie wichtig das Loben … ist, oder Anerkennung, Wertschätzung, und ich hab' sie getriezt und hab' es eigentlich gut gemeint"* (Absatz 14). Der Vater ist zu diesem Zeitpunkt davon überzeugt, das Bestmögliche für seine Tochter zu tun und ihr den richtigen Weg aufzuzeigen. *„Ja, aber ich habe überhaupt nicht auf ihre Interessen geachtet oder sonst irgendwie was, wo sie eigentlich hin wollte. Das wusste ich einfach nicht. Dass man darauf eben achten muss. Ich habe mir gedacht, die muss viel lernen, die muss doll lernen, die muss schnell lernen … , und das ist dann gut. Und auf ihre eigenen Interessen bin ich nirgendwo eingegangen. … Und da war ich mir zu dem Zeitpunkt gar nicht bewusst"* (Absatz 14).

Vor der ‚Magersuchts-Eskalation' zeigt Friederike in der Wahrnehmung des Vaters nie ein auffälliges, eher ein überaus angepasstes Verhalten: *„Sie hat nichts erzählt, also das war ja im Prinzip bis zu ihrem Ausbruch der Magersucht, war ja nie eine Problematik vorhanden … . Also das war ein ganz ruhiges, leises, liebes Mädchen gewesen. So könnte man es bezeichnen. Die hat im Prinzip ihrer Mutter so auf Schritt und Tritt gefolgt in ihren Verhaltensweisen. Hat alles zugelassen, hat nie rebelliert oder sonst irgendwie was"* (Absatz 27). Auf die Frage, ob es Probleme gab, beschreibt der Vater: *„Also schulisch, Pünktlichkeit und das alles, also die typischen deutschen Tugenden, sag' ich mal, die waren alle da gewesen. Da hat sie alles gemacht … . Hätte da auch mal schwänzen können oder sonst irgendwas … , also, einfach aus Lockerheit. … Ja, und das gab es bei ihr nicht"* (Absatz 16). Solche Tendenzen nimmt Friederikes Vater bis heute wahr: *„Sie ist ja ehrgeizig hoch zehn! Muss ja immer alles perfekt sein … . Diesen selbstproduzierten Stress, … das macht Friederike nach wie vor gerne … . Dass das irgendwelche, da habe ich zu wenig Ahnung von Psychologie, irgendwelche Endorphine da bildet, dass sie das braucht einfach … , das ist wie so ein Kick, als wenn einer Drogen nimmt, so stelle ich mir das vor"* (Absatz 54 und 24).

Ziel für den Vater ist bei Friederikes Einzug in die TWG, dass sie Abstand zu den familiären Strukturen findet und ihre Konzentration auf sich lenken kann. *„Dass sie weiß, wo sie blei-*

ben kann, dass sie nicht nach Hause muss. Das war absolut unumgänglich zu dem Zeitpunkt damals … , dass sie irgendwie rauskommt überhaupt" (Absatz 16). Der Vater beschreibt neben der Notwendigkeit der Betreuung die große Motivation von Friederike, in die TWG einzuziehen. *„Und zu Hause wollte sie zu dem Zeitpunkt überhaupt nicht sein. Ja, das ging gar nicht für sie. Also das war ein absolutes No-Go, dass sie nach Hause kommt"* (Absatz 16). Für beide Elternteile, die mit der Problematik von Friederike schwer umgehen können, führt das gemeinsame Zusammenstehen zunächst zu einer engen Verbundenheit: *„Ja, das hat uns beide damals, also meine Exfrau auch, einfach fertiggemacht. Also zu der Zeit hatten wir eigentlich ein sehr gutes Verhältnis gehabt, also haben das auch gemeinsam alles gemacht, die ganze Prozedur"* (Absatz 14).

Infolge der Trennung von der Tochter und der damit einhergehenden Belastung kommt es zu verschiedenen Entwicklungen innerhalb der Familie: *„Da habe ich gesagt … , also ich wollte nie was Böses für mein Kind … auch wenn ich viele viele Sachen gemacht habe, die mit Sicherheit nicht richtig gewesen sind … . Und … als ich hier von Psychologen … , hab' mich dann wirklich intensiv mit der ganzen Problematik dann beschäftigt"* (Absatz 14). Nach Friederikes Einzug in das Betreute Einzelwohnen trennen sich die Eltern: *„Mit Einzug … in ihre Wohnung ist ihre Mutter auch ausgezogen. …Vor vier Jahren? Ja. Ungefähr"* (Absatz 48). Angestoßen wird der Beginn eigener Reflexion beim Vater durch Friederikes ambulante Therapeutin. *„Und die hatte ihr als erstes gesagt, dass ja ihre Eltern auch mal zur Therapie sollen. Da habe ich dann auch das erste Mal darüber nachgedacht, ob man das dann macht oder ob man das nicht macht, und da dachte ich so: ‚Was wollen die jetzt von mir? Hallo? Ich habe doch gar nichts?' Heute ist mir bewusst, dass ich sehr wohl was habe … , weil ich hab' wirklich damals nicht gewusst, … dass ich die ursächliche Problematik der ganzen Geschichte bin"* (Absatz 14). *„An der Stelle hätte man … psychologisch ein bisschen gesünder sein müssen … , war ich damals aber nicht, also hätte man so schnell ja auch nicht hingekriegt. Das ist ja auch, bei mir ja auch ein Werdegang über mehrere Jahre gewesen, dass das sich zum Positiven … entwickelt hat"* (Absatz 30).

Unterstützungsaspekte auf Friederikes Weg – was wirkt aus Sicht des Vaters?

Auch Friederikes Vater nimmt in erster Linie Bezug auf die professionelle Beziehungsgestaltung der Bezugsbetreuerin seiner Tochter und beschreibt sie als sehr positiv und hilfreich: *„Dann hat sie die Bezugsbetreuerin damals gekriegt, und die war auch relativ jung … . Aber auf jeden Fall hat sie zu der einen sehr guten Draht gehabt, und die konnte auch mal was sagen … , dass man eben ihr dann einfach mal sagt, ‚so jetzt nicht, Mädel' oder was, jedenfalls hat sie zu der einen sehr guten Draht gekriegt"* (Absatz 30). Auch zeigt sich der Vater überzeugt von dem Zusammenspiel verschiedener Professionen in der TWG. Aus seiner Sicht haben sich die Professionellen ihre Funktionen sinnvoll untereinander aufgeteilt, um adäquater mit den Jugendlichen arbeiten zu können. *„Die haben so ein Spielchen da gespielt mit ihr. Der Einrichtungsleiter war immer der Böse gewesen, und die Bezugsbe-*

treuerin war immer die Liebe gewesen ... , und die Bezugsbetreuerin war immer dicht bei ihr dran gewesen, also ... hat ... im Prinzip die Mutterfunktion übernommen. ... Und da hat Friederike das erste Mal auch eine Reflexion ihrer Verhaltensweisen gekriegt. Weil bei ihrer Mutter ist das relativ stark ausgeblieben" (Absatz 30).

Neben der professionellen Beziehungsgestaltung und Rollenverteilung in der TWG berichtet der Vater zudem vom Umgang mit den strukturellen Vorgaben in der Wohngruppe. Dabei macht er insbesondere auf mehrfache Auseinandersetzungen zwischen seiner Tochter und der TWG aufmerksam: *„Und die hatten dienstags immer abends Gruppentherapie, und Dienstagabend war Training gewesen vom Hockey. Und dann wurde natürlich gesagt von allen Seiten, ‚Friederike, du musst Dienstagabend da sein'. Und Friederike war Dienstagabend beim Hockey"* (Absatz 32). Der Vater beschreibt, dass die TWG sehr flexibel auf ihre Bedürfnisse sowie individuellen Empfindungen eingehen kann und betrachtet diesen Umgang als erfolgreiche Intervention in ihrer Entwicklung. *„Friederike wurde ermahnt ... , und Friederike wusste dann schon ...: ,Die müssen mir das ja sagen, aber ich geh' trotzdem'. Ja, also das wurde stillschweigend akzeptiert, und das war sehr gut gewesen. ... Einfach, um aus dieser Schiene mit dieser Selbstverletzerei da rauszukommen. Und das haben die da erkannt, und das war richtig positiv gewesen"* (Absatz 32). Jedoch gibt es dabei auch Grenzen, die dem Vater auch sinnvoll erscheinen: *„Und das haben die dann, wie gesagt, ... ganz gut hingekriegt, indem sie eben gesagt haben: ,Wenn du dich weiter selber verletzt, dann bist du hier raus. Dann bist du nicht mehr tragbar für uns'"* (Absatz 18).

Insbesondere betont der Vater den Fokus der Professionellen auf die Ressourcen und Fähigkeiten seiner Tochter. *„Er hat da irgendwie so ein Händchen gehabt. Also jetzt speziell meine ich wirklich den Einrichtungsleiter ... , und auch die Bezugsbetreuerin, die hat da immer, ja als die Positive, sie hat eben nie auf die negativen Seiten hingewiesen ... . Hin und wieder hat sie mal ein paar Sachen erzählt, die dann Friederike verbockt hatte ... , die hat ja dann auch alles mitgenommen ... , von Drogen angefangen, mit irgendwelchen Typen ... , das war wirklich hart gewesen"* (Absatz 32). Auch der Vater macht im Gespräch deutlich, dass der TWG die Gratwanderung zwischen dem Schaffen von Freiräumen, in denen Friederike wachsen konnte, und der Eingrenzung ihres Verhaltens gut gelingt. *„Ja, das war beides gewesen. Auf der einen Seite haben sie ihr Halt gegeben, indem sie ihr erst mal die Wohnung gegeben haben, indem sie ihr geholfen haben. Auf der anderen Seite, dass sie sie eben auch ein bisschen laufen lassen haben ... , die hatten eine Hintertüre ... , ist ja hochintelligent, das Kind"* (Absatz 16).

Insbesondere jedoch die Zusammenarbeit mit ihm als Vater und ebenfalls der Kindesmutter sieht er heute als notwendig für den positiven Verlauf und kritisiert, dass dies vor dem Einzug in die TWG in den anderen Einrichtungen nicht berücksichtigt wurde: *„Ganz wichtig sind die Eltern, dass man die ins Boot auf jeden Fall mit reinkriegt. Ohne die Eltern, am Ende der Geschichte, kriegst du das Ding nicht hin, ja, man kann die Kinder da rausnehmen, man*

*kann sie in eine WG stecken, alles bis dahin gut, aber wenn ... sie dann nicht ein einigerma-
ßen hilfreiches Umfeld haben ... , dann ist das alles vorher, na, für die Katz gewesen, würde
ich nicht sagen, aber dann ist das relativ verpufft das ganze Ding ... . Insofern finde ich das
eben absolut wichtig, dass man die Eltern mit ins Boot nimmt. Und da frage ich mich, wie
das sein kann, dass da am Anfang der ganzen Geschichte überhaupt nicht darauf ... Einfluss
genommen wurde"* (Absatz 42). Im Rahmen der TWG fühlt sich der Vater dagegen als Elternteil gut aufgehoben und bezeichnet die Zusammenarbeit als für ihn sehr bereichernd.
*„Der Einrichtungsleiter hat uns im Prinzip immer ganz gute Tipps gegeben, wie wir uns ein-
fach verhalten sollen. Auf den hatten wir damals eigentlich ganz große Stücke schon gehalten gehabt. Der kam uns, einfach aus dem Gefühl heraus, positiv vor, wie er sich verhalten
hat. Also die ganze Wohngruppe"* (Absatz 30).

Friederikes Weg in die Selbstständigkeit aus Sicht des Vaters

Friederikes Vater zollt seiner Tochter hohe Anerkennung für ihre enorme Entwicklung vom
Beginn der Behandlung bis zum Austritt, insbesondere im Rahmen des Betreuten Einzelwohnens: *„Die hat sich selbst verletzt, die hat gehungert ... , also das war alles andere als
gut gewesen"* (Absatz 14). In der TWG verändert sich die Symptomatik stetig. Der Vater
sieht, dass seine Tochter zu dieser Zeit enorm an Selbstständigkeit gewinnt. *„Da ist sie
dann in ihre eigene Wohnung. Und da hat sie sich, mal abgesehen von der Ordnung, die sie
nach wie vor nicht aufrechterhalten kann, hat sie sich da grandios gemacht. Die hat sich
selbst organisiert. Die hat da Taschengeld gekriegt. Die hat sich selbst finanziert. Die hat
alles komplett, die ganze Regie hat die für sich übernommen. Und das hat sie 1 A hingelegt"*
(Absatz 48).

Insbesondere im Rahmen des Sports wächst Friederike laut dem Vater an den Herausforderungen und entwickelt sich stetig. *„Was ganz gut gewesen ist, das war ja, ... dass das eine
das andere abgelöst hat. Und da war das natürlich so gewesen, dass für Friederike der Ho-
ckey-Sport extrem wichtig gewesen ist. Und einfach, um mal ein bisschen Ruhe zu finden
und um von diesem Selbstverletzenden wegzukommen ... , dass sie einen Ausgleich dafür
finden musste. Und das war eben damals der Sport gewesen"* (Absatz 32). Gleichzeitig sei
bis heute der Sport eine Tätigkeit, bei der Friederike dazu neigt, in Extreme zu gehen. *„Ex-
tremsport. War Marathon ... , hat sie gemacht. Also das ist schon immer, nach wie vor ist es
immer noch nicht durch, das Thema. Auf keinen Fall. Bei ihr auf keinen Fall. Das ist immer
noch sehr. Ja, ich habe mir jetzt einfach gesagt, ich kann jetzt nichts an diesen Extremsport-
arten ändern"* (Absatz 16).

In welchem Rahmen die Therapie veränderungsrelevante Momente in Friederike ausgelöst
hat, kann der Vater nicht sagen. Da er kaum in Kontakt mit seiner Tochter steht, als sie
gerade intensiv die Einzeltherapie besucht, möchte er darüber auch keine Aussage treffen.
Besser beurteilen kann er, dass die Tochter nach dem langen Weg, auf dem sie diverse

Hilfesettings durchläuft, im Alltag der TWG einen festen Halt findet. Dieser Halt wird ihr seiner Ansicht nach in erster Linie durch ein tragfähiges Netz an Professionellen geboten: *„Durch die Betreuerinnen, die da gewesen sind, hat sie eigentlich relativ guten Halt gefunden. Und hat dann auch relativ, ich glaube, innerhalb ein, zwei Monaten, dann mehr oder weniger aufgehört mit dem Selbstverletzen"* (Absatz 16). Der Vater bezeichnet insbesondere die gesamte Summe der Hilfemaßnahmen als ausschlaggebend für die Entwicklung von Friederike in die Selbstständigkeit. *„Und ... das wird dieses Globale gewesen sein. Dass diese ganze Geschichte, dass wir uns auch ... als Elternteil so ein bisschen, weil zu dem Zeitpunkt wollte sie uns gar nicht sehen, dass wir uns dann wirklich zurückgehalten haben. Dass sie uns dann gar nicht angesprochen hat und wir sie auch nicht angesprochen haben"* (Absatz 20).

Friederikes Vater zeigt sich erfreut, dass seine Tochter nach der Beendigung der Hilfeform eigenständig für sich einen Weg planen und einschlagen kann. Da ihr erstes Studium sich nicht zufriedenstellend für sie gestaltet, beendet sie es in Absprache mit ihren Eltern und beginnt eine Ausbildung. Trotz damit verbundener Belastungen findet sie damit einen guten Umgang, so ihr Vater: *„Und jetzt war das mit dem Studium grade vor Kurzem gewesen ... . Sie hat da angefangen zu studieren, Kulturwissenschaften. Und dann kam sie nach Hause, kam sie zu mir und sagte dann eben: ,Das gefällt mir überhaupt nicht, das ist totaler Käse.' Dann habe ich gesagt: ,Na ja, Friederike, du musst das jetzt 40 Jahre oder irgendwas machen, ... also überlege dir das gut. Du brauchst nicht irgendwas studieren, was dir überhaupt vom ersten Tag an schon nicht gefällt ... , also mach irgendwas, was dir gefällt.' Und da hat sie sich einen Ausbildungsplatz gesucht und ist jetzt, glaube ich, ganz glücklich geworden mit ihrem Ausbildungsplatz. Ich weiß zwar nicht, wo es danach weitergeht, ich nehme an, dass sie jetzt schon irgendwann mal studieren wird, aber ist mir, ehrlich gesagt, heute wurscht. Wichtig ist mir, dass das Kind irgendwo glücklich wird dann in der ganzen Geschichte"* (Absatz 16).

5.2.1.4 „Sobald die in ihrer eigenen Wohnung war ... , vollzog sich ein Wunder" – Friederikes Weg aus Sicht der Bezugsbetreuerin

Die Bezugsbetreuerin berichtet, dass Friederike Farnags Aufnahme von der Sorge getragen ist, ob die Betreuung im Rahmen der TWG gewährleistet werden kann: *„Friederike ist zu uns gekommen mit einer sehr sehr starken Symptomatik. Sehr viel Selbstverletzung, sehr starke Selbstverletzung. Mehrere sehr drastische Suizidversuche. Ich möchte mal sagen, als sie bei uns aufgenommen wurde, habe ich eigentlich die ersten Monate über gedacht, die können wir hier nicht betreuen. Die müssen wir eigentlich wieder entlassen. Die ist nicht so weit, das sprengt den Rahmen"* (Absatz 26). Zugleich ist von Beginn an Friederikes Kraft spürbar: *„Hat sich ... ganz oft gehauen, die hat sowieso gemacht, was sie wollte, ... hat sie sich von uns gar nichts sagen lassen. Sie war, die hat alles so gemacht, aber nur, wenn's gepasst hat"* (Absatz 26). Vor allem aber den intensiven Bezug zum Sport stellt die Bezugsbetreuerin gleich zu Beginn des Interviews ins Zentrum: *„Die hat sehr viel Sport gemacht, was wir unterstützt haben von Anfang an. Weil das ja auch klar ist, dass das was sehr Hilfreiches oft ist und sehr stabilisierend ist. Aber das war bei ihr auch immer grenzwertig"* (Absatz 26).

In der Wohngruppe beginnt Friederike neben der schon bestehenden Symptomatik auch mit dem Konsumieren illegaler Substanzen und Anklängen zur Prostitution. *„Es gab dann dazwischen auch noch ganz furchtbare Ereignisse, dass sie eine Zeit lang irgendwie Drogen genommen hat und mit irgendeinem Drogendealer zusammen war. Und ... mit ihrer Mitbewohnerin zusammen, ... die wollten sich prostituieren"* (Absatz 26). Allerdings werden solche Tendenzen zunächst bei Friederike gar nicht sichtbar. *„Bei einer Friederike zum Beispiel war das alles viel mehr im Verborgenen. Es war nach außen hin alles gut, und man hat sich gefragt, was ist da los"* (Absatz 10). Friederike zeigt auch – im Kontrast zu einer Reihe anderer Jugendlicher – eine hohe Motivation, die Einrichtung zu besuchen und Abstand zu ihren Eltern zu gewinnen: *„Und dann kommt das halt wirklich drauf an, ob man an diejenigen rankommt oder nicht. Ob die das annehmen können oder nicht. Wenn die das annehmen können, also bei den Jugendlichen, wo das gut läuft, würde ich sagen, dass man das sehr sehr stark merkt, an deren Reflexionsvermögen"* (Absatz 24).

Auch die Offenheit der Eltern formuliert die Bezugsbetreuerin als einen wichtigen Bestandteil im Entwicklungsprozess von Friederike – ebenfalls im Kontrast zu vielen anderen BewohnerInnen: *„Und wenn dann das nicht gelingt, dass die Eltern halt auch wirklich einigermaßen loslassen, das mit unterstützen, dann wird's ganz schwierig"* (Absatz 22). Auch zeigt Friederike von Beginn an in Bezug auf die Schule ein hohes Maß an Pflichtbewusstsein. *„Was wiederum ganz toll war an ihr, sie war super zuverlässig, mit der Schule. Die ist ganz zuverlässig zur Schule gegangen. Die war eine gute Schülerin. Die hat sich um ganz viele Dinge wirklich sehr zuverlässig gekümmert"* (Absatz 26). Zudem ist ihre Disziplin bezogen auf den Sport auffällig. *„Ich glaube, sie hat offiziell zwei Mal die Woche Hockey-Training gehabt. Aber sie ist dann auch noch joggen gegangen und so was. Dann ist sie in eine höhere Liga aufgestiegen und hat dann, glaub' ich, vier Mal die Woche Training gehabt. Und Spiele gehabt"* (Absatz 26).

Im Rahmen der Wohngruppe gestaltet sich der Alltag mit Friederike laut der Bezugsbetreuerin dennoch sehr schwierig. Friederike zeigt insbesondere zu Beginn kaum die Bereitschaft, sich auf die Hilfemaßnahmen einzulassen oder geltende Regeln einzuhalten. *„Und das hat unglaubliche Konflikte immer wieder gegeben. Und natürlich auch Konflikte in der Gruppe, weil die Gruppe sagt: ‚Wieso müssen wir immer zum Essen da sein, warum müssen wir zur Gruppentherapie gehen, warum müssen wir das alles machen? Wenn die das doch alles nicht machen muss?'"* (Absatz 26). Friederike sträubt sich regelrecht gegen die Angebote, sodass neben den Konflikten mit der Gruppe anfangs ebenfalls keinerlei individuelle Entwicklungsschritte deutlich werden. *„Sichtbar ist eigentlich innerhalb dieser WG-Betreuung nur Kampf gelaufen. Und nur Katastrophen und Auseinandersetzungen und weiß ich* *nicht was. Und wie gesagt, sie war dabei in der Regel nicht unfreundlich. Die war ja auch nach außen sowieso sehr angepasst und alles. Aber das ging in der WG gar nicht"* (Absatz 26).

Friederike setzt sich wiederholt dafür ein, in das betreute Einzelwohnen ziehen zu können, was ihr nach einer längeren Zeit – trotz der massiven Probleme im WG-Alltag – auch gelingt. Mit dem Einzug in das Betreute Einzelwohnen verändert sich Friederikes Verhalten grundlegend und vollzieht einen gewaltigen Autonomieschub: Die MitarbeiterInnen der Wohngruppe können sich auf sie verlassen, sie zeigt sich zuverlässig, kontaktfreudig und zunehmend selbstständiger. Die Bezugsbetreuerin beschreibt diesen Prozess als ein *„Wunder"*: *„Man das Gefühl. Nämlich, dass sie das plötzlich anfing zu nutzen, die Kontakte. Wo sie vorher eigentlich immer im Kampf war und in der Auseinandersetzung, und deswegen diese Sache mit der Autonomie, die war, glaube ich, bei ihr ganz wichtig. Als sie dann in das BE ziehen konnte, da fing sie plötzlich an, ganz zuverlässig zu werden. Auch mehr und mehr Kontakt zu suchen. Erst ganz vorsichtig – immer wieder zu gucken: ‚Was passiert, wenn ich das und das anspreche?' Die hat einen auch immer sehr, sehr genau beobachtet, wie man jetzt reagiert auf irgendwas, was sie sagt"* (Absatz 26). Dass die Entwicklung von Friederike einen enormen Prozess darstellt, der erst im Verlauf der Zeit so erfolgreich gesehen werden kann, betont die Bezugsbetreuerin mehrfach. *„Wobei das natürlich ein Prozess war. Das war ja nicht von einem Tag auf den anderen so, aber was sich daran an Entwicklung auch getan hat, das hat sich dann relativ schnell abgezeichnet, und wirklich enorm gesteigert in der Zeit"* (Absatz 26).

Unterstützungsaspekte auf Friederikes Weg – was wirkt aus Sicht der Bezugsbetreuerin?

Auch Friederikes Bezugsbetreuerin kommt vor allem auf den Erfolg der Beziehungsarbeit mit ihr zu sprechen und verallgemeinert dies für die gesamte stationäre Kinder- und Jugendhilfe: *„Also ich würde sagen, der Kern eigentlich der Arbeit findet auf der Beziehungsebene statt. ... Wenn das gelingt, dann ist es das, was am meisten trägt, woran sich am meisten zeigt, wo man am meisten bearbeiten kann. Und wo man sich natürlich auch selber ein Stück weit drauf einlassen muss"* (Absatz 6). Inhalt dieser Beziehungsarbeit, so die Bezugsbetreuerin, ist insbesondere, den Jugendlichen positive und stabile Beziehungserfahrungen zu ermöglichen, um sich auf dieser Basis gesund entwickeln zu können. *„Und dann geht es eben darum, einem einfach wirklich nach Möglichkeit eine stabile Beziehung anzubieten ... , die verlässlich ist ... , wo es eine Offenheit geben kann, auch über Themen zu reden, wo es auch Raum für Auseinandersetzung natürlich gibt, wo man auch mal unterschiedlicher Meinung sein kann. Aber dass sie halt sozusagen merken, dass auch in Konfliktsituationen, dass man eben Lösungen findet ... , dass man Sachen gemeinsam reflektieren kann ... , aber eben auch eine Unterstützung anbieten kann"* (Absatz 8).

Neben dem Beziehungsaspekt beschreibt die Bezugsbetreuerin – ebenso wie Friederike selbst – die Alltagsorientierung als wichtiges Agens in der Arbeit der TWG: *„Aber so mit dem ganzen Drumherum, so was wie regelmäßiges gemeinsames Abendessen … , einmal, dass es überhaupt regelmäßig etwas Gescheites zu essen gibt … , dann, dass es eine Zeit gibt, an der man auch erwartet, dass sie da sind, dass man auch gemeinsam da isst … , dann, dass man da zusammen an einem Tisch sitzt … , und dann auch da zu merken, … wie man die Zeit nutzen kann … , dass man sich unterhalten kann, wie man sich unterhalten kann"* (Absatz 28). Nicht nur die Tagesstruktur und der Lebensrhythmus stehen hierbei im Fokus, sondern insbesondere auch die einzelfallbezogene Arbeit, die sich an den individuellen Bedarfen orientiert: *„Also wirklich so Alltagsbegleitung. Was man so im Leben halt so braucht und so macht und was einen so beschäftigt, halt zu begleiten. Halt zu gucken, dass das da ist, dass wir die Termine mit im Blick haben … , dass wir dann auch mal anbieten: ‚Komm, ich begleite dich dahin' … oder mit denen des so genau vorsprechen, was sie erwartet, in bestimmten Situationen … , dass sie dann nicht mehr so eine Angst haben und dann dahingehen können"* (Absatz 36).

Diese Alltags- und Lebensweltorientierung soll laut der Bezugsbetreuerin insbesondere dahin führen, die Jugendlichen zu befähigen, positive Erfahrungen und Erkenntnisse in ihr Leben zu integrieren: *„Zu gucken, was ist los grade in deren Leben, was beschäftigt sie, wo haben sie vielleicht Probleme, sich abzugrenzen oder Dinge zu lösen so mit anderen Menschen oder mit sich selbst. Darüber in das Gespräch zu kommen und sie irgendwie weiterzubringen … , ihnen das Gefühl zu geben: ‚Da kannst du dich an mich wenden, und probiere doch mal so oder so oder so'"* (Absatz 16). Dabei empfindet die Fachkraft die strukturellen Rahmenbedingungen zum einen als positiv, insbesondere dann, wenn diese den Jugendlichen Orientierung und Sicherheit bieten. Zum anderen aber erscheint ihr die Struktur hinderlich, wenn diese den individuellen Bedürfnissen entgegensteht. *„Also Struktur ist, glaub' ich, eine Sache, die würde ich sogar mehr auf die konstruktive Seite, auch manchmal auch ein bisschen auf eine hinderliche Seite, je nachdem, packen"* (Absatz 28). Gerade, wenn strukturelle Rahmenbedingungen an ihre Grenzen stoßen, sind Flexibilität und individuelle Handhabung der Regeln im Rahmen der gegebenen Möglichkeiten gefordert, so die Bezugsbetreuerin.

Dies spielt auch bei Friederike eine zentrale Rolle. Die Handhabung von Grenzüberschreitungen einzelner Jugendlichen erweist sich als große Herausforderung und Gratwanderung zwischen Rückhaltgeben und Rückhaltnehmen. Dabei glückt nicht immer ein positiver Umgang: *„Jugendliche, die … nicht so gut angepasst sind, die verstoßen auch öfter mal gegen Regeln. Und natürlich führt das nicht sofort zum Rausschmiss. Natürlich nicht. Dafür sind wir … eine therapeutische Wohngruppe … . Aber dennoch gibt es da irgendwann einen Punkt, an dem man, gleichzeitig muss man ja Grenzen ziehen"* (Absatz 28). Den konsequenten Umgang mit Jugendlichen, die große Schwierigkeiten haben, sich an die Regeln und den Rahmen zu halten, formuliert die Bezugsbetreuerin als herausfordernd. Im Rahmen der

Zusammenarbeit mit Friederike das große Risiko in der Förderung ihrer Entwicklung bezüglich der Außenwohnung einzugehen, ist stets eine solche Gratwanderung.

Für eine angemessene Forderung und Förderung der Jugendlichen ist zudem die Arbeit mit den Familien ein weiterer wichtiger Punkt in der TWG-Arbeit, ebenso wie die Vernetzungsarbeit insgesamt. Die TWGs arbeiten auf diese Weise mit verschiedensten Institutionen zusammen, die die Jugendlichen auf unterschiedlichen Ebenen und in diversen Perspektiven in ihrer Entwicklung unterstützen. Motivation der interdisziplinären Zusammenarbeit ist insbesondere das mehrperspektivische bzw. multidimensionale Verstehen der vorhandenen Verhaltensweisen und Auffälligkeiten. *„Und versuchen gemeinsam zu verstehen, was findet da gerade statt … , was bildet sich da gerade ab in den Prozessen … , worum geht es hier eigentlich genau … , damit man das dann wiederum übernehmen kann auch in dem pädagogischen Kontext … . Also, dass man sozusagen einmal versteht, … worum es geht"* (Absatz 44).

Friederikes Weg in die Selbstständigkeit aus Sicht der Bezugsbetreuerin

Aus Sicht der Bezugsbetreuerin ist es als eine große Herausforderung für alle Beteiligten zu sehen, Friederike den Vertrauensvorschuss zu geben und sie in das Betreute Einzelwohnen einziehen zu lassen: *„Und da ist natürlich die Frage, wie kann man so eine Jugendliche in eine eigene Wohnung lassen … , also, wo man noch viel weniger mitkriegt und so. Aber sie hat dafür immer wieder gekämpft … , und es gab dann irgendwann einen Punkt, an dem wir gesagt haben, na ja gut, vielleicht müssen wir das probieren … , also weil die Möglichkeiten, das irgendwie innerhalb der WG-Betreuung konstruktiv zu lösen mit ihr, die waren halt ausgeschöpft … , es ging da nicht weiter. Dann haben wir … mit ihr darüber gesprochen, ich habe ihr ganz oft gesagt, dass ich finde, eine Hauptbedingung ist, dass ich mich darauf verlassen kann, dass sie sich meldet, wenn was ist, damit sie mit mir über die Dinge spricht, die sind, weil sonst kann ich die Verantwortung dafür nicht übernehmen, dass sie in dieser Wohnung da wohnt und so. Und hab' ihr auch gesagt, dass ich da meine Zweifel habe, ob sie das tut … , und wir haben das dann viel vorgesprochen mit dem Jugendamt, mit den Eltern. Alle haben sich natürlich Sorgen gemacht … , alle haben gesagt, das ist eigentlich völlig verrückt. Letztlich ist sie dann relativ früh ins BW gezogen … , und innerhalb weniger Wochen oder Monate vollzog sich ein Wunder"* (Absatz 26).

Der Einzug in die therapeutische Wohngruppe und in das Betreute Einzelwohnen hat nach Ansicht der Bezugsbetreuerin auch einen sehr positiven Einfluss auf die familiendynamischen Entwicklungen bei Friederike. Zu Beginn benötigt Friederike einen Kontaktabbruch mit ihren Eltern, den sie selbst einfordert, den die Einrichtung aber auch befürwortet. Der Kontaktabbruch ist zwar für beide Parteien eine große Herausforderung, andererseits kann er im Entwicklungsprozess viel Entlastung geben, wie die Bezugsbetreuerin im Interview sagt. *„Und für manche Jugendlichen ist das auch notwendig, Abstand zu halten. Also noch* *mehr als nicht mehr zu Hause wohnen, auch Abstand. ... Und das kann sehr viel entspannen unter Umständen. Die haben ja schon viele Jahre häufig in einer sehr angespannten problematischen Situation miteinander zugebracht ... und da eben ihre Erfahrung gemacht ... . Alle Beteiligten sind sehr angestrengt durch die Situation"* (Absatz 22). Auch für Friederike bietet dies die Chance, mit mehr Stabilität und Autonomie nach dieser Pause langsam wieder Kontakt mit ihrem ehemaligen Zuhause aufzunehmen.

Die Bezugsbetreuerin beschreibt auf mehreren Ebenen einen sehr großen Entwicklungsprozess von Friederike, der mit diesem Auszug an Dynamik gewinnt: Zu Beginn findet sich Friederike sehr schwer in die TWG ein. Sie hatte große Schwierigkeiten, auf die Bezugsbetreuerin zuzugehen, um Unterstützung zu bitten oder die Regeln und Strukturen in der therapeutischen Wohngruppe zu akzeptieren. *„Die war nicht bereit, sozusagen, die Dinge die wir in der WG von ihr auch gefordert haben, einhalten, wenn sie anderen Dingen, die ihr wichtiger waren, entgegenstanden"* (Absatz 26). *„Aber gerade, also am Anfang tun sich viele sehr schwer damit"* (Absatz 28). Insbesondere fällt es Friederike schwer, sich an die Zeiten des Abendessens oder der Gruppentherapie zu halten, sie ist von Beginn an sehr bestrebt, ausschließlich die Dinge zu tun, die sie für richtig hält, so die Bezugsbetreuerin. Die Situation führt zu regelmäßigen Konflikten mit allen BetreuerInnen sowie anderen Personen aus der Gruppe. *„Und das hat unglaubliche Konflikte immer wieder gegeben. Und natürlich auch Konflikte in der Gruppe"* (Absatz 26).

Das Austarieren zwischen Autonomieförderung und Grenzsetzung gestaltet sich während des TWG-Aufenthalts daher als große Herausforderung für alle, aber offenbar auch als entscheidender Entwicklungsschritt: *„Da gab es unglaublich viel Streit. Da war aber auch nichts zu machen. Also, das war egal, welche Gespräche man geführt, in welcher Konstellation oder so was ... . Sichtbar ist eigentlich innerhalb dieser WG-Betreuung nur Kampf gelaufen. Und nur also Katastrophen und Auseinandersetzungen"* (Absatz 26). Die Selbstständigkeit, der sportliche und schulische Ehrgeiz und die Autonomiebestrebungen fordern dem Personal jedoch durchaus Respekt ab: *„Die hat alles gemacht, eigentlich. Die hat ein ganz großes Autonomiebestreben gehabt. Ganz ganz stark"* (Absatz 26), im Resultat jedoch gerät die Einrichtung immer wieder an eine Grenze: *„Also das hat Ausmaße angenommen, dass ich eigentlich dachte, die können wir hier nicht betreuen. Und die hat sich einen abgekämpft in der Zeit in der WG, also das gab es überhaupt gar nicht"* (Absatz 26).

Das alles ändert sich mit dem Einzug in die Außenwohnung: *„Sobald die in ihrer eigenen Wohnung war. Ganz wunderbar ... , hat dann eine ganz starke Energie entwickelt in die Richtung, dass sie auch die Konflikte lösen wollte. Und die Probleme bewältigen wollte. Und auch ihre eigene Symptomatik loswerden wollte sozusagen. Und versucht hat, das alles zu verstehen"* (Absatz 26). Auch Friederikes Symptomatik verbessert sich rapide: *„Und dann hat sie sich um 180 Grad gewandelt. Das war wirklich Wahnsinn. Und das ist dann alles wirklich echt sehr schnell immer besser geworden. Sie hat irgendwann aufgehört – ich weiß* *allerdings nicht mehr, ob das mit dem Auszug zusammenhing, ich glaube, da gab es schon vorher immer wieder Anläufe –, sie hat sich dann zunehmend weniger bis nachher gar nicht mehr verletzt. Die Abstände wurden sehr groß"* (Absatz 26). Im Umgang mit der Bezugsbetreuerin verändert sich das Verhältnis ebenfalls deutlich. Friederike schafft es erstmals, von sich aus die Hilfemaßnahme vollkommen auszuschöpfen und das Beziehungsangebot für sich wahrzunehmen. *„Die hat immer mehr den Kontakt gesucht, um wirklich auch über Probleme zu reden, die sie hat. Mit der Familie oder andere Sachen oder wo sie sich unsicher ist, wie sie mit sich selbst umgehen soll und so weiter"* (Absatz 26).

Insbesondere bezüglich Friederikes Reflexionsfähigkeit beschreibt die Bezugsbetreuerin eine enorme sichtbare Entwicklung. War sie zu Beginn des Aufenthalts kaum haltbar, können die Professionellen ihr im Rahmen des betreuten Einzelwohnens durch sichtbare Entwicklungsschritte in Bezug auf Verlässlichkeit immer mehr Vertrauen entgegenbringen. Dabei lernt Friederike, eigenverantwortlich ihre Bedürfnisse wahrzunehmen und ihr Leben zu gestalten. *„Die hat einen unglaublichen Schub gemacht, was das ganze Reflexionsvermögen angeht. Die war super reflektiert nachher. … Wie gesagt, ich habe am Anfang gedacht, die können wir nicht betreuen, auf gar keinen Fall, das geht überhaupt nicht … , und am Ende hat die ihr Abitur gemacht … , hat sich nicht mehr selbst verletzt … , hat irgendwie am Marathon teilgenommen … , hat gesagt, sie geht ein Jahr ins Ausland … , hat sich darum auch gekümmert … , hat auch was gefunden … , super reflektiert. Hat irgendwie einen Weg mit ihren Eltern da gefunden … , hat irgendwann ihre Therapie abgeschlossen … , ganz beeindruckend. Die hat richtig für sich was geschafft"* (Absatz 26).

5.2.1.5 „Extrem wichtig war, dass wir dieses Autonomiestreben auch zugelassen haben" – Friederikes Weg aus Sicht des Einrichtungsleiters

Auch der Einrichtungsleiter und Familientherapeut beschreibt Friederike Farnag als stark belastet zu dem Zeitpunkt, als sie aus der kinder- und jugendpsychiatrischen Klinik in die Wohngruppe kommt, auch wenn sich dies ihm als Leitungskraft mit übergeordneten Aufgaben eher durch die Berichte seiner MitarbeiterInnen vermittelt. Das selbstverletzende Verhalten zeigt z.T. lebensbedrohliche Ausmaße: *„Na ja, also bei der Friederike ist das so … , als sie zu uns kam, dass sie sich ja wirklich schwerst verletzt hat … , also sowohl geschnitten wie auch, dann hat sie sich, glaube ich, mal Luft in die Venen gespritzt … , also die hat ja wirklich wilde Sachen gemacht"* (Absatz 19). Dem Einrichtungsleiter jedoch werden bereits zum Einzug auch andere, resiliente Seiten der Jugendlichen deutlich: *„Ein lustiges, munteres, waches, offenes Mädchen. … Die aber im Grunde immer angepasst war. Immer auf der Suche danach war: ‚Was wollen die Eltern? … Wie soll ich sein? Soll ich so sein? Oder so sein?' … . Also auf der Suche danach, die Bedürfnisse, die Zuschreibungen der Eltern zu erfüllen"* (Absatz 9).

Dies trifft laut dem Einrichtungsleiter bei vielen Jugendlichen in der TWG zu, *„dass sie … im Grunde ein falsches Selbst entwickelt haben und sich da dran abarbeiten. Und große Mühe haben, große Anstrengung haben, also sich davon ein Stück zu lösen … , weil das ja sozusagen das Einzige ist, was sie haben … , und nicht wissen, was ist, wenn sie das ablegen … . Weil das, was viele erlebt haben, … sind ja also sozusagen Zuschreibungen, in denen sie sich entwickelt haben"* (Absatz 9). Aufgrund dieses verzerrten Selbstbilds und der daraus resultierten Unsicherheit hat Friederike Farnag nach Ansicht des Familientherapeuten große Schwierigkeiten, sich auf die Hilfeform der TWG einzulassen und sich zu öffnen. Der Familientherapeut sieht diese Unsicherheit jedoch nicht ausschließlich bei Jugendlichen, die psychische Auffälligkeiten zeigen, sondern definiert dies als einen normalen Entwicklungsprozess in der Adoleszenz.

Die Herausforderung für Jugendliche mit psychischer Belastung beschreibt er jedoch als schwieriger im Vergleich zu anderen jungen Menschen. *„Und da drin ist … ‚eingeschlossen‘, … würde man wahrscheinlich entwicklungspsychologisch sagen, die Fragestellung aller Jugendlichen … , auf eine besonders dramatische Weise. Aber die Frage: ‚Wer bin ich?‘ gehört ja zu den Standard-Erikson-Fragestellungen: … Wer bin ich eigentlich, und will ich so sein, oder wie will ich werden?"* (Absatz 9). Verbunden ist diese Schwierigkeit mit einem *„Misstrauen. Ein unglaublich ausgeprägtes Misstrauen, eine immer wieder auftauchende Befürchtung, ‚die meinen es nicht gut mit mir … , die wollen mich anders haben … , die wollen gar nicht wissen, wie es mir geht, oder die wollen gar nicht wissen, wie ich bin, eigentlich‘. Und da drin verbirgt sich bei ganz vielen Jugendlichen ein Gefühl, so wie sie sind, oder so, wie sie glauben zu sein, so werden sie nicht akzeptiert"* (Absatz 9).

Dazu tritt der oft mit Enttäuschungen gepflasterte Hilfeweg, den viele Jugendliche - ebenso wie Friederike - durchlaufen haben: *„Sie haben so so viele schlechte Erfahrungen gemacht, dass … sie … letztendlich auch positiven Erfahrungen in sich … gleich wieder kaputt machen. Und dann auch nach außen kaputt machen … , gar nicht zulassen, dass es positive Erfahrungen geben könnte. Und dass es auch wirklich keine Aussicht auf irgendeine Verbesserung gibt"* (Absatz 9). Diese ‚Kurve‘ aber schafft Friederike - einschließlich der ganzen Familie. Im Laufe der Zeit zeichnet sich bei Friederike und ihren Eltern eine hohe Bereitschaft zur Mitarbeit in der TWG ab. Laut dem Einrichtungsleiter ist dies alles eine Frage des Vertrauens.

Aus der Arbeit mit der Familie berichtet er: *„Dass die Eltern sich darauf eingelassen haben, auch kontinuierlich sich in unserem Setting beraten zu lassen. Also wirklich durchgehend, was auch nur wenige machen. Also das, insofern ist das auch ein … Musterfall"* (Absatz 19). Dass dies in diesem Ausmaß nicht als selbstverständlich zu betrachten ist, betont er mehrfach: *„Es gibt aber nicht viele Eltern, die sich so intensiv auf so eine Begleitung einlassen. Also das sind schon auch 'ne ganze Menge … . Aber wenige so intensiv wie sie"* (Absatz 21). Gelingt dies jedoch, dann nimmt dieser Prozess Einfluss auf die gesamte Familiendynamik, so der Einrichtungsleiter: *„Na, ich glaube, dass der zentrale Punkt ist, dass die Eltern ein bisschen Abstand ... kriegen. Und ... die Kinder das Gefühl kriegen, sie können ... ihren Weg suchen ... und müssen sich nicht immer Gedanken um die Eltern machen"* (Absatz 23).

Oft, so der Familientherapeut, hat dieser Schritt auch auf die Beziehung der Eltern als Paar Einfluss. Friederikes Eltern trennen sich einige Zeit nach dem Einzug der Jugendlichen in die TWG. Dies erlebt der Einrichtungsleiter nicht zum ersten Mal und interpretiert es so, dass die Problematik von Friederike die Eltern zuvor lange an ihrer Beziehung hat festhalten lassen. *„Und sozusagen ... Friederikes Wechsel zu uns und das Leben bei uns und das ein bisschen Auseinandernehmen, ja, dazu geführt hat, dass das Paar sich tatsächlich auch ... trennen konnte, und beide im Grunde gesehen haben, dass sie schon lange nicht mehr als Paar funktionieren, sondern durch Friederikes Problematik zusammengeschweißt waren. Und ... wenn für die Eltern deutlicher wird, es geht auch um etwas ganz Anderes, dann ist das sicherlich etwas, was sehr sehr weit trägt"* (Absatz 23).

Unterstützungsaspekte auf Friederikes Weg – was wirkt aus Sicht des Einrichtungsleiters?

Aus Sicht des Einrichtungsleiters steht und fällt die Unterstützung der Jugendlichen in der Einrichtung mit der Verflechtung der pädagogischen und therapeutischen Arbeit, mit dem *„therapeutischen Milieu"*: *„Sonst wäre das eine irgendwie Aufbewahrungspädagogik – und das andere ... Einzeltherapie"* (Absatz 25). Dazu gehört seiner Ansicht nach eingangs z. B. eine adäquate Reaktion auf den hohen Bedarf an Vertrauen seitens der Jugendlichen. Eine wichtige Antwort darauf ist demnach, an die Jugendlichen zu glauben, sodass sie wieder Hoffnung schöpfen können, im Rahmen der Einrichtung zu wachsen und das Leben als sinnhaft zu empfinden. *„Wir haben ja immer wieder auch junge Leute, die kaum noch Hoffnung haben ... , bis dahin, dass die eigentlich die Hoffnung, dass sie einen Weg in ihr Leben finden, aufgegeben haben. Und bei denen ist das ganz deutlich, dass die Wirkung ... darin besteht, dass die Mitarbeiter ... an dieser Hoffnung festhalten ... , dass wir ... das auch vermitteln ...: Es hat einen Sinn, danach zu suchen, wie's weitergeht, es hat einen Sinn, danach zu gucken, was man im Leben machen kann. Und wie es geht zu leben"* (Absatz 6).

Durch die strukturellen Gegebenheiten bietet die TWG den Jugendlichen einen Rahmen, in dem mit den Jugendlichen in Kontakt getreten werden kann und in dem ihnen Wachstum ermöglicht wird. Als Beschreibung dafür wählt der Familientherapeut eine Metapher: *„Der Rahmen ... ist wie ein Zaun auf einer riesengroßen Weide. ... Und sie kommen in diesen Rahmen, und dann fangen sie an, das zu tun, was sie immer tun. Und das Gute an dem Rahmen ist, dass ... sie ... an die Grenzen stoßen. ... Und die Aufgabe der Betreuer oder Therapeuten ist, auf dieser abgegrenzten Weide den Jugendlichen zu begegnen ... sichtbar zu sein, erkennbar zu sein ... , um in Kontakt zu kommen. Und das, was dann passiert, in dem Kontakt, das ist das, was hilft ... , weil sie da drüber ... ihre eigenen Gefühle wahrnehmen, ihre Gedan-*

ken über ihre Gefühle wahrnehmen ... , die Gedanken über die anderen, die Gedanken darüber, was die anderen wohl für Gefühle haben ... . Alles das, was jetzt unter ‚Mentalisierung' gefasst wird ... , das geschieht in dieser Begegnung" (Absatz 25).

Als wichtigsten Unterstützungsaspekt für die Entwicklung der Jugendlichen in diesem Kontext beschreibt der Einrichtungsleiter das intensive Beziehungs- und Betreuungsangebot in der TWG. Ein zentrales Thema dabei ist, die Jugendlichen und ihr Verhalten aushalten zu können. Bei Friederike und ihrer Bezugsbetreuerin tauchen diesbezüglich immer wieder schwierige Situationen auf: *„Damit zurechtzukommen, mit den Sorgen, mit der Angst ...: Übersteht sie die Nacht ... , tut sie sich wieder was an? ... . Aber sich nicht unter Druck zu setzen und zu gucken: Wie kann ich das aushalten?"* (Absatz 23). *„Deren Wahrnehmung, deren Gefühlslage erstmal anerkennen. Und ... ich glaube, dass irgendwie Autonomie eine ganz große Rolle spielte, damit zurechtzukommen, dass Friederike diesen Autonomiekampf auf der Ebene führte ... , mit sich, eigentlich ja mit sich selbst, aber eben nach außen gerichtet. ‚Kannst du mir die Autonomie lassen?'"* (Absatz 27). Und das, so der Einrichtungsleiter, *„passiert in der WG, und das passiert eben im Alltag. Also das Wichtige an der WG ist eigentlich der Alltag und die Auseinandersetzung um den Alltag"* (Absatz 25).

Die Eltern- und Familienarbeit in der TWG ist ein weiterer Unterstützungsaspekt für die Jugendlichen. Dies ist Aufgabe des Familientherapeuten. Grundlage ist für ihn das Verständnis gegenüber den Eltern in ihrer spezifischen Situation, aber auch das Vermitteln konkreter Informationen und Ratschläge, ganz entgegen sonstigen familientherapeutischen Grundsätzen: *„Mein Stil ... bewegt sich eher in die Richtung, dass ich wirklich Eltern versuche zu verstehen in ihrem Handeln ... und ihnen auf der Grundlage dessen ... wirklich auch Ratschläge gebe ... . Zum Teil versuche zu erklären, wie ihre Kinder funktionieren ... , das ist eigentlich nicht familientherapeutisch. Auch wenn ich Familiengespräche mache, dann versuche ich Kontakt herzustellen, Probleme genauer zu beschreiben, zu betrachten und kurzfristige Lösungen zu entwickeln"* (Absatz 21). Ein für ihn sehr wichtiger Ratschlag besteht darin, insbesondere den Eltern zu vermitteln, keinen Kontakt erzwingen zu wollen. Bei Friederike spielt das eine besonders große Rolle.

Um den Jugendlichen und ihren Familien einen multimodalen Behandlungsansatz zu ermöglichen, arbeitet die TWG auch mit verschiedensten Institutionen zusammen. Eine wichtige Zusammenarbeit besteht zwischen der untersuchten TWG und niedergelassenen TherapeutInnen, um den Jugendlichen neben der Gruppentherapie auch Einzeltherapie zu bieten. Ziel ist es, den jungen Menschen auch außerhalb der TWG einen Raum zu ermöglichen, ihre Bedürfnisse zu platzieren und ein hilfreiches Netz für die Zeit nach dem Auszug zu spinnen. *„Also wir vermitteln alle, bei denen das gelingt, zu niedergelassenen Therapeuten. ... Ich finde, dass die Zusammenarbeit im Großen und Ganzen ganz gut funktioniert. Auch weil wir das von uns auch auf eine bestimmte Weise einordnen. Also wir sagen tatsächlich, dass es für die Jugendlichen wichtig ist, einen Raum zu haben, der getrennt von* *uns ist"* (Absatz 29). Neben den ambulanten TherapeutInnen sind als weitere wichtige Einrichtungen zur Zusammenarbeit die psychiatrischen Kliniken zu betrachten, ebenso wie die Schulen: *„Und dann ist natürlich Schule ein großes Thema. Auch da machen wir gute Erfahrungen und schlechte Erfahrungen. Hängt auch an Einzelpersonen"* (Absatz 29).

Friederikes Weg in die Selbstständigkeit aus Sicht des Einrichtungsleiters

Zu Beginn, so rückblickend der Einrichtungsleiter, hatte Friederike große Schwierigkeiten, sich auf die Hilfeform einzulassen. Aus seiner Sicht führte insbesondere das Vertrauen seitens der Einrichtung in Friederike dazu, dass sie erste Schritte gehen konnte. Gleichzeitig war es auch notwendig, ihr klare Grenzen aufzuzeigen, um sie zu schützen. *„Ich würde sagen, ... in dieser Anfangszeit war, glaube ich, für Friederike besonders wichtig, dass sie zum einen mitgekriegt hat, dass die WG, wir alle, dass wir das aushalten können, dass sie in die Klinik kommt und wieder zurückkommt ... , bis zu so 'nem Punkt, wo wir dann gesagt haben: ‚So, jetzt musst du eine Weile dableiben.' ... Und diese Grenze, die wir dann gemeinsam mit der Klinik da aufgestellt haben, die war für sie, glaub' ich, wichtig. Weil sie ... da ein Stück weitergekommen ist"* (Absatz 19).

Friederike zeigt von Anfang an ein sehr ausgeprägtes Autonomiestreben, erinnert der Einrichtungsleiter. Sie setzt sich für ihre Bedürfnisse ein und scheut dabei keinerlei Konflikte. Die Einrichtung reagiert darauf mit einer Mischung aus Flexibilität und Stabilität. Einerseits passt sie Regeln und Strukturen an Friederikes Bedürfnisse an, wodurch dieser genügend Raum zur Entfaltung gegeben wird. Ihr Bestreben, immer für ihre Autonomie einzustehen, wächst jedoch stetig. *„Sie musste halt immer an dieser Stelle der Autonomie ganz weit vorne sein, weil ... die Angst vor der Abhängigkeit so groß war, dass sie das auch nicht ein kleines Stückchen zulassen konnte, dass das Gefühl der Abhängigkeit oder der Wunsch nach Abhängigkeit überhaupt auftaucht. Und ich glaube, dass, auch wenn ... wir damit ja auch eine ganze Reihe von Regeln in der WG immer sozusagen außer Kraft gesetzt haben, es für Friederike immer extrem wichtig war, dass wir dieses Autonomiestreben auch zugelassen haben. Also da drauf auch eingegangen sind"* (Absatz 19).

Andererseits, so erzählt er, gibt es auch Themen, bei denen die Einrichtung klar und eindeutig bleiben muss. Friederikes Wunsch, in das Betreute Einzelwohnen zu ziehen, konnte z. B. nur unter der Bedingung eingelöst werden, dass sie sich an bestimmte Regeln auch wirklich halten würde: *„Also die ist ja sehr früh, und in einem eigentlich von der Entwicklung her schwierigen Stadium ist sie ja in das betreute Einzelwohnen gewechselt, wo alle große Bedenken hatten, ob das überhaupt gut gehen kann. Und ich glaube, dass das wirklich wichtig war. Weil wir damit ihrer Autonomie nachgekommen sind. Weil wir gesagt haben sozusagen: ‚Wir sehen, wie wichtig das für dich ist, autonom zu sein und darauf zu bauen. Wir finden das äußerst schwierig, dass das so ist, aber ... wir sehen keine, gar keine Alternative dazu. Und, du musst gucken, was passiert, und wir gucken, was passiert'"* (Absatz 19).

Trotz des beständigen Willens, für sich selbst Sorge tragen zu können, gibt die Einrichtung der Jugendlichen nach Ansicht des Einrichtungsleiters auch sehr viel Rahmen und Sicherheit: zum einen die Sicherheit auf Basis der positiven Bindungserfahrungen, also zu erfahren, dass immer jemand für sie da ist; zum anderen die Sicherheit, dass die Einrichtung ihr in grenzwertigen Situationen die Verantwortung abnimmt und Entscheidungen zu ihrem Wohl trifft. *„Insofern hat sie vermutlich ... Erfahrungen damit gemacht, dass unsere Zusage, wenn es schwierig wird, achten wir auf sie, dann kommt sie in die Klinik ... dass wir irgendwann dann auch sagen, ‚so, jetzt reicht's ... , wir entscheiden jetzt'"* (Absatz 19). Diese schwierige und brisante Mischung aus Grenzensetzen und Gewährenlassen erfordert ein hohes Maß an Ambiguitätstoleranz bei den BetreuerInnen.

Der Familientherapeut selbst begleitet die Jugendlichen nicht in ihrem Alltag. Daher kann er einen Abstand zu den alltäglichen wiederkehrenden Herausforderungen und Konflikten bewahren. Dies jedoch ist seiner Ansicht nach für die BetreuerInnen viel schwieriger. Aus seiner Sicht sind dieses Halten und Aushalten der Situationen sowie die professionelle Distanz der BezugsbetreuerInnen ein gewichtiger Teil der Beziehungsarbeit zwischen den pädagogischen MitarbeiterInnen und den Jugendlichen. Die BetreuerInnen stehen den Jugendlichen immer wieder neu zur Verfügung, begegnen ihnen offen und unterstützen sie. *„Da geht sehr viel um tatsächlich diese Beziehungsangebote und um die Beziehung. Also, damit zurechtzukommen und den Jugendlichen immer wieder auch neu zu begegnen. Neu ein Angebot zu machen. Neu wieder da zu sein ... , bei allem, was dann vorher war"* (Absatz 23).

Er bezieht diese Fähigkeit nochmals speziell auf die Arbeit mit Friederike: *„Auch bei Friederike ist das eigentlich das, was ihr geholfen hat ... , dass sie nicht da dran zerbrechen. Gedanklich bin ich wieder bei diesem falschen Selbst ... – ‚Wenn sie das sieht ... , kann sie mich dann immer noch aushalten?' – ... also das Beziehungsangebot, das gemeinsame Überstehen von schwierigen Situationen"* (Absatz 19). Die Entwicklung, dass sich Friederike zunehmend weniger selbst verletzt und reflektierter mit ihrer Problematik umgehen kann, hat daher einen langen Vorlauf: *„Und dann gab es dieses Hin und Her, und dann haben wir eben gemeinsam mit der Klinik dann irgendwann gesagt: ‚Wenn es zur nächsten schweren Selbstverletzung kommt, dann musst du länger in der Klinik bleiben, und dann reden wir darüber, wann du wieder zurückkommst. Aber 'ne längere Phase.' Und das war, glaub' ich, wichtig. Weil letztlich also mit dann langem Verlauf. Aber letztlich ihr das möglich gemacht hat, so nach und nach von diesen Selbstverletzungen Abstand zu nehmen"* (Absatz 19).

Die – mit Unterstützung von der Einrichtung – geglückte Beziehung zu ihren Eltern beschreibt der Familientherapeut ebenfalls als einen fundamentalen Einfluss auf Friederikes Weg. Dabei wird ihr im Rahmen der Einrichtung ermöglicht, Abstand von den familiären Verhältnissen zu gewinnen, um darüber einen neuen Weg zurückzufinden: *„Also ich würde es fast so sagen, dass wir als Einrichtung und ich als derjenige, der das machen musste, ihre Eltern in Schach halten konnten. Also in Schach halten konnten im Sinne von, ihre Übergrif-*

figkeit stoppen ... , abmildern, sagen wir mal ... . Und gleichzeitig die Sorge der Eltern mildern. Weil das ist ja wahrscheinlich das, was viele der Jugendlichen immer sehr beschäftigt und umtreibt" (Absatz 19). Neben dem Abstand zu den Eltern kann die Einrichtung auf diese Weise den Druck von Friederike nehmen, sich Sorgen machen zu müssen, ob das, was sie tut, für ihre Eltern in Ordnung ist: *„Aber dass sie ja auch damit beschäftigt sind, dass sie den Eltern so viele Sorgen machen. Und die Eltern zu sehr darunter leiden, wie es ihnen geht und was für einen Mist sie machen und wie schlecht sie sind. Und wie schlimm und so. Und das war ja etwas, was Friederike auch sehr beschäftigt hat"* (Absatz 19).

Der Einrichtungsleiter zeigt sich abschließend zudem sehr beeindruckt von den Überlebenskräften der Jugendlichen. Viele Jugendliche, auch Friederike, zeigen eine enorme Energie und ein großes Engagement, um mit ihrer Problematik umzugehen: *„Das andere, was mir einfällt, ist, dass ich wirklich immer wieder beeindruckt bin, wie viel Kraft diese Jugendlichen ... haben ... , also wie viel Energie die haben mit dem Ganzen, zum Teil Üblen, was ihnen passiert ist, oder den schwierigen Situationen, in denen die sind, damit zurechtzukommen. Das irgendwie zu überstehen. Da Wege zu finden, die schwierig sind, aber Wege zu finden ... . Wie viel Kraft die haben ... in dem Alter"* (Absatz 2).

5.2.1.6 „Friederike stand im Fokus ... das hat ganz viel geholfen" – Friederikes Weg aus Sicht der Jugendamtsmitarbeiterin

Die Jugendamtsmitarbeiterin von Friederike Farnag hebt im Interview hervor, dass Friederikes Familie ein Best-Practice-Fall mit einem besonders erfreulichen Verlauf darstellt: *„Friederike ist ... von diesen drei oder doch vier waren es, die wirklich erfolgreich beendet wurden. Also das ist nicht immer unbedingt selbstverständlich"* (Absatz 11). Die Problematik des Mädchens dagegen betrachtet sie aus ihrer reichhaltigen Erfahrung am Jugendamt als durchaus typisch für weibliche Jugendliche in Multiproblemlagen: *„Also Essproblematik, ritzen, sich selbst verletzten, Grenzen nicht einhalten, ja ... das waren so diese Bereiche"* (Absatz 29). Der erste Kontakt mit der Familie entsteht im Rahmen des ersten Klinikaufenthaltes. *„Ich glaube, das war damals über die Klinik. Sie war ja in einer Klinik aufgenommen ... , und dann die Empfehlung an die Eltern, sich an das Jugendamt zu wenden – und ich glaube, da wurde eben auch schon vorbesprochen, dass es vielleicht besser ist, wenn Friederike nicht zu Hause ist"* (Absatz 25).

Bereits an dieser Stelle beschreibt die Jugendamtsmitarbeiterin das Engagement der Eltern als eine zentrale Voraussetzung für Friederikes positive Entwicklung: *„Ein wichtiger Punkt ist, dass Eltern irgendwie ein Stück weit Vertrauen entwickeln können, eine Hilfe beim Jugendamt zu beantragen ... , also die Hemmschwelle ist, glaube ich, immer noch groß ... . Dieses Gefühl, das böse Jugendamt hat die Allmacht und kann mit unserer Familie machen, was sie will, was ja gar nicht so ist [lacht] ... und auch nicht unser Ansinnen ist ... . Aber ich glaub', das Image ... , das ist einfach noch weit verbreitet"* (Absatz 87). Auf dieser Basis kann die Fachkraft den Weg von der Klinik in die Wohngruppe – mit Unterstützung der Eltern – anbahnen und begleiten. *„Die Eltern haben dann auch hier einen Antrag gestellt … , der Kliniksozialarbeiter hat hier den Kontakt hergestellt, dann gab es dort … Gespräche, dann Gespräche hier mit den Eltern bei mir, dann gucke ich genau, wo kann Friederike hin, welche Einrichtung kommt infrage, natürlich auch Empfehlungen aus der Klinik"* (Absatz 21).

Die Jugendamtsmitarbeiterin bemüht sich zu diesem Zeitpunkt bereits um die Exploration der Familiendynamik, die zu Friederikes Situation geführt hat: *„Wird schon die ganze Familiendynamik eben gewesen sein. Die auch ihre Schwierigkeiten hervorgebracht hat. Vermutlich"* (Absatz 33). Details mit den Eltern zu besprechen und zu bearbeiten, überlässt sie jedoch im Vertrauen auf seine Expertise dem Einrichtungsleiter, der in der zugewiesenen Einrichtung für die Elternarbeit verantwortlich ist: *„Um alles anzugucken, da hätte wahrscheinlich der Einrichtungsleiter viel mehr sagen können, welche Funktion die Erkrankung dann auch für die Familie hat oder für das Familiensystem"* (ebd.). Auch die Trennung der Eltern im Verlauf der Hilfe betrachtet die Jugendamtsmitarbeiterin als wichtigen Aspekt in Friederikes Entwicklungsverlauf: *„Ich glaub', das hat dann noch mal ganz viel mit Friederike gemacht, … also ich glaub', da gab es eventuell schon auch noch mal eine Belastung für sie"* (Absatz 47).

Nichtsdestotrotz betont die Jugendamtsmitarbeiterin mehrfach im Interview, dass Friederikes Eltern aus ihrer Sicht eine große Stütze für die Tochter waren und die gesamte Familie eine große Bereitschaft zur Mitarbeit mit dem Jugendamt mitgebracht hat: *„Ich glaube, das war eine wichtige Voraussetzung … , dass die Eltern das auch wollten, also auch annehmen konnten, dass jetzt andere da sind, die unterstützen und die helfen … , und … sich auch darauf eingelassen haben. Und glaube auch, wenn es ihnen schwergefallen ist zwischendurch … , haben auch versucht … , einfach nur hinter ihr zu stehen. Sie sind auch, glaube ich, in den Hilfekonferenzen auch immer beide da gewesen, ja, … Friederike stand im Fokus … , das hat ganz viel geholfen"* (Absatz 17 und 45).

Unterstützungsaspekte auf Friederikes Weg – was wirkt aus Sicht der Jugendamtsmitarbeiterin?

Aus Sicht des Jugendamtes formuliert die Fachkraft zunächst die Bedeutung des Zusammenwirkens des Hilfesystems: *„Also man ist die Schnittstelle. Und die Stelle, die versuchen muss, alles zu bündeln und zu sammeln. Und ja, den Rahmen, denke ich, zu bieten. … Derjenige, der die Hilfe einleitet, ein Stück weit auch steuert … und da die Fäden in der Hand hat"* (Absatz 19). Die Aufgabenschwerpunkte liegen dabei aus ihrer Sicht insbesondere in der Zusammenführung der unterschiedlichen Ansätze in verschiedenen Institutionen und der Entscheidung für den individuell bestmöglichen Weg für die Jugendlichen. *„Das dann alles miteinander zu verknüpfen, die Einrichtung suchen, schauen, ist ein Platz frei, die Aufnahme veranlassen, die Hilfeplanung steuern, die Kostenübernahme fertigen, dass die Hilfe finan-*

ziert wird. Ja. Dann regelmäßig nachfragen, wie es läuft, die Rückmeldung ... auch von der Therapeutischen Wohngruppe, wenn irgendetwas Außergewöhnliches passiert, müssen sie mich ja auch informieren, ist auch geschehen. Dann die Hilfekonferenzen zwischendurch planen, also alle Beteiligten wieder zusammenkommen, schauen, wie ist es, wie geht`s weiter, was sind die nächsten Schritte, was müssen wir jetzt verändern, was müssen wir anpassen" (Absatz 2).

Die Jugendamtsmitarbeiterin macht über diese Beschreibungen die Bedeutung ihrer Rolle zur Unterstützung der Entwicklung der Jugendlichen sehr deutlich und markiert zugleich ihre Abgrenzung von der inhaltlichen Arbeit: *„Ja, also ich denke, die Stelle, wo alles so ein bisschen zusammenläuft, ... also die inhaltliche Arbeit natürlich nicht ... , die macht ja die Wohngruppe, aber so diesen Rahmen zu geben"* (Absatz 27). Auf die Einrichtungen in ihrem Umkreis muss sie sich daher sehr gut verlassen können und drückt große Wertschätzung gegenüber der dortigen Arbeit aus: *„Sehr professionell. Sehr, wirklich auch ganz speziell auf den Einzelfall schauend, ... was braucht jetzt diejenige, derjenige, wirklich auch kreativ zu gucken, was sind neue Ideen, um jetzt ... das wieder in eine andere Richtung zu kriegen: also sehr positiv"* (Absatz 35).

Neben der engmaschigen Zusammenarbeit mit der Einrichtung sucht die Jugendamtsmitarbeiterin insbesondere den regelmäßigen Austausch mit den Eltern – allerdings immer in Abstimmung mit den gemeinsamen Zielsetzungen, die in Absprache mit Friederike formuliert wurden: *„Es gab eine gute Zusammenarbeit mit dem Einrichtungsleiter – und auch mit den Eltern ... , und Friederike ... hat sich auch drauf eingelassen, natürlich immer so, wie weit sie konnte und wie es ihr möglich war, und wir mussten auch immer mal wieder Dinge verändern oder neue Absprachen treffen. Und das ist auch gut gelungen ... , das hat ihr auch letztendlich dann gutgetan. Ich kann mich noch erinnern, dass wir dann auch relativ schnell ... gesagt haben, sie geht ins Betreute Einzelwohnen ... mit Bauchschmerzen natürlich, riesigen, von allen Seiten, aber auch gut abgesprochen ...: ,Wir probieren es aus, mit so einem Stück Vertrauen auch, dass sie es dann schaffen wird'"* (Absatz 17). Auf diese Weise entsteht eine sehr bedürfnisorientierte Hilfeleistung, so hat die Jugendamtsmitarbeiterin auch die TWG erlebt: *„Ja, so zu überlegen, was kann man als nächstes tun, was könnte ihr jetzt helfen ... , erst mal auch so anzunehmen, was jeder so dann mitbringt"* (Absatz 37).

In Bezug auf die Arbeit in der stationären Jugendhilfeeinrichtung formuliert die Jugendamtsmitarbeiterin insbesondere den Beziehungsaspekt. Dabei betont sie vor allem die Beziehungskontinuität: *„Ich denke, wichtig war, ... dass die Bezugsbetreuung konstant geblieben ist. Ja, das, finde ich, ist ein wichtiger Faktor ... . Sie war von Anfang an und auch durchgehend für Friederike Ansprechpartner"* (Absatz 17). *„Ich glaub', wichtig ist eine Kontinuität, auch von den Menschen, die betreuen, die da sind. Ich glaube, was nicht gut ist, wenn es viele sind oder es Abbrüche gibt"* (Absatz 53). Diese These begründet sie mit dem Phänomen Vertrauen: *„Es ist ja auch ein Prozess, und ich denke, es ist wichtig, dass kontinuierlich Per-*

sonen zur Seite stehen und ... dass ein Vertrauen entsteht und entstehen muss, um dann auch für sich Dinge zu verändern" (Absatz 55).

Auch in der Einrichtung selbst, nicht nur von Jugendamtsseite, muss für eine positive Entwicklung der Jugendlichen eine Anbindung und engmaschige Begleitung der Eltern erfolgen, so die Jugendamtsmitarbeiterin: *„Ganz wichtig, die Eltern nicht aus dem Blick zu verlieren und auch mit den Eltern weiterzuarbeiten"* (Absatz 71). Diesen Anspruch weitet sie auf das gesamte beteiligte System aus: *„Also auch mit dem System zu arbeiten, gehört dazu, mit den Eltern ... , Verbindung zur Schule von Friederike, auch von der TWG aus ... , da einfach auch vernetzt zu sein, damit der Rahmen aufrechterhalten werden kann. ... Letztendlich, irgendwann verlässt sie die TWG wieder und geht in ihr soziales Umfeld zurück"* (ebd.).

Friederikes Weg in die Selbstständigkeit aus Sicht der Jugendamtsmitarbeiterin

Als Ausgangspunkt für eine förderliche Unterstützung in Richtung Selbstständigkeit betrachtet die Jugendamtsmitarbeiterin die Möglichkeit für Friederike, über die Einrichtung mitzuentscheiden. Nur auf Basis der Freiwilligkeit kann ihren Erfahrungen zufolge ein positiver Prozess beginnen: *„Ich glaube, das gilt ... generell für jegliche Formen von Unterbringung ... , sich das anzugucken vorher, zu schauen, kann ich mich da wohlfühlen, wie wirken die Leute auf mich, die da sind. Also wirklich zu schauen, ist das ein Ort, wo ich mir vorstellen kann, zu sein und das auszuhalten in Anführungsstrichelchen. ... Meistens ist ja ... ein gewisser Zwang dahinter. Weil einfach die Problematik so groß ist, dass es oft anders nicht mehr geht. Die Eltern schaffen es nicht mehr, die Klinik sagt, so geht's nicht, meistens ist ja gar nicht so viel Möglichkeit"* (Absatz 109). Nach dieser Entscheidung wird jedoch auch in der therapeutischen Jugendwohngruppe für Friederike eine Situation geschaffen, in der sie ihren Weg in die Selbstständigkeitsentwicklung bedarfsorientiert fortsetzen kann. *„Auch so dieses, erst mal auch annehmen, wie derjenige ist, und ja, einfach damit umgehen, was derjenige mit sich bringt ... , und dann wirklich immer individuell zu schauen, was können wir jetzt für die, für den Jugendlichen tun"* (Absatz 53).

Neben der Offenheit gegenüber der Jugendlichen und dem maximal möglichen Freiraum formuliert auch die Jugendamtsmitarbeiterin als einen wichtigen Faktor die Vereinbarung von klaren Strukturen einerseits und individuellen Lösungen andererseits: *„Es gab ja auch feste Strukturen und einen festen Rahmen, ... trotzdem gab es viele Absprachen ... , die es Friederike möglich machen, trotzdem zu bleiben ... , wenn man sich nicht so genau an diese Vorgaben hält. Also das würde ich als pädagogisches [lacht] Konzept empfinden. ... Kompromisse auszuhandeln ... , zu schauen ... , wie schafft es der Jugendliche? Kann der überhaupt das erfüllen? Und wenn nicht, was können wir dann machen, damit es trotzdem noch passt und zum Konzept passt und zu dem, was wir eigentlich erwarten? ... Zu schauen, wie kann man es trotzdem möglich machen, ihr zu helfen, hier zu bleiben und sich zu entwickeln"* (Absatz 65).

Auf dieser Basis, so beschreibt die Jugendamtsmitarbeiterin, kann Friederike Stück für Stück mehr Selbstständigkeit erreichen, aber auch lernen, Hilfe zu rechten Zeit anzunehmen: *„Na ja, ich glaube, sie hat einfach für sich immer mehr gelernt, mit ihren Dingen, die sie so beschäftigen oder die sie so hat, umzugehen. Einfach zu lernen, wie gehe ich damit um, dass ich so bin, wie ich bin. Und wie komme ich trotzdem voran. Und sie hat ja trotzdem weiter ihre Schule gemacht ... und wirklich auch gute Noten gehabt ... und, ja, auch einen hohen Leistungsanspruch an sich ... , der ja eher manchmal etwas zu viel war, aber ... dann ging es auch nicht darum so, das darf nicht sein, sondern eher auch zu schauen, wie kann sie für sich lernen, da gut mit umzugehen ... . So würde ich es beschreiben"* (Absatz 41).

Grundvoraussetzung ist dabei jedoch auch hier wieder die Bereitschaft der Jugendlichen bzw. jungen Frau selbst und ihres unmittelbaren Umfeldes. *„Klappt aber auch nur, wenn alle anderen gut mitmachen, und das war hier, glaube ich, ... deutlich sichtbar. Dass auch alle anderen gut mitgearbeitet haben und wollten. Wie gesagt, selbst auch Friederike. Und das ist einfach wichtig"* (Absatz 19). Auch die Eltern der Jugendlichen leisten dabei Beachtliches: *„Zu sagen: ‚Aber ich will doch mein Kind nicht verlieren!' oder ‚Ich will mein Kind nicht hergeben, ich werde es schon irgendwie schaffen, aber das will ich nicht!'. Das abzuspalten und zu sagen, ... wir haben jetzt so einen Punkt erreicht, wo wir die Hilfe brauchen, wir alle, wir auch. Und das dann zuzulassen. Ich glaube, das ist eine große Hürde. ... Und das vielleicht so versuchen, nicht so zu empfinden und nicht so wahrzunehmen, sondern zu sagen, wir machen jetzt, für unser Kind holen wir uns alle Hilfe, und wir lassen uns genauso darauf ein wie unser Kind, und uns fällt es auch schwer, aber wir tun es. Und dann auch durchzuhalten"* (Absatz 113). Und die Fachkraft resümiert: *„Wenn keine Bereitschaft da ist ... , wird es schwierig"* (Absatz 19).

5.2.2   Vergleichende Darstellung der Ergebnisse

Die Falldarstellungen der Interviews aus den verschiedenen Perspektiven weisen eine Reihe von ähnlichen Einschätzungen auf zu Verlauf und Weg von Friederike Farnag aus Essstörung, Selbstverletzung und Suizidalität in eine autonom gestaltete Zukunft. An einigen Stellen gibt es jedoch auch charakteristische Unterschiede. Im Folgenden sollen Gemeinsamkeiten wie auch Unterschiede in einem Gesamtvergleich pointierter herausgearbeitet werden.

5.2.2.1 Friederikes Weg aus vergleichender Perspektive

Auch wenn über Friederikes positiven Gesamtentwicklungsverlauf zwischen ihr selbst, den Eltern und den Jugendhilfe-Fachkräften Einigkeit herrscht, zeigen die unterschiedlichen Phasen in diesem Verlauf jeweils unterschiedliche Präsenz in den Erzählungen der einzelnen Interviewten. Während Friederike z.B. den Weg in die Symptomatik im Interview nicht explizit beschreibt, formulieren ihre Eltern diesen Prozess – aus ihrer Betroffenheit als Eltern heraus – sehr ausdrücklich. Die Mutter erzählt gleich zu Beginn des Interviews vom allerersten Kontakt mit der Essproblematik: *„Irgendwann nach ihrem 14. Geburtstag, da habe ich dann gemerkt, dass es für sie ein ganz dolles Thema ist"* (Absatz 4). Auch für den Vater hat sich diese Zeit in das Gedächtnis eingebrannt: *„Also das war … dramatisch gewesen … , das war im höchsten Grade"* (Absatz 14).

Beide Elternteile formulieren eine große Hilflosigkeit und Verzweiflung, der eigenen Tochter nicht helfen zu können und sie ‚fremd unterbringen' zu müssen. *„Also … es ist so rapide … abwärts gegangen, … also, wenn da jetzt nicht von außen irgendjemand hilft, … dann stirbt sie wirklich"* (Absatz 4), beschreibt die Mutter die damalige Situation, *„man musste sie schon vor … sich selbst schützen"* (Absatz 12). Bis heute lässt diese Frage, warum sie als Eltern die Situation nicht selbst lösen konnten, die Mutter nicht los: *„Zum einen super Erleichterung zu wissen, da sind Leute, die kennen sich … damit aus … , zum anderen immer so dieses, … man sieht, ich selber kann hier überhaupt nichts mehr ausrichten, … das ist ein totaler Schnitt irgendwie, das ist wie was rausreißen"* (Absatz 2). Friederikes Vater reflektiert die Entwicklung der vergangenen Jahre als einen Prozess für die ganze Familie, auch für sich selbst: *„An der Stelle hätte man … psychologisch … gesünder sein müssen … , war ich damals aber nicht. … Das ist … bei mir ja auch ein Werdegang … gewesen"* (Absatz 30).

Vater wie Mutter beschreiben im Zuge dessen Friederikes starken Willen, autonom, perfekt und unfehlbar zu sein. *„Auf irgendwie eine Art und Weise auch immer was Besonderes"* (Absatz 4), beschreibt die Mutter diesen Eindruck, *„gleich einen Marathon laufen"* (ebd.). Und sie setzt hinzu: *„Aber ist man ja total auch stolz darauf … , manchmal wünscht man sich … , nur Gang runter so"* (Absatz 4). Auch der Vater betont: *„Lockerheit. … gab es … nicht"* (Absatz 16). Der Vater stellt die eigene Ambivalenz zwischen Stolz und Erschrecken über die Entwicklung in einen direkten Erziehungszusammenhang: *„Weil sie … nicht klargekommen ist, wie ihre Eltern sich ihr gegenüber verhalten haben … , ich habe mir gedacht, die muss viel lernen, die muss doll lernen, … und das ist dann gut … , da war ich mir … nicht bewusst"* (Absatz 14). Friederikes Mutter hingegen ordnet den Perfektionsdruck eher Entwicklungsunebenheiten der Pubertät zu. Der Einrichtungsleiter wiederum kennt dieses Phänomen von vielen Hilfeverläufen: *„Dass sie … im Grunde ein falsches Selbst entwickelt haben. Und sich da dran abarbeiten. Und große Mühe haben … , sich davon ein Stück zu lösen"* (Absatz 9).

Während für Friederikes Eltern stärker der Schock über die für sie plötzlich auftretende Symptomatik erinnerbar ist und die Schilderung der Stärke der Symptomatik auch von allen interviewten Fachkräften bestätigt wird, stellt für Friederike der erste Klinikaufenthalt ein einschneidendes Ereignis dar: *„Ich bin mit 14 … in die Klinik gekommen wegen Magersucht"* (Absatz 18 und 34); *„es wurde eigentlich nur schlimmer … , das ist so ein Kreislauf, aus dem man nicht so richtig rauskommt, da an der Stelle"* (Absatz 34). Friederike durchschreitet in der Folge mit ihrer Familie eine Reihe von Hilfesettings, geprägt von mehreren Aufenthalten in psychiatrischen Kliniken und zwei stationären Kinder- und Jugendhilfeeinrichtungen. Zunächst bleibt die Besserung aus, Friederike entwickelt jedoch in dieser Zeit das Bedürfnis nach einem stabilen Lebensort, abseits ihres elterlichen Zuhauses. Über den Umweg einer Krisen-Hotline und einige weitere Schritte äußert sie aktiv diesen Wunsch: *„Zu Hause ging's für mich nicht, weil ... die sich viel zu viel Sorgen gemacht hätten, und das war in der WG nicht so"* (Absatz 12).

Auch Friederikes Mutter betont aus heutiger Sicht: *„Also grundsätzlich hat es ihr erst mal wirklich sehr geholfen ... , aus diesem ... familiären Umfeld rauszukommen"* (Absatz 2), auch wenn dies der Mutter anfangs schwerfällt. Der weitere Weg von Friederike wird von allen gleichermaßen zunächst als konflikthaft und schließlich als steiler Aufstieg geschildert. Der Einrichtungsleiter spricht ebenso wie die Jugendamtsmitarbeiterin beeindruckt von einem Musterfall und erläutert: *„Na, ich glaube, dass der zentrale Punkt ist, dass die Eltern ein bisschen Abstand ... kriegen. Und ... die Kinder das Gefühl kriegen, sie können ... ihren Weg suchen ... und müssen sich nicht immer Gedanken um die Eltern machen"* (Absatz 23). Diese Entwicklung ist jedoch anfangs nicht absehbar. Am Anfang stehen massive Auseinandersetzungen im Betreuungsalltag und schwere Selbstverletzung im Vordergrund, erzählt die Bezugsbetreuerin: *„Unglaubliche Konflikte immer wieder ... , sichtbar ist eigentlich innerhalb dieser WG-Betreuung nur Kampf gelaufen"* (Absatz 26). Mit dem Einzug in das Betreute Einzelwohnen verändert sich dies jedoch grundlegend, so die Betreuerin: *„Da fing sie plötzlich an, ... mehr Kontakt zu suchen"* (Absatz 26). Und auch Friederike selbst sagt über diese Zeit, sie habe sich *„einmal noch verletzt ... danach nicht mehr"* (Absatz 18).

5.2.2.2 Unterstützungsaspekte auf Friederikes Weg – was wirkt aus vergleichender Perspektive?

Da sich für Friederike keine dauerhafte Verbesserung abzeichnet und sie spürt, dass zunächst Abstand vom Elternhaus hilfreich sein würde, nimmt sie selbstständig Kontakt zu einer ersten Wohngruppe auf, in die sie daraufhin einziehen kann. Der Vater berichtet aus dieser Zeit, dass sie sich jedoch im Rahmen der Wohngruppe weiterhin schwerwiegend verletzt, weshalb erneute Klinikaufenthalte unumgänglich sind. Friederike wird daraufhin angeboten, in eine andere Wohngruppe, die TWG, einzuziehen. Ähnlich wie die Mutter erzählt der Vater aus dieser Zeit: *„Also, dass sie weiß, wo sie bleiben kann, dass sie nicht nach Hause muss. Das war absolut unumgänglich ... damals"* (Absatz 16). Die Fachkräfte der TWG bestätigen die große Herausforderung, die Friederikes Symptomatik an die Gestaltung des Lebensalltags zu dem Zeitpunkt stellt: *„Sehr viel ... , sehr starke Selbstverletzung. Mehrere sehr drastische Suizidversuche ... , habe ich eigentlich die ersten Monate über gedacht ... , das sprengt den Rahmen"* (Absatz 26), wie die Bezugsbetreuerin erzählt.

Immer wieder wird von allen Beteiligten – auch Friederike selbst – thematisiert, dass Autonomie, Kraft und Durchsetzungsvermögen für die Jugendliche Ressource und Fluch zugleich bedeuten. Friederike will z.B. mit aller Kraft in die stationäre Einrichtung einziehen, und alle Interviewten zollen ihr für diese Entschlossenheit in diesem jungen Alter große Anerkennung. Mit der gleichen Kraft jedoch ziehen sich Autonomie-Abhängigkeits-Konflikte durch Friederikes Leben und das der MitbewohnerInnen und BetreuerInnen. Zu lösen – auch da sind sich alle Interviewten einig – ist dies nur durch ein Konzept, das Beziehung und Struktur, Freiraum und Grenzen, Autonomie bzw. Partizipation und Bedürfnisse nach Geborgenheit und Fürsorge in einem gelungenen Zusammenspiel vereinigen kann. Der Einrichtungsleiter nutzt dafür das anschauliche Bild einer Weide: *„Und die Aufgabe ... ist, auf dieser abgegrenzten Weide den Jugendlichen zu begegnen. ... Und das, was dann passiert, ... das ist das, was hilft ... , alles das, was jetzt unter ‚Mentalisierung' gefasst wird"* (Absatz 25).

Friederike selbst betont insbesondere die Einbettung in unterstützende Beziehungen als zentralen Wirkfaktor während ihres Aufenthalts in der TWG: *„Dass meine Betreuerin einfach geil war"* (Absatz 12), *„das hat mir auf jeden Fall geholfen, dass da irgendwie jemand da war, den es interessiert hat"* (Absatz 40), *„die haben sich schon krass Mühe gegeben"* (Absatz 46). Friederike benennt beides: Professionalität, aber auch persönliches Engagement: *„Die waren nicht, dass sie sagen, das ist irgendwie Arbeit"* (Absatz 46). Mehrfach betont sie, dass sie sich mit ihrem Problem kompetent und persönlich zugleich beantwortet gefühlt hat, dass sie *„mit mir reden und nach einer Lösung für mich suchen"* (Absatz 44). Zu diesen von allen Interviewten genannten Inhalten der professionellen Beziehungsgestaltung und auch Ressourcenorientierung kann insbesondere die Bezugsbetreuerin differenzierte Beiträge beisteuern, sowohl zu den professionellen Herausforderungen als auch zum persönlichen Anteil daran: *„Also ich würde sagen, der Kern eigentlich der Arbeit findet auf der Beziehungsebene statt. ... Wenn das gelingt, dann ist es das, was am meisten trägt, woran sich am meisten zeigt, wo man am meisten bearbeiten kann ... , Sachen gemeinsam reflektieren kann ... , und wo man sich natürlich auch selber ein Stück weit drauf einlassen muss"* (Absatz 6 und 8).

Sie führt damit aus, was vom Einrichtungsleiter zuvor unter *„Mentalisierung"* (Absatz 25) gefasst wurde. Insbesondere, so stimmen alle überein, entfaltet Beziehung Wirkung, wenn sie über Netzwerke einbettend wirkt: *„Es war halt ein ziemliches Netz, was mich irgendwie immer aufgefangen hätte ... . Im Nachhinein merkt man das halt"* (Absatz 54), betont Friederike. Eine zentrale Rolle spielen dabei das Jugendamt sowie die Elternarbeit der Einrichtung und inwiefern sich Eltern darauf einlassen können: *„Ich glaube, was eine wichtige Voraussetzung war, dass die Eltern das auch wollten. Also auch annehmen konnten, dass jetzt andere da sind, die unterstützen. Und die helfen. Und sich auch darauf eingelassen haben ... , auch, wenn's ihnen schwergefallen ist zwischendurch. ... Aber letztendlich war halt eine große Bereitschaft da"* (Absatz 17), betont die Jugendamtsmitarbeiterin. *„Insofern ist das auch ein ... Musterfall"* (Absatz 19), sagt auch der Einrichtungsleiter. Alle Interviewten sind sich – wie die Eltern von Friederike – darin einig, dass das ganze Geschehen der TWG in erster Linie durch die Qualität von Bindungs- und Beziehungs- bzw. Netzwerkbezüge wirksam wird.

Gelingen kann jedoch diese Wirkung von Bindungs- und Beziehungsbezügen nur, auch das betonen alle Interviewten, wenn der Alltag auf eine bestimmte Weise gestaltet ist: *„Das war schon viel, was mit Leben zu tun hat"* (Absatz 26), betont Friederike, *„dass man da ... wieder ins Leben zurückkommt ... , aber trotzdem ... Unterstützung hat"* (ebd.). Auch die Gruppenaktivitäten entfalten dann konstruktive Momente, obwohl Friederike mit der Gruppentherapie selbst nicht ‚warm' werden kann. Der Einrichtungsleiter bezeichnet diese Verflechtung pädagogischer Arbeit mit therapeutischem Verstehen im Alltag als *„therapeutisches Milieu"* (Absatz 25). Dass die Regeln und Vorgaben dabei Ambivalenzen in Friederike erzeugen, gehört laut dem Einrichtungsleiter durchaus zum Konzept: *„Und das Gute an dem Rahmen ist, dass ... sie ... an die Grenzen stoßen"* (Absatz 25). Heute und mit Abstand kann Friederike dies auch so sehen: *„Die haben Entscheidungen getroffen, wenn ich mich doll verletzt habe ... . Und deswegen hatte ich, glaube ich, eine ganze Menge Vertrauen zu denen"* (Absatz 54).

Da dieser Aspekt eine besonders große Bedeutung in Friederikes Entwicklung einnimmt, soll er im letzten Abschnitt nochmals fokussiert herausgearbeitet werden.

5.2.2.3 Friederikes Weg in die Selbstständigkeit aus vergleichender Perspektive

Von allen Interviewten wird Friederike Farnags Entwicklungsweg in der TWG zunächst als konflikthaft, aber anschließend als äußerst erfolgreich beschrieben. Wie also ist es – in gemeinsamer Anstrengung – gelungen, dass sich Friederike aus einer schwierigen Situation heraus gute Entwicklungsmöglichkeiten boten? Ebenfalls alle Interviewten sind sich einig, dass dieses Gelingen mit dem bereits oben erwähnten Zusammenwirken von Beziehung und Struktur bzw. Freiraum und Grenzen zu tun hat. Das bedeutet, das im Alltag präsente Betreuungsangebot muss von der Einrichtung an die individuellen Bedürfnisse der Jugendlichen angepasst werden. Für die Jugendlichen muss die Möglichkeit einer weitgehend autonomen Lebensgestaltung und eines steten Fortschritts an Entwicklungsaufgaben möglich sein, aber im Rahmen der sichernden Bedingungen der Jugendwohngruppe: *„Und das, verbunden damit, dass es eben einen Rahmen gibt, ... und dieser Rahmen die Möglichkeit eröffnet, mit den Jugendlichen in Kontakt zu kommen ... , und dass sie da drüber erleben können, dass es bei allem Ärger an sich eine wohlwollende Haltung gibt"* (Absatz 6), wie der Einrichtungsleiter beschreibt. Auch die Jugendamtsmitarbeiterin betont dies von Beginn der Hilfeleistung an.

Als Gegenüber zur bindungs- und beziehungsorientierten Arbeit bedarf es also eines Sozialisationsrahmens, einer tragfähigen Struktur aus sinnvollen Regelungen und Vereinbarungen, die immer wieder neu für die Jugendlichen erfahrbar werden. *„Aber dennoch gibt es da irgendwann einen Punkt, an dem man – gleichzeitig muss man ja Grenzen ziehen"* (Absatz 28), erklärt die Bezugsbetreuerin. An Grenzen zu stoßen und sich die eigene Autonomie, aber in einem tragfähigen Rahmen, immer wieder neu erkämpfen zu müssen, treibt demnach die Entwicklung voran. Diese Tatsache löst in den Jugendlichen einen Ambivalenzkonflikt aus, wie Friederike treffend beschreibt: *„Das hat mich auf jeden Fall gestört. So, dass diese Struktur so eng war. Obwohl sie mir eigentlich auch geholfen hat"* (Absatz 40). Anspruchsvoll ist daran für die Einrichtungen, dass es einerseits Regeln geben muss, diese aber wiederum – und zwar immer wieder neu am jeweiligen Entwicklungsstand und individuellen Bedürfnis orientiert – flexibel an den Bedarf der Jugendlichen angepasst werden müssen, sodass Reibung entsteht, aber der Kontakt gehalten werden kann. Die daraus entstehende Auseinandersetzung mündet in Entwicklung. Und darin bestehe die Kunst, so der Einrichtungsleiter, *„dass wir das aushalten können"* (Absatz 19).

Dass diese Auseinandersetzungen, diese wachstumsfördernden Dialoge, möglich sind, müssen die Jugendlichen jedoch erst entdecken und erfahren: *„Also ich kannte das halt … , nicht so, dass man jetzt irgendwie krass über irgendwelche Dinge so redet"* (Absatz 74), wie Friederike sagt. Sie kann demzufolge kaum glauben, dass ihre Bezugsbetreuerin so viel Erfahrung in diesen Dingen aufweist und stets eine Antwort für die Jugendliche hat: *„Sie wusste sofort eine Antwort darauf. Das fand ich so krass"* (Absatz 68), so Friederike. Stück für Stück kann Vertrauen wachsen, sodass in Situationen von Hilfebedürftigkeit Hilfe erhalten und in Situationen von zunehmender Selbstständigkeit Entscheidungen getroffen werden kann. Friederike kommentiert, sie habe *„eine ganze Weile gebraucht, um das irgendwie zuzulassen, dass jetzt jemand da ist, der mir hilft"* (Absatz 72). Als hilfreich erweist sich, wenn dem/der Jugendlichen im Rahmen eines positiven Betreuungsverhältnisses mit den BezugsbetreuerInnen viel Vertrauen geschenkt und individuell auf die Bedürfnisse eingegangen wird. *„An dieser Hoffnung festhalten"* (Absatz 6), formuliert der Einrichtungsleiter. Resultat ist die Fähigkeit der Jugendlichen, Stück für Stück mehr reflektieren zu können, in welchen Momenten es sinnvoll ist, Hilfe zu suchen, aber andererseits auch entscheiden zu können, etwas Herausforderndes selbst und autonom zu lösen. Für Friederike z.B. ist es das gegenüber allen Erwachsenen mit großer Stetigkeit durchgesetzte Sportbedürfnis.

Der Einzug in das Betreute Einzelwohnen unterstützt Friederike in diesem Prozess sehr. Im Zuge der soeben entfalteten Überlegungen zeigt jedoch bereits der Ausgangspunkt für den Einzug in diese Wohnform interessante Charakteristika. Friederikes Bezugsbetreuerin erzählt: *„Sie hat dafür immer wieder gekämpft … . Ich habe ihr ganz oft gesagt, dass ich finde, eine Hauptbedingung ist, dass ich mich darauf verlassen kann, dass sie sich meldet, wenn was ist … , weil sonst kann ich die Verantwortung dafür nicht übernehmen"* (Absatz 26). Und sie setzt beeindruckt hinzu, dass dies ihrer Befürchtung zum Trotz dann hervorragend klappt, kaum dass Friederike sich in der Außenwohnung befindet: *„Und innerhalb weniger Wochen oder Monate vollzog sich ein Wunder"* (ebd.). Friederike kann den neu gewonnen

Freiraum nutzen, um zu erkennen, wo sie Unterstützung braucht. Das sehr behutsame Ausloten zwischen Autonomieförderung und Grenzsetzung erweist sich für Friederike also als entscheidender Entwicklungsschritt: *„Und dann hat sie sich um 180 Grad gewandelt"* (Absatz 26), wie die Bezugsbetreuerin sagt, *„die hat einen unglaublichen Schub gemacht, was das ganze Reflexionsvermögen angeht … . Die Gespräche wurden dann irgendwann sehr nah, sehr intensiv und sehr vertrauensvoll. Und das ging auch von ihr aus"* (ebd.).

Auch mit den Eltern wird über diesen gesamten Zeitraum sehr eng zusammengearbeitet, *„sodass man auch immer wieder erfahren hat, wie geht es ihr, macht sie Fortschritte, wird es besser, und wo steht sie da, und was für Ängste und Sorgen hat sie"* (Absatz 2), erzählt die Mutter. Die beharrliche Arbeit mit den Eltern über alle Krisenzeiten hinweg hat einen sehr heilungsfördernden Einfluss auf die Jugendlichen. Der Vater kommentiert: *„Ohne die Eltern, am Ende der Geschichte, kriegst du das Ding nicht hin"* (Absatz 42). Dass die Eltern in Friederikes Fall so intensiv mitarbeiten, spielt für ihre Tochter eine große Rolle, betont insbesondere der Einrichtungsleiter, jedoch auch die Jugendamtsmitarbeiterin. Auch in der Familiendynamik vollziehen sich daher im Prozess des TWG-Aufenthalts gravierende Veränderungen. Friederike selbst kann sich wieder auf die Eltern zubewegen, und die Eltern sind in der Lage, auch selbst eigene und neue Wege für sich zu gehen, die sie vorher in der extremen Stresssituation nicht annähernd entwickeln konnten.

Nachdem Friederike Farnag einen so positiven Entwicklungsverlauf genommen sowie mit dem 18. Geburtstag die Altersgrenze der Jugendhilfemaßnahme erreicht hat, zieht sie aus dem Betreuten Einzelwohnen aus. Sie berichtet im Interview vom Absolvieren des Abiturs während des Betreuten Einzelwohnens und zehn Monaten im Ausland nach dem Auszug. Auch die Bezugsbetreuerin beschreibt diesen Ablösungsprozess als sehr erfolgreich: *„Und am Ende hat die ihr Abitur gemacht. Hat sich nicht mehr selbst verletzt. … Hat irgendwie einen Weg mit ihren Eltern da gefunden. Hat irgendwann ihre Therapie abgeschlossen"* (Absatz 26). Obgleich sich Friederike sehr stabilisiert und ihre Lebensgestaltung selbst in die Hand nimmt, gibt es jedoch bis heute Stresssituationen, die sie herausfordern. Der Vater merkt an: *„Sie ist ja ehrgeizig hoch zehn. Muss ja immer alles perfekt sein"* (Absatz 54). Auch die Bezugsbetreuerin betont, dass die Entwicklung von Friederike *„natürlich ein Prozess war. Das war ja nicht von einem Tag auf den anderen so, aber was sich daran an Entwicklung auch getan hat, das hat sich dann relativ schnell abgezeichnet und wirklich enorm gesteigert in der Zeit"* (Absatz 26). Dass dies nicht als Selbstverständlichkeit angesehen werden kann, darin sind sich insbesondere die Professionellen einig. Die Jugendamtsmitarbeiterin resümiert: *„Friederike ist davon, von diesen drei oder vier, die wirklich erfolgreich beendet wurde. Also das ist nicht immer unbedingt selbstverständlich"* (Absatz 11).

6 Diskussion der Ergebnisse bezüglich des bisherigen Forschungsstandes

Auf Basis der qualitativen und quantitativen Daten der Untersuchung – unter Einbezug der Ergebnisse der Studie KATA-TWG – wurden fünf Thesen herausgearbeitet, die den Best-Practice-Fall in seinem Prozess reflektieren, die quantitativen Ergebnisse berücksichtigen und Rückschlüsse auf die Qualität der Betreuung in stationären Jugendhilfeeinrichtungen zulassen:

1. These   Jugendliche in TWGs befinden sich in Multiproblemlagen, haben häufig psychiatrische Diagnosen in der Vorgeschichte und einen komplexen Hilfebedarf.

2. These   Die Arbeit in TWGs hat eine entwicklungsförderliche Wirkung auf die Jugendlichen.

3. These   Als zentrales Charakteristikum der Hilfeleistung lässt sich professionelle Beziehungsarbeit innerhalb einer haltgebenden Alltagsstruktur und eines aufrichtigen Dialoges herauskristallisieren.

4. These   Fachliche Arbeit in den TWGs erfordert Fachkompetenz und personelle, disziplinäre sowie methodische Vielfalt und Vernetzungskompetenz.

5. These   Gelungene Beziehungs- und Einbettungsarbeit bietet die Basis für eine erfolgreiche Adoleszenz und Ablösung in die Selbstständigkeit.

6.1 Jugendliche in TWGs befinden sich in Multiproblemlagen, haben häufig psychiatrische Diagnosen in der Vorgeschichte und einen komplexen Hilfebedarf

Friederike entspricht der üblichen Zielgruppe Therapeutischer Jugendwohngruppen (vgl. bereits AK TWG, 2009). Die Ausgangssituation war zweifelsohne dramatisch. Insbesondere die Eltern formulieren nachvollziehbarerweise große Hilflosigkeit, Verzweiflung und Angst um ihre Tochter: *„Wenn da jetzt nicht von außen irgendjemand hilft, ... dann stirbt sie wirk-*

lich" (Absatz 4), wie die Mutter diese Situation kommentiert. Der Vater reflektiert im Nachhinein eine Reihe von Ursachen für die Problematik innerhalb der eigenen Familie, insbesondere seine eigenen Ansprüche an die Tochter. Dem Einrichtungsleiter ist dieses Phänomen bekannt: Dass sie aus Erwartungsdruck ein *„falsches Selbst"* (Absatz 9) entwickeln und sich nicht mehr davon lösen, beobachtet er bei einer Reihe von Jugendlichen. Friederike selbst gerät spätestens in der Klinik in massive Verzweiflung: *„Das ist so ein Kreislauf, aus dem man nicht so richtig rauskommt"* (Absatz 34).

Jugendliche, die eine Therapeutische Jugendwohngruppe (TWG) als Lebensort benötigen, leiden unter manifesten, in der Regel lebensgeschichtlich bedingten Verhaltensauffälligkeiten und/oder psychiatrischen Störungen. Dazu gehören u.a. schwere Traumata, Bindungsstörungen, Essstörungen, Selbstverletzungen, Sucht, soziale Störungen. Alle Jugendlichen zeigen – wie Friederike Farnag – so starke Verhaltensauffälligkeiten und bereits verfestigte psychiatrische Symptomatiken, dass sie die Problemlösungsmöglichkeiten der Familien bzw. anderer betreuter Wohnbereiche, in denen sie zuvor lebten, überforderten. Ein erheblicher Anteil der aufgenommenen Jugendlichen war zuvor – ebenso wie Friederike – mehrfach in psychiatrischen Kliniken untergebracht oder wurde/wird ambulant jugendpsychiatrisch behandelt (AK TWG, 2009; Schmid, 2007; international: Burns et al., 2004). Auch die Geschlechtstypik, die man in vielen Jugendhilfeuntersuchungen findet (Finkel, 1998; vgl. auch Faulstich-Wieland, 2001; Fritzsche & Münchmeier, 2000; Kolip, 1997), wurde in der vorliegenden Studie erneut abgebildet: Friederike zeigt eine für Mädchen in diesem Alter ‚typische' Essstörung.

Ebenso wie die Jugendlichen der Studie KATA-TWG (AK TWG, 2009) verfügt jedoch auch Friederike neben den zahlreichen Problemlagen über eine Reihe von Ressourcen. Dies wird u.a. daran deutlich, dass sie trotz Suizidgedanken und z.T. lebensgefährlichen Bedrohungsszenarien nach einer Odyssee durch verschiedene Einrichtungen in konstruktive Hilfeverhältnisse findet. Der weitere Weg von Friederike wird von diesem Zeitpunkt an von allen UntersuchungsteilnehmerInnen gleichermaßen als zunächst konflikthaft, schließlich jedoch steiler Aufstieg geschildert: *„Sehr starke Selbstverletzung. Mehrere sehr drastische Suizidversuche"* (Absatz 26), umschreibt die Bezugsbetreuerin zur Anfangssituation. Alle Beteiligten, auch Friederike selbst, betonen, dass Autonomie, Kraft und Durchsetzungsvermögen der Jugendlichen Ressource und Fluch zugleich darstellten. So intensiv wie die Anfangsschwierigkeiten gestaltet sich jedoch auch Friederikes Aufwärtsbewegung. Der Einrichtungsleiter spricht beeindruckt von einem *„Musterfall"* (Absatz 19). Auch die Jugendamtsmitarbeiterin betont, es handle sich um einen Best-Practice-Fall, an dem sich positive Verläufe in TWGs gut veranschaulichen lassen.

Ähnliche Symptomatiken und krisenhafte Zuspitzungen, aber auch Ressourcen wie in Friederikes Fall finden sich in der Beschreibung vieler Jugendlicher, die über den quantitativen Forschungszugang mithilfe verschiedener Fragebögen (in Form von Selbst- und Fremdbeurteilungsbögen) in die Studie einbezogen wurden. Bei knapp 80% der Jugendlichen ist mindestens eine psychische Störung nach ICD 10 diagnostiziert, bei etwa 50% werden selbstgefährdende Verhaltensweisen wie bei Friederike beschrieben. Besonders auffallend ist hier, dass bei knapp einem Fünftel der Jugendlichen bereits die Diagnose einer Persönlichkeitsstörung (F60-F62) vorliegt. Persönlichkeitsstörungen werden durch anhaltende und im Lebensverlauf meist relativ früh auftretende Persönlichkeitsänderungen charakterisiert und umfassen „tief verwurzelte, anhaltende Verhaltensmuster, die sich in starren Reaktionen auf unterschiedliche persönliche und soziale Lebenslagen zeigen" (Remschmidt, Schmidt & Poustka, 2006, S. 248). Sie treten häufig erstmals in der Kindheit und Jugend in Erscheinung, manifestieren sich aber überwiegend erst endgültig im Erwachsenenalter. Daher erscheint die Diagnose einer Persönlichkeitsstörung vor dem 17. oder 18. Lebensjahr als unangemessen (ebd., S. 249). Bei einzelnen Jugendlichen der hier untersuchten Stichprobe erfolgte die Diagnosestellung hingegen früher. Dies könnte darauf hinweisen, dass es sich hier um psychisch höchst belastete Jugendliche handelt, deren Symptomatik beispielsweise in Folge früher Traumatisierung entstand und bereits im Jugendalter im Sinne anhaltender Veränderungen im Wahrnehmen, Denken, Fühlen und Verhalten eindeutig die Kriterien einer Persönlichkeitsstörung erfüllt. Inwiefern die Diagnostizierung im Jugendalter in jedem Einzelfall angemessen ist, kann an dieser Stelle nicht beurteilt werden.

Bei fast allen Jugendlichen sind neben den Belastungssymptomen und Risikofaktoren auch Schutzfaktoren wie persönliche Ressourcen (u.a. körperliche Gesundheit oder soziale Kompetenzen) oder schützende Einflüsse des sozialen Umfelds zu finden. Im Verlauf der Maßnahme zeigte sich beispielsweise eine signifikante Zunahme des Selbstwertgefühls (nach Rosenberg). Es ist davon auszugehen, dass auch in der quantitativen Erhebung und Auswertung Fälle existieren, die eine ähnlich positive Entwicklung nehmen wie bei Friederike, also möglicherweise ebenfalls Best-Practice-Fälle sind. Allerdings wird in der quantitativen Untersuchung deutlich, dass dies bei Weitem nicht für alle Jugendlichen zutrifft, sondern bei manchen auch Verschlechterungen bzw. fortschreitende Chronifizierungen der psychiatrischen Erkrankungen im Hilfeverlauf auftreten können. Dieser Umstand soll nachfolgend detaillierter betrachtet werden.

6.2 Die Arbeit in TWGs hat eine entwicklungsförderliche Wirkung auf die Jugendlichen

Anhand der qualitativen Einzelfallanalyse, der Daten aus der Studie KATA-TWG (AK TWG, 2009), jedoch auch der vorliegenden umfassenden quantitativen Ergebnisse (mit Daten aus ca. 170 Fallverläufen) ist davon auszugehen, dass TWGs einen Rahmen für die Jugendlichen schaffen, der für ihre Entwicklungsperspektive, ihr Wachstum, ihre Möglichkeiten der Problembewältigung und für ihre Ressourcenaktivierung äußerst förderlich ist. Bei fast drei

Viertel der Jugendlichen können Verbesserungen im Bereich der interventionsbedürftigen Probleme festgestellt werden, wobei bei über einem Drittel eine sehr deutliche Problemreduktion zu beobachten ist (d.h., mindestens 50% der zu Hilfebeginn vorliegenden Probleme werden von den professionellen HelferInnen am Ende als erfolgreich bearbeitet bewertet). Diese Ergebnisse korrespondieren gut mit übergreifenden bisherigen Ergebnissen in der Jugendhilfeforschung (Baur, Finkel, Hamberger & Kühn, 1998, Macsenaere & Esser, 2012; Macsenaere, 2017; Macsenaere et al., 2018; Macsenaere & Radler, 2016; Schmidt et al., 2002; Ziegler, 2016a, 2016b). Auch in der Selbstbeurteilung der Jugendlichen werden positive Entwicklungen deutlich: So nimmt die subjektiv wahrgenommene psychische Belastung (erhoben über die SCL 90-R) im Hilfeverlauf nachweislich ab, Kohärenzempfinden (SOC-9) und Selbstwertgefühl (Rosenberg-Skala) steigen.

Als interessant erweist sich in diesem Zusammenhang die Hilfedauer. So ist etwa die Reduktion der psychischen Belastung (SCL-90-Werte) bei den Jugendlichen mit einer Wohndauer in der TWG von ein bis zwei Jahren am deutlichsten ausgeprägt; für Jugendliche mit kurzer (unter einem Jahr) und sehr langer (über 2 Jahre) Dauer der Hilfeleistung findet sich hingegen keine signifikante Änderung der subjektiv wahrgenommenen Belastung. Im Gegenteil: Hier sind bei einem Teil deutliche Verschlechterungen aufgetreten. In Fachdiskussionen in TWG-Kreisen wird oft darauf verwiesen, dass Problematiken häufig erst nach einigen Wochen oder Monaten in der Jugendhilfe an die Oberfläche kommen und sichtbar werden (sog. „Erstverschlimmerung"). In manchen Fällen geht diese „Erstverschlimmerung" möglicherweise mit einer so gravierenden Zunahme von Auffälligkeiten, Regelverstößen oder (fremd- oder selbst)gefährdenden Verhaltensweisen einher, dass eine Beendigung der Hilfe und z.B. die Zuweisung zur Psychiatrie unausweichlich werden. Eng verbunden damit ist der Befund der Untersuchung, dass gerade kurze Hilfeprozesse überproportional häufig nicht planmäßig, sondern unplanmäßig beendet werden (müssen). Die kurzfristige und wenig vorbereitete Entlassung aus der TWG bedeutet zumeist, dass keine Anschlussmaßnahmen implementiert sind – und auch langfristig erwartbar in den meisten Fällen (nach den TWGs) keine weiteren, dem Bedarf dieser spezifischen „hard to reach"-Klientel entsprechenden Unterstützungsmöglichkeiten der Jugendhilfe zur Verfügung stehen.

Bei sehr langen Hilfeprozessen muss hingegen davon ausgegangen werden, dass es sich bei den KlientInnen mutmaßlich um Jugendliche mit schweren, chronifizierten psychischen Störungen und multiplen Problemlagen handelt – Jugendliche, die also auch nach mehreren Jahren nach wie vor der Hilfe bedürfen und bei denen keine wesentliche Änderung der Symptomatik erreicht werden kann. Entsprechend scheint die fehlende Reduktion der psychischen Belastung in der Studie bei kurzen wie sehr langen Hilfeverläufen plausibel. Die Dauer der Hilfeleistung und die Bedeutung von Abbrüchen wird auch in anderen Jugendhilfeuntersuchungen als wichtiger Einflussfaktor herausgearbeitet (Hamberger, 1998; Kühn, 1998; Macsenaere & Herrmann, 2004; Macsenaere, 2017; Tornow et al., 2012), erfährt aber in den TWGs durch die Massivität der psychischen Problematik der Jugendlichen nochmals eine besondere Ausformung.

6.3 Als zentrales Charakteristikum der Hilfeleistung lässt sich professionelle Beziehungsarbeit innerhalb einer haltgebenden Alltagsstruktur und eines aufrichtigen Dialoges herauskristallisieren

In Angeboten von Jugendwohngemeinschaften mit geringerer Betreuungsdichte kann, wie sich an Friederikes Beispiel gut zeigt, Bindung auf der einen und Struktur auf der anderen Seite nicht so eng geknüpft werden. Dies korrespondiert eventuell mit den Ergebnissen der JuLe- (Baur, Finkel, Hamberger & Kühn, 1998) sowie der EVAS-Studie (Macsenaere & Herrmann, 2004) in Bezug auf Hilfeabbrüche. Qualitätsmerkmal der TWG ist offenbar ein eng geknüpftes Netz aus Bindungsbezügen (vgl. Gahleitner, 2017a, 2017b; Schleiffer, 2001), das durch eine angemessene Sozialisationsstruktur und fundiertes Fachwissen über die jeweiligen Problematiken hindurch gewebt wird und die Möglichkeit nach angemessenem Aufgehobensein auf der einen und authentischer Nachsozialisation und pädagogischer Konfrontation auf der anderen Seite bietet. Bei Friederike wird dies besonders deutlich: Ihre große Autonomie, Kraft und ihr Durchsetzungsvermögen bedingen Autonomie-Abhängigkeits-Konflikte und fordern – darin sind sich alle Interviewten einig – alle Beteiligten im Betreuungs- und Begleitungsprozess in hohem Maße. Wirksam wird dabei ein behutsam und fachlich qualifiziert ausgewogenes Verhältnis zwischen Beziehung *und* Struktur, Freiraum *und* Grenzen, Autonomie bzw. Partizipation *und* Bedürfnissen nach Geborgenheit und Fürsorge.

Als entscheidender „Wirkfaktor" erscheint damit in der vorliegenden wie der vergangenen Untersuchung (AK TWG, 2009) das unmittelbare und im Alltag stattfindende umfassende dialogische und partizipativ strukturierte (vgl. Albus, 2011; Macsenaere, 2016) Beziehungs- und Betreuungsangebot. Darauf Bezug nehmend, spricht der Einrichtungsleiter von „*Mentalisierung*" (Absatz 25), die im gemeinsamen Alltag in Begegnungsangeboten zwischen den KlientInnen und den Fachkräften stattfindet. Der Schwerpunkt der TWG-Arbeit liegt damit – wie sich auch bereits in der Studie KATA-TWG (AK TWG, 2009) zeigte – auf dem Alltags- und Betreuungsgeschehen, das durch die Besonderheit des beziehungsorientierten Milieus (Gahleitner, 2017a, 2017b) mutmaßlich das Scheitern von ‚normalen' Jugendhilfeeinrichtungen vermeiden kann, die durch die schweren komplexen Problematiken der Jugendlichen überfordert sind und nicht die notwendige Betreuungsdichte zusichern können. Auch Friederike betont insbesondere die Einbettung in unterstützende Beziehungen: „*Dass meine Betreuerin einfach geil war*" (Absatz 12), wie sie es ausdrückt. Friederike ist dabei wichtig, dass hiermit sowohl Professionalität – „*sie wusste sofort eine Antwort*"

(Absatz 68) –, als auch persönliches Engagement gemeint sind. Auch die Bezugsbetreuerin betont: Der *„Kern eigentlich der Arbeit findet auf der Beziehungsebene statt"* (Absatz 6).

Alle Interviewten der aktuellen wie der damaligen (AK TWG, 2009) Studie sind sich daher einig, dass die Hilfeleistung der TWG durch die Qualität von Bindungs- und Beziehungs- bzw. Netzwerkbezügen im Alltag wirksam wird. Dass dieser Alltag auf eine bestimmte Weise gestaltet ist, beruht auf einer bewusst hergestellten konzeptionellen Basis. Der Einrich- tungsleiter spricht von einem *„therapeutische[n] Milieu"* (Absatz 25). Die Bereitstellung die- ses für die Jugendlichen höchst veränderungsrelevanten und z.T. bereits in Alltagssequenzen wirksamen Angebots muss den Jugendlichen im TWG-Alltag ,erfahrbar' werden (vgl. die For- derung von Steinke, 1987). Es realisiert sich als nachsozialisierender Rahmen – häufig im- plizit inmitten der Lebenswelt der Jugendlichen – durch ein vorhandenes positives Netz von Beziehungs- und Dialogangeboten. „Therapeutisches Milieu" bedeutet also ausdrücklich *nicht* eine Therapeutisierung des Alltags, sondern eine explizite Betonung auf pädagogisch verwurzelte Betreuungskonzeptionen. Diese Tatsache hat zu der Verwendung des Begriffs „Pädagogisch-Therapeutisches Milieu" (Gahleitner, 2016, 2017a) geführt (vgl. auch Brousek, 2013, 2014; Gstättner, 2016; Trelle & Kuhrt, 2015; Sobczyk, 1993; Wolf, 2007).

Bei Friederike ist dies offenbar besonders gut gelungen – nicht ohne anfangs alle vor weit- reichende fachliche Probleme zu stellen. *„Insofern ist das auch ein ... Musterfall"* (Absatz 19), sagt daher nicht nur der Einrichtungsleiter, sondern betont auch die Jugendamtsleite- rin bezüglich der Herausforderungen wie auch des Verlaufs.

6.4 Fachliche Arbeit in den TWGs erfordert Fachkompetenz und personelle, disziplinäre sowie methodische Vielfalt und Vernetzungskompetenz

Friederike selbst erweitert in ihrer Erzählung das Beziehungsangebot auf ein Eingebettet- sein in soziale Unterstützungsnetzwerke: *„Es war halt ein ziemliches Netz"* (Absatz 54). Hier spielen die primäre Netzwerkebene in Form der Bezugsbetreuung, die sekundäre Netzwerk- ebene in Form der Gruppe in der Einrichtung und die tertiäre Netzwerkebene in Form des Jugendamtes und der Therapievermittlung eine Rolle. *„Dass man da ... wieder ins Leben zurückkommt ... , aber trotzdem ... Unterstützung hat"* (Absatz 26), sagt Friederike. Die Be- wältigung schwieriger Lebensereignisse ist letztlich, das bezeugen auch weitere Untersu- chungsergebnisse und theoretische Überlegungen (Böhnisch, 2016; Gahleitner, 2017a, 2017b), nur auf einer stabilen Alltagsbasis und einer gelungenen Gesamtbeziehungskon- stellation möglich, die die pädagogischen und therapeutischen Beziehungsräume in ihrer Verschiedenheit angemessen und konstruktiv für den Aufarbeitungsprozess zu nutzen ver- steht. Interessanterweise spielt psychotherapeutische Aufarbeitung im engeren Sinne mehreren Untersuchungen zufolge für die meisten Jugendlichen während der TWG-Zeit eine nachgeordnete Rolle hinter den Alltags- und Sozialisationsanforderungen und -erfahrungen. Insofern arbeitet auch die Kinder- und Jugendlichenpsychotherapie in den Einrichtungen häufig – dem Bedarf der Jugendlichen angemessen – stützend und alltagsbegleitend (AK TWG, 2009).

Dagegen wäre Friederikes Entwicklung nicht möglich gewesen, ohne mit den Eltern über diesen gesamten Zeitraum sehr eng und intensiv zusammenzuarbeiten: *„Ohne die Eltern … kriegst du das Ding nicht hin"* (Absatz 42), kommentiert der Vater unmissverständlich. Das Thema Elternarbeit und Vernetzung sollte daher in mehreren Hinsichten weitere, auf dieses Thema stärker spezifizierte Untersuchungen inspirieren, zumal es aus der bisherigen TWG-Literatur zahlreiche Hinweise auf die große Bedeutung und Wirksamkeit von Elternarbeit (Mayer, 2017; Nürnberg & Wolfrum, 2008; Otto, 2008; Rosemeier & Hestermeyer, 2005), aber noch wenig Ausarbeitungen dazu gibt. Bindungs- und Beziehungs- sowie Einbettungskompetenzen sind daher stark verknüpft mit Fähigkeiten der Kooperationsfähigkeit. Bindungsarbeit kann also besser auf einer Basis guter Zusammenarbeit zwischen verschiedenen Netzwerkkomponenten wirksam werden (Lindauer, 2005; Egel & Strutzke, 2008; Gahleitner, 2008, 2017a, 2017b; Rosemeier, Lopes, Gerstenberger & Scheel, 2005; Schleiffer, 2008; Forschungsüberblick Arnold & Macsenaere, 2015).

Dieses Ergebnis zeigt auch eine große Korrespondenz zu klassischen und aktuellen nationalen und internationalen Ergebnissen aus der Beratungs- und Psychotherapieforschung (Nestmann, 1988; Orlinsky, Grawe & Parks, 1994; Schleiffer, 2001) sowie einiger qualitativer Studien im Wohngemeinschaftsbereich (Sobzcyk, 1993). Dennoch ist dabei die dyadische Bindungsarbeit stets mitzudenken. So verhält es sich z. B. auch mit dem Einfluss der Peers, sei es nun die Gruppe als Ganzes oder Freundschaftsbeziehungen im Einzelnen. In der Regel entfaltet auch der gemeinsame Alltag mit der Gruppe oder mit Peerbeziehungen seine Wirkung eher auf dem Boden einer gelungenen Bindungs- und Betreuungsarbeit, seltener als Alternativerfahrung dazu (Egel & Rosemeier, 2008). Gelingt innerhalb dieses sozialen Netzwerkes ein positives Zusammenwirken, so spielen Alltagserfahrungen und atmosphärisch positiv gestaltete Freizeitmomente die größte Rolle, wie auch Friederike betont.

Auch die Ergebnisse der quantitativen Erhebung der vorliegenden sowie der Studie KATA-TWG (AK TWG, 2009) unterstreichen die Bedeutung interdisziplinärer Zugänge und Unterstützungsformen sowie der Vernetzung entsprechender professioneller Fachdienste. Die einrichtungsinternen Angebote reichen von einzel- und gruppenpsychotherapeutischen Maßnahmen über Sozialtrainings bis zu erlebnispädagogischen oder kunsttherapeutischen Konzepten. In der Zusammenarbeit mit anderen Institutionen und professionellen HelferInnen spielen vor dem Hintergrund der psychischen Belastungen der KlientInnen vor allem

Kooperationen mit niedergelassenen PsychotherapeutInnen und psychiatrischen Kliniken eine große Rolle und zeigen Effekte auch in den quantitativen Daten.

6.5   Gelungene Beziehungs- und Einbettungsarbeit bietet die Basis für eine erfolgreiche Adoleszenz und Ablösung in die Selbstständigkeit

Gelingt es, ein förderliches Milieu herzustellen, so sind Adoleszenz und Ablösung noch lange nicht gelungen. Dazu bedarf es des bereits in der ersten These angesprochenen Zusammenwirkens von Beziehung *und* Struktur bzw. Freiraum *und* Grenzen. Dieses Zusammenwirken, so beschreibt nicht nur Friederike, sondern auch ihr gesamtes Umfeld, scheint der Schlüssel für eine gelungene Adoleszenzentwicklung. Friederike schildert dieses Zusammenspiel als die Möglichkeit einer weitgehend autonomen Lebensgestaltung und eines steten Fortschritts an Entwicklungsaufgaben, aber im Rahmen sichernder Einbettung in der Jugendwohngruppe: Dadurch, so auch der Einrichtungsleiter, wird *„die Möglichkeit eröffnet, mit den Jugendlichen in Kontakt zu kommen"* (Absatz 6). Als Gegenüber zur bindungs- und beziehungsorientierten Arbeit bedarf es also eines Sozialisationsrahmens, einer tragfähigen Struktur aus sinnvollen Regelungen und Vereinbarungen, die immer wieder neu für die Jugendlichen erfahrbar werden. Dieser Blick auf Mikroprozesse der Beziehungs- und Einbettungsgestaltung in stationären Jugendhilfeeinrichtungen konnte über den Zugang zu dieser ausführlichen Einzelfallstudie wie unter einem Vergrößerungsglas sichtbar werden (vgl. auch Gahleitner, 2017b).

In der Pädagogik spricht man von Antinomien, die in der jeweiligen pädagogischen Situation stets neu reflexiv zu einer passenden Verortung geführt werden müssen: immer wieder neu am jeweiligen Entwicklungsstand orientiert und flexibel an den Bedarf der Jugendlichen angepasst. Friederike beschreibt treffend: Es habe sie gestört, *„dass diese Struktur so eng war. Obwohl sie mir eigentlich auch geholfen hat"* (Absatz 40). Der Grat ist also schmal. Die Jugendlichen müssen zunächst Vertrauen (vgl. ebd.) entwickeln und erfahren können, dass Auseinandersetzungen, wachstumsfördernde Dialoge, möglich sind. Der bzw. die BetreuerIn „muss dafür als eine verlässliche sichere Basis fungieren, von welcher aus der Klient seine Probleme mit emotionaler Sicherheit bearbeiten kann" (Brisch, 2011, S. 30). *„Also ich kannte das halt … nicht so, dass man jetzt irgendwie krass über irgendwelche Dinge so redet"* (Absatz 74), sagt Friederike, sie habe *„eine ganze Weile gebraucht, um das irgendwie zuzulassen, dass jetzt jemand da ist, der mir hilft"* (Absatz 72).

Böhnisch (1994) spricht davon, dass Jugendhilfeeinrichtungen als „biografisch verfügbarer sozialräumlicher und sozialemotionaler Kontext" (S. 222) Geborgenheit, Verlässlichkeit und gegenseitigen Respekt bereitstellen und damit Bewältigungs- und Gestaltungskompetenz fördern sollen, da „Reifungsprozesse in einem sozialen Kontext eingebettet" (Böhnisch, Lenz & Schröer, 2009, S. 13) sind. Tatsächlich konnte sich auf diese Weise nach den Worten der Bezugsbetreuerin das *„Wunder"* (Absatz 26) vollziehen, dass Friederike sich sprunghaft in die Adoleszenz hinein entwickeln konnte: *„Die hat einen unglaublichen Schub gemacht, was das ganze Reflexionsvermögen angeht ... , fing ... plötzlich an, ganz zuverlässig zu werden. Auch mehr und mehr Kontakt zu suchen"* (ebd.). Friederike selbst berichtet aus dieser Zeit: *„Die Möglichkeit, zum Beispiel hinzugehen und zu sagen, ‚ich hätte jetzt gerne Hilfe'"* (Absatz 74).

Dies alles wäre jedoch ohne die gute Bindungs-, Einbettungs- und Elternarbeit der Einrichtung nicht möglich gewesen. An diesem Punkt in der Außenwohnung lohnt sich die jahrelange Mühe trotz der vielen Konflikte. Friederike kann sich wieder auf ihr Umfeld zubewegen. Die Bezugsbetreuerin kommentiert diesen Prozess: *„Und am Ende hat die ihr Abitur gemacht. Hat sich nicht mehr selbst verletzt. ... Hat irgendwie einen Weg mit ihren Eltern da gefunden. Hat irgendwann ihre Therapie abgeschlossen"* (Absatz 26). Auch die Jugendamtsmitarbeiterin resümiert: *„Friederike ist davon, von diesen drei oder vier, die wirklich erfolgreich beendet wurde. Also das ist nicht immer unbedingt selbstverständlich"* (Absatz 11). Erfolg ist also offenbar abhängig von einem gelungenen Bindungs-, Beziehungs- und Einbettungsprozess, auf dessen Basis es Jugendlichen gelingen kann, die herausfordernden Schritte in die Adoleszenz, Ablösung und Autonomie zu gehen und konstruktiv zu gestalten. Gerade für Jugendliche aus einem Milieu mit Multiproblemlagen jedoch ist das eine große Herausforderung und bedarf umfassender qualitativ hochwertiger Unterstützung durch die Fachkräfte.

7 Fazit und Ausblick

Spätestens seit dem Kinder- und Jugendgesundheitssurvey KIGGS des Robert Koch Instituts (Thyen & Scriba, 2007; Hölling, Schlack, Petermann, Ravens-Sieberer & Mauz, 2014) mit seiner Teilstudie zur psychischen Gesundheit von Kindern und Jugendlichen BELLA (Ravens-Sieberer, Will, Bettge & Erhart, 2007; vgl. aktuell HBSC, 2015) wird unter dem Stichwort „neue Morbidität" (Haggerty, Roghmann & Pless, 1975; Thyen & Scriba, 2007; Ziese, 2014; vgl. auch Scheidt-Nave, Ellert, Thyen & Schlaud, 2007) der Anspruch formuliert, psychosozial mehrfach belastete Kinder und Jugendliche mit ihren besonderen Bedarfen wahrzunehmen und angemessen zu versorgen. Diese Herausforderung hat – wie der Forschungsstand in Kapitel 2 deutlich zeigt – die Kinder- und Jugendhilfe angenommen. Bei knapp 80% der Jugendlichen in der vorliegenden Studie zur stationären Betreuung in Therapeutischen Jugendwohngruppen ist mindestens eine psychische Störung nach ICD 10 diagnostiziert, bei knapp einem Fünftel der Jugendlichen sogar bereits die Diagnose einer Persönlichkeitsstörung (zur kritischen Einordnung dieses Befunds vgl. Kap. 6.1). In der detaillierten Betrachtung der Einzelfallstudie Friederike Farnag kommt deutlich zum Ausdruck, dass die Fachkräfte auf die Herausforderungen der komplexen Biografien fachkompetent und flexibel reagieren und sich diesbzüglich in einer steten Weiterentwicklung befinden.

Dieses Ergebnis zeigt sich nicht nur in der qualitativen Einzelfallstudie, sondern wird von den quantitativen Ergebnissen nachhaltig unterstützt. Fast drei Viertel der Jugendlichen erfahren eine Verbesserung im Bereich ihrer Problemlagen, mit denen und aufgrund derer sie in die Einrichtungen gekommen sind. Dies gilt sowohl aus Sicht der Jugendlichen selbst wie auch aus Sicht ihrer BetreuerInnen. Dabei zeichnen sich interessante Prozesskriterien ab, die sich nicht nur auf die bereits bekannte Hilfedauer beziehen, sondern auch auf Typiken in den Fallverläufen, wie z. B. das Phänomen der „Erstverschlimmerung". Auch bezüglich der Gruppe psychosozial höchst belasteter Jugendlicher und des Risikos des Scheiterns von Hilfeprozessen konnten in den letzten Jahren weitere Erkenntnisse gesammelt werden. Gerade das „Abbruchrisiko" in den TWGs, das durch die Massivität der psychischen Problematik der Jugendlichen nochmals eine besondere Ausformung erhält, sollte jedoch noch tiefer gehend erforscht werden. Es kann nicht die Lösung sein, auf der Suche nach Best-Practice-Projekten nur „erfolgreiche" Hilfeverläufe und damit zumeist weniger belastete Jugendliche in den Fokus zu nehmen.

Auch das Faktum der immensen Bedeutung der Beziehungsgestaltung an sich ist nicht mehr neu. Bedeutsam an der vorliegenden Studie ist jedoch, dass in der Einzelfallbetrachtung eine bisher kaum explizierte „Moment zu Moment"-Arbeit sichtbar wird, die den Ablösungsprozess für schwer belastete Jugendliche in einem großen Detaillierungsgrad transparent macht. Es zeigt sich deutlich, dass das Angebot der hohen Betreuungsdichte und des fachkompetenten Eingehens auf Friederikes Situation ein Qualitätsmerkmal der TWGs darstellt, das authentische Nachsozialisation auf der einen und pädagogische Konfrontation auf der anderen Seite ermöglicht. Diese Ausgewogenheit zwischen Beziehung und Struktur, Freiraum und Grenzen kann als eine wichtige Aufgabe für die Kinder- und Jugendhilfe – nicht nur, aber besonders in der Zeit der Ablösung – begriffen werden, auf die auch im Aus-, Fort- und Weiterbildungsbereich angemessen Wert gelegt werden sollte. Dieses unmittelbare und im Alltag stattfindende umfassende dialogische und partizipativ strukturierte Beziehungs- und Betreuungsangebot wird von einer Reihe von VertreterInnen der Kinder- und Jugendhilfe u. a. unter dem Stichwort „Pädagogisch-Therapeutisches Milieu" exploriert und weiterentwickelt.

Diese Milieuarbeit kann jedoch nicht ohne ein gezieltes interprofessionelles Zusammenwirken realisiert werden. Bindungs- und Beziehungs- sowie Einbettungsangebote müssen daher elementar verknüpft sein mit Vernetzungsqualität und Kooperationsfähigkeit. Dazu gehört natürlich auch der wichtige Part der Elternarbeit, der sich im vorgestellten Einzelfall in seiner ganzen Komplexität entfaltet. Gelingt dieses positive Zusammenwirken, so entfalten positiv gestaltete Freizeitmomente die größte Wirkung im stationären Geschehen. Psychotherapie kann zu diesem Geschehen äußerst konstruktiv beitragen, wenn sie ihre Wirkung auf diese Alltagsdimension ausrichtet und in einer fruchtbaren Verbindung zur Einrichtung arbeitet. Dazu bedarf es jedoch eines interprofessionellen und interdisziplinären Zusammenspiels, das bis heute leider häufig nicht gelingt. Außerdem werden dafür strukturelle Rahmenbedingungen benötigt bis hin zu jugendpolitischen Entscheidungen, die den Einrichtungen und MitarbeiterInnen die Ressourcen zur Verfügung stellen, fachlich so qualifiziert arbeiten zu können, wie es die Forschungslandschaft seit einigen Jahren formuliert. Es ist also viel erreicht, jedoch auch noch viel zu tun. Es wäre Zeit, über größere Forschungsverbünde die Erfolge umfassender festzuhalten und in größerem Umfang erneut kritisch infrage zu stellen – nicht nur im Sinne höherer, sondern vor allem differenzierter ausgestalteter Qualität für eine passfähige Arbeit mit einzelnen Kindern und Jugendlichen.

8 Literatur

Albus, S. (2011). Wirksame Hilfen zur Erziehung durch Beteiligung?! *Dialog Erziehungshilfe, 7*(4), 43-47. Verfügbar unter: http://www.afet-ev.de/veroeffentlichungen/Dialog/2011/DE-Downloadfassungen-2011/DE-4-2011.pdf [13.12.2018].

Albus, S., Greschke, H., Klingler, B., Messmer, H., Micheel, H.-G., Otto, H.-U. & Polutta, A. (2010). *Wirkungsorientierte Jugendhilfe. Abschlussbericht der Evaluation des Bundesmodellprogramms „Qualifzierung der Hilfen zur Erziehung durch wirkungsorientierte Ausgestaltung der Leistungs-, Entgelt- und Qualitätsvereinbarungen nach §§ 78a ff SGB VIII"* (Reihe: Wirkungsorientierte Jugendhilfe, Bd. 10). Münster: ISA. Verfügbar unter: http://kom-sd.de/fileadmin/uploads/komsd/wojh_schriften_heft_10.pdf [13.12.2018].

Albus, S., Micheel, H.-G. & Polutta, A. (2011). Der Wirkungsdiskurs in der Sozialen Arbeit und seine Implikationen für die empirische Sozialforschung. In G. Oelerich & H.-U. Otto (Hrsg.), *Empirische Forschung und Soziale Arbeit* (S. 243-252). Wiesbaden: VS.

Alexander, F. G. & French, T. M. (1946). *Psychoanalytic therapy. Principles and application.* New York: Ronald.

Antonovsky, A. (1979). *Health, stress and coping. New perspectives on mental and physical well-being.* San Francisco, CA: Jossey-Bass.

Antonovsky, A. (1987). *Unraveling the mystery of health. How people manage stress and stay well* (Reihe: The Jossey-Bass social and behavioral science series). San Francisco, CA: Jossey-Bass.

Arbeitskreis Therapeutischer Jugendwohngruppen Berlin (AK TWG) (Hrsg.) (2005). *Das Therapeutische Milieu als Angebot der Jugendhilfe. Konzepte und Arbeitsweisen Therapeutischer Jugendwohngruppen in Berlin.* Berlin: Verlag allgemeine jugendberatung. Verfügbar unter: http://www.therapeutische-jugend wohngruppen.de/publikationen/Tagungsreader_AK_TWG_2005.pdf [13.12.2018].

Arbeitskreis Therapeutischer Jugendwohngruppen Berlin (AK TWG) (Hrsg.) (2008). *Das Therapeutische Milieu als Angebot der Jugendhilfe. Bd. 2: Beziehungsangebote – Diagnostik – Interventionen.* Berlin: Verlag allgemeine jugendberatung. Verfügbar unter: http://www.therapeutische-jugendwohngruppen.de/publikationen/Tagungsreader_AK_TWG_2008.pdf [13.12.2018].

Arbeitskreis Therapeutischer Jugendwohngruppen Berlin (AK TWG) (Hrsg.) (2009). *Abschlussbericht der Katamnesestudie therapeutischer Wohngruppen in Berlin. KATA-TWG.* Berlin: Verlag allgemeine jugendberatung. Verfügbar unter: http://www.forschung-stationaere-jugendhilfe.de/downloads/kata-twg_bericht.pdf [13.12.2018].

Arbeitskreis der Therapeutischen Jugendwohngruppen Berlin (AK TWG) (2017). *Das Therapeutische Milieu als Angebot der Jugendhilfe. Bd. 4: Zwischen Ende und Anfang – Gestaltung von Entwicklungsprozessen in Therapeutischen Wohngruppen.* Berlin: Verlag allgemeine jugendberatung. Verfügbar unter: http://www.pfh-berlin.de/sites/default/files/artikelanhang/TWG-Band-4.pdf [13.12.2018].

Arnold, J. & Macsenaere, M. (2015). Auswirkungen von Elternarbeit in (teil-)stationären Hilfen zur Erziehung auf Hilfeverläufe der Kinder und Jugendlichen. *Unsere Jugend, 67*(9), 364-374. Verfügbar unter: https://www.reinhardt-journals.de/index.php/uj/article/download/2437/3572 [13.12.2018].

Baur, D., Finkel, M., Hamberger, M. & Kühn, A. D. (1998). *Leistungen und Grenzen von Heimerziehung. Ergebnisse einer Evaluationsstudie stationärer und teilstationärer Erziehungshilfen* (Reihe: Schriftenreihe des Bundesministeriums für Familie, Senioren, Frauen und Jugend, Bd. 170). Stuttgart: Kohlhammer.

Becker, S. (2005). Pädagogisch-therapeutische Milieus – psychoanalytische Sozialarbeit und Reformpädagogik in Konvergenz. *psychosozial, 28*(3 [Nr. 101]), 119-128.

Beck-Gernsheim, E. (1981). Für eine soziale Öffnung der Bindungsforschung. *Familiendynamik, 20*(2), 193-200.

Begemann, M.-C. (2016). Wirkungsforschung in der Kinder- und Jugendarbeit. *Unsere Jugend, 68*(5), 214-223.

Bock, K. & Miethe, I. (Hrsg.) (2010). *Handbuch qualitative Methoden in der Sozialen Arbeit.* Opladen: Budrich.

Böhnisch, L. (1994). *Gespaltene Normalität. Lebensbewältigung und Sozialpädagogik an den Grenzen der Wohlfahrtsgesellschaft.* Weinheim: Juventa.

Böhnisch, L. (2008). Milieubildung als pädagogisches Konzept einer lebensweltorientierten Jugendhilfe. In K. Grunwald & H. Thiersch (Hrsg.), *Praxis Lebensweltorientierter Sozialer Arbeit. Handlungszugänge und Methoden in unterschiedlichen Arbeitsfeldern* (Reihe: Grundlagentexte Pädagogik; 2., unveränd. Aufl.; S. 435-441). Weinheim: Juventa (Erstauflage erschienen 2004).

Böhnisch, L. (2016). *Lebensbewältigung. Ein Konzept für die Soziale Arbeit* (Reihe: Zukünfte). Weinheim: Beltz Juventa.

Böhnisch, L., Lenz, K. & Schröer, W. (2009). *Sozialisation und Bewältigung. Eine Einführung in die Sozialisationstheorie der zweiten Moderne* (Reihe: Juventa Paperback). Weinheim: Juventa.

Böttcher, W. & Nüsken, D. (2015). Wirkungsforschung in der Kinder- und Jugendhilfe. *Jugendhilfe, 53*(5), 348-355.

Bowlby, J. (2006). *Bindung und Verlust. Bd. 2: Trennung – Angst und Zorn.* München: Reinhardt (englisches Original erschienen 1973).

Brisch, K. H. (1999). *Bindungsstörungen. Von der Bindungstheorie zur Therapie.* Stuttgart: Klett-Cotta.

Brisch, K. H. (2011). Die Bedeutung von Bindung in der Sozialen Arbeit. In V. Begemann & S. Rietmann (Hrsg.), *Soziale Praxis gestalten. Orientierungen für ein gelingendes Handeln* (S. 19-41). Stuttgart: Kohlhammer.

Brousek, E. (2013). *Evaluation der milieutherapeutischen WG. Auswertung der CBCL/4-18 in der Milieutherapeutischen WG und in einer Vergleichsgruppe zu drei Messzeitpunkten.* Unveröffentlichter Bericht. Wien: Stadt Wien, Amt für Jugend und Familie.

Brousek, E. (2014). *Evaluation der milieutherapeutischen WG. Auswertung der CBCL/4-18 in der Milieutherapeutischen WG und in einer Vergleichsgruppe ein halbes Jahr nach Projektende. Follow-up Untersuchung.* Wien: MAG ELF.

Burns, B. J., Phillips, S. D., Wagner, H. R., Barth, R. P., Kolko, D. J., Campbell, Y. & Landsverk, J. (2004). Mental health need and access to mental health services by youths involved with child welfare: a national survey. *Journal of the American Academy of Child and Adolescent Psychiatry, 43*(8), 960-970.

Cremerius, J. (1979). Gibt es *zwei* psychoanalytische Techniken? *Psyche, 32*(7), 577-599.

Denzin, N. K. (1989). *Interpretative interactionism.* London: Sage.

Dieckerhoff, K. & Schneider, A. (2011). Das Spezielle und das Allgemeine – Quantitative und qualitative Forschung: Zwei sich ergänzende Paradigmen von Forschung in der Sozialen Arbeit. In B. Kraus, H. Effinger, S. B. Gahleitner, I. Miethe & S. Stövesand (Hrsg.), *Soziale Arbeit zwischen Generalisierung und Spezialisierung* (Reihe: Theorie, Forschung und Praxis Sozialer Arbeit, Bd. 4; S. 179-192). Opladen: Budrich.

Dorfman, R. A. (1996). *Clinical social work. Definition, practice and vision.* New York: Brunner/Mazel.

Drieschner, E. (2011). *Bindung und kognitive Entwicklung – ein Zusammenspiel. Ergebnisse der Bindungs-forschung für eine frühpädagogische Beziehungsdidaktik.* Eine Expertise der Weiterbildungsinitiative Früh-pädagogische Fachkräfte (WiFF) (Reihe: WIFF Expertisen, Bd. 13). München: WIFF. Verfügbar unter: http://www.weiterbildungsinitiative.de/uploads/media/WiFF_Expertise_13_Drieschner_Internet.pdf [13.12.2018].

du Bois, R. & Ide-Schwarz, H. (2001). Psychiatrie und Jugendhilfe. In H.-U. Otto & H. Thiersch (Hrsg.), *Handbuch Sozialarbeit, Sozialpädagogik* (2., völlig überarb. Aufl.; S. 1424-1433). Neuwied: Luchterhand.

Egel, A. & Rosemeier, C.-P. (2008). Gruppenleben – Struktur, Dynamik und Interventionen. In Arbeitskreis der Therapeutischen Jugendwohngruppen Berlin (Hrsg.), *Das therapeutische Milieu als Angebot der Ju-gendhilfe. Band 2: Beziehungsangebote – Diagnostik – Interventionen* (S. 180-191). Berlin: Verlag allge-meine jugendberatung. Verfügbar unter: http://www.therapeutische-jugendwohngruppen.de/publikationen/Tagungsreader_AK_TWG_2008.pdf [13.12.2018].

Egel, A. & Strutzke, A. (2008). Haltgebende Strukturen gegen das innere Chaos – Theorie und Praxis des therapeutischen Milieus. In Arbeitskreis der Therapeutischen Jugendwohngruppen Berlin (Hrsg.), *Das The-rapeutische Milieu als Angebot der Jugendhilfe. Bd. 2: Beziehungsangebote – Diagnostik – Interventionen* (S. 85-97). Berlin: Verlag allgemeine jugendberatung. Verfügbar unter: http://www.therapeutische-jugendwohngruppen.de/publikationen/Tagungsreader_AK_TWG_2008.pdf [13.12.2018].

Eppler, N., Miethe, I. & Schneider, A. (Hrsg.) (2011). *Qualitative und quantitative Wirkungsforschung. An-sätze, Beispiele, Perspektiven* (Reihe: Theorie, Forschung und Praxis der sozialen Arbeit, Bd. 2). Opladen: Budrich.

Essau, C. A., Groen, G., Conradt, J., Turbanisch, U. & Petermann, F. (2001). Validität und Reliabilität der SCL-90-R: Ergebnisse der Bremer Jugendstudie. *Zeitschrift für Differentielle und Diagnostische Psycholo-gie, 22*(2), 139-152.

Faulstich-Wieland, H. (2001). Das Arrangement der Geschlechter im schulischen Feld – jugendliche Akteu-re und die „institutionelle Reflexivität" von Sitzordnungen. In H. Merkens & J. Zinnecker (Hrsg.), *Jahrbuch Jugendforschung* (S. 163-184). Wiesbaden: VS.

Fegert, J. M. (1998). Die Auswirkungen traumatischer Erfahrungen in der Vorgeschichte von Pflegekindern. In Stiftung zum Wohl des Pflegekindes (Hrsg.), *1. Jahrbuch des Pflegekinderwesens. Schwerpunktthema: Traumatisierte Kinder* (S. 20-31). Idstein: Schulz-Kirchner-Verlag.

Finkel, M. (1998). Grunddaten der Untersuchungspopulation. In D. Baur, M. Finkel, M. Hamberger & A. D. Kühn, *Leistungen und Grenzen von Heimerziehung: Ergebnisse einer Evaluationsstudie stationärer und teilstationärer Erziehungshilfen. Forschungsprojekt JULE* (Reihe: Schriftenreihe des Bundesministeriums für Familie, Senioren, Frauen und Jugend, Bd. 170; S. 116-135). Stuttgart: Kohlhammer.

Flick, U. (2011). *Triangulation. Eine Einführung* (Reihe: Qualitative Sozialforschung, Bd. 12; 3., akt. Aufl.). Wiesbaden: VS.

Fonagy, P., Gergely, G., Jurist, E. L. & Target, M. (2004). *Affektregulierung, Mentalisierung und die Entwick-lung des Selbst.* Stuttgart: Klett-Cotta (englisches Original erschienen 2002).

Franke, G. H. (2002). *SCL-90-R. Symptom-Checkliste von L. R. Derogatis. Deutsche Version. Manual.* Göt-tingen: Beltz.

Franke, G. H., Hergert, J., Petrowski, K. & Jagla, M. (2014). *Prüfung der Äquivalenz zwischen SCL-90®-S und SCL-90-R.* Vortrag beim 49. Kongress der Deutschen Gesellschaft für Psychologie (DGPs) „Vielfalt der Psychologie" am 22.09.2014 in Bochum. Verfügbar unter: https://www.researchgate.net/profile/Gabriele_Franke/publication/267886943 [13.12.2018].

Freese, J. (2014). Kinder- und Jugendhilfe zeigt Wirkung! *Forum Jugendhilfe, 39*(2), 17-20. Verfügbar unter: https://www.agj.de/fileadmin/files/publikationen/Forum_Jugendhilfe_2_2014.pdf [13.12.2018].

Fritzsche, Y. & Münchmeier, R. (2000). Mädchen und Jungen. Ausgangslage – Ergebnisse – Zusammenfassung. In A. Fischer, Y. Fritzsche, W. Fuchs-Heinritz & R. Münchmeier (Hrsg.), *Jugend 2000. 13. Shell Jugendstudie. Bd. 1* (S. 343-348). Opladen: Leske + Budrich.

Früchtel, F., Budde, W. & Herweg, O. (2010). Die Entdeckung der Wirksamkeit. Von der technologischen zur sozialarbeiterischen Rationalität. *Sozialmagazin, 35*(1), 28-38. Verfügbar unter: https://www.fh-pots dam.de/fileadmin/user_upload/fb-sozialwesen/personen/fruechtel_frank/publikationen/Entdeckung_der_ Wirksamkeit_Sozialmagazin.pdf [13.12.2018].

Gabriel, T. (2001). *Forschung zur Heimerziehung. Eine vergleichende Bilanzierung in Großbritannien und Deutschland* (Reihe: Beiträge zur pädagogischen Grundlagenforschung). Weinheim: Juventa.

Gabriel, T., Gavez, S., Keller, S. & Schmid, A. (2009). *Wirkungsorientierung in der Jugendhilfe. Modelle und Handlungsbedarf der Heimerziehungspraxis im Kanton Zürich.* Zürich: ZHAW.

Gabriel, T., Keller, S. & Studer, T. (2007). *Wirkungen erzieherischer Hilfen – Metaanalyse ausgewählter Studien* (Reihe: Wirkungsorientierte Jugendhilfe, Bd. 3). Münster: ISA. Verfügbar unter: https://www. researchgate.net/publication/326033609 [13.12.2018].

Gahleitner, S. B. (2005). *Neue Bindungen wagen. Beziehungsorientierte Therapie bei sexueller Traumatisierung* (Reihe: Personzentrierte Beratung & Therapie, Bd. 2). München: Reinhardt.

Gahleitner, S. B. (2008). Bindungstheorie und personzentrierte Beziehungsgestaltung: Überlegungen zu einem ‚allgemeinen Wirkfaktor'. *Person, 12*(1), 46-57.

Gahleitner, S. B. (2011). *Das Therapeutische Milieu in der Arbeit mit Kindern und Jugendlichen. Trauma- und Beziehungsarbeit in stationären Einrichtungen.* Bonn: Psychiatrie-Verlag.

Gahleitner, S. B. (2016a). Milieutherapeutische und -pädagogische Konzepte. In W. Weiß, T. Kessler & S. B. Gahleitner (Hrsg.), *Handbuch Traumapädagogik* (S. 56-66). Weinheim: Beltz.

Gahleitner, S. B. (2016b). Therapie im Kontext: Von der professionellen Beziehungsdyade zur sozialen Einbettung. *Psychotherapie im Dialog, 17*(3), 36-41.

Gahleitner, S. B. (2017a). *Das pädagogisch-therapeutische Milieu in der Arbeit mit Kindern und Jugendlichen. Trauma- und Beziehungsarbeit in stationären Einrichtungen* (2., überarb. u. akt. Aufl.). Köln: Psychiatrie-Verlag.

Gahleitner, S. B. (2017b). *Soziale Arbeit als Beziehungsprofession. Bindung, Beziehung und Einbettung professionell ermöglichen.* Weinheim: Beltz Juventa.

Gahleitner, S. B. & Dangel, L. (2018a). Biografiediagnostik anhand des Lebenspanoramas und des Erwachsenenbindungsinterviews. In P. Buttner, S. B. Gahleitner, U. Hochuli Freund & D. Röh (Hrsg.), *Handbuch Soziale Diagnostik. Perspektiven und Konzepte für die Soziale Arbeit* (S. 353-358). Berlin: Deutscher Verein.

Gahleitner, S. B. & Dangel, L. (2018b). Koordinaten psychosozialer Diagnostik und Intervention. In P. Buttner, S. B. Gahleitner, U. Hochuli Freund & D. Röh (Hrsg.), *Handbuch Soziale Diagnostik. Perspektiven und Konzepte für die Soziale Arbeit* (S. 392-396). Berlin: Deutscher Verein.

Gahleitner, S. B. & Dangel, L. (2018c). Lebensweltdiagnostik anhand der Säulen der Identität. In P. Buttner, S. B. Gahleitner, U. Hochuli Freund & D. Röh (Hrsg.), *Handbuch Soziale Diagnostik. Perspektiven und Konzepte für die Soziale Arbeit* (S. 359-364). Berlin: Deutscher Verein.

Gahleitner, S. B., Frank, C., Gerlich, K., Hinterwallner, H., Koschier, A. & Leitner, A. (2015). *„Anders verstehen – Neues bewirken". Ergebnisse der Implementierung von Traumapädagogik bei der Tabaluga Kinder- und Jugendstiftung. Ausführlicher Forschungsbericht.* Krems, Österreich: Donau-Universität Krems. Verfügbar unter: http://www.donau-uni.ac.at/imperia/md/content/department/psymed/forschungsartikel/ tabaluga_kinder_und_jugendhilfe_traumap__dagogik.pdf [25.11.2018].

Gahleitner, S. B., Frank, C., Hinterwallner, H., Gerlich, K. & Schneider, M. (2016). *„Ich vertrau' ihr, ich vertrau' auch der anderen Betreuerin – und noch einer Betreuerin vertrau' ich auch – aber normalerweise selten, dass ich wem viele Geheimnisse anvertraue". Begleitevaluation Therapeutische Gemeinschaften. Abschlussbericht.* Krems, Österreich: Donau-Universität Krems, Department für Psychotherapie und Biopsychosoziale Gesundheit. Verfügbar unter: http://www.t-gemeinschaften.org/attachments/article/125/Begleitevulation_Therapeutische_Gemeinschaften.pdf [13.12.2018].

Gahleitner, S. B. & Homfeldt, H. G. (Hrsg.) (2012). *Kinder und Jugendliche mit speziellem Versorgungsbedarf. Beispiele und Lösungswege für Kooperation der sozialen Dienste* (Reihe: Studien und Praxishilfen zum Kinderschutz). Weinheim: Beltz Juventa.

Gahleitner, S. B. & Homfeldt, H. G. (2016). Kooperation und psychosoziale Traumaarbeit. In W. Weiß, T. Kessler & S. B. Gahleitner (Hrsg.), *Handbuch Traumapädagogik* (S. 320-326). Weinheim: Beltz.

Gahleitner, S. B. & Krause-Lanius, B. (2013). „At first it was very strange ... I got to know myself". Results of a study on residential youth welfare units. *Today's children are tomorrow's parents, 35*(1), 4-13.

Gahleitner, S. B. & Ortmann, K. (2006). Qualitative Sozialarbeitsforschung – Auf der Suche nach ‚sozialer Realität'. *Klinische Sozialarbeit, 2*(Sonderausgabe), 40-44. Verfügbar unter: https://zks-verlag.de/wp-content/uploads/files_s620_e2327_o25428_0_size_o_klinsa_special_2006.pdf [13.12.2018].

Gahleitner, S. B., Ossola, E. & Mudersbach, A. (2005). Das T in der TWG: Interdisziplinäre Arbeit mit traumatisierten Jugendlichen im sozialtherapeutischen Kontext. In Arbeitskreis der Therapeutischen Jugendwohngruppen Berlin (Hrsg.), *Das Therapeutische Milieu als Angebot der Jugendhilfe. Konzepte und Arbeitsweisen Therapeutischer Jugendwohngruppen in Berlin* (S. 94-107). Berlin: Verlag allgemeine jugendberatung. Verfügbar unter: http://www.therapeutische-jugendwohngruppen.de/publikationen/Tagungsreader_AK_TWG_2005.pdf [13.12.2018].

Gahleitner, S. B., Pauls, H. & Glemser, R. (2018). Diagnostisches Fallverstehen. In P. Buttner, S. B. Gahleitner, U. Hochuli Freund & D. Röh (Hrsg.), *Handbuch Soziale Diagnostik. Perspektiven und Konzepte für die Soziale Arbeit* (S. 117-127). Berlin: Deutscher Verein.

Gahleitner, S. B. & Rajes, K. (2008). Psychosoziale Diagnostik im TWG-Bereich – Von der Theorie zur Praxis. In A. d. T. W. Berlin (Hrsg.), *Das Therapeutische Milieu als Angebot der Jugendhilfe. Bd. 2: Beziehungsangebote – Diagnostik – Interventionen* (S. 47-62). Berlin: Verlag allgemeine jugendberatung. Verfügbar unter: http://www.therapeutische-jugendwohngruppen.de/publikationen/Tagungsreader_AK_TWG_2008.pdf [13.12.2018].

Gahleitner, S. B. & Rosemeier, C.-P. (2011). Was wirkt in Therapeutischen Jugendwohngruppen? Ergebnisse einer triangulativen Studie. In I. Miethe, N. Eppler & A. Schneider (Hrsg.), *Quantitative und Qualitative Wirkungsforschung. Ansätze, Beispiele, Perspektiven* (S. 145-163). Opladen: Budrich.

Gahleitner, S. B. & Schmude, M. (2005). Jugendliche zwischen Regression und Selbständigkeit – Betreuung zwischen Versorgung und Anforderung: Die Bedeutung prozessualer Diagnostik für die Arbeit in Therapeutischen Jugendwohngruppen. In Arbeitskreis der Therapeutischen Jugendwohngruppen Berlin (Hrsg.), *Therapeutisches Milieu als Angebot der Jugendhilfe. Konzepte und Arbeitsweisen therapeutischer Jugendwohngruppen in Berlin* (S. 147-161). Berlin: Verlag allgemeine jugendberatung. Verfügbar unter: http://www.therapeutische-jugendwohngruppen.de/publikationen/Tagungsreader_AK_TWG_2005.pdf [13.12.2018].

Gahleitner, S. B. & Schulze, H. (2009). Psychosoziale Traumatologie – eine Herausforderung für die Soziale Arbeit. *Klinische Sozialarbeit, 5*(2), 4-7. Verfügbar unter: https://zks-verlag.de/wp-content/uploads/Zeitschrift-2009-2.pdf [13.12.2018].

Gahleitner, S. B. & Weiß, W. (2016). Traumapädagogisches diagnostisches (Fall-)Verstehen. In W. Weiß, T. Kessler & S. B. Gahleitner (Hrsg.), *Handbuch Traumapädagogik* (S. 262-271). Weinheim: Beltz.

Germain, C. B. & Gitterman, A. (1980). *The life model of social work practice.* New York: Columbia University Press.

Grawe, K. (2004). *Neuropsychotherapie.* Göttingen: Hogrefe.

Grossmann, K. & Grossmann, K. E. (2004). *Bindungen. Das Gefüge psychischer Sicherheit.* Stuttgart: Klett-Cotta.

Gstättner, R. & Kohl, G. (2016). Verhaltensauffälligkeiten von Kindern und Jugendlichen in der stationären Jugendhilfe. Effekte einer milieutherapeutischen Behandlungsstrategie. *Trauma & Gewalt, 10*(1), 54-67.

Haggerty, R. J., Roghmann, K. J. & Pless, I. B. (1975). *Child health and the community.* New York: Wiley.

Hamberger, M. (1998). Die drei Hilfeformen im Vergleich. In D. Baur, M. Finkel, M. Hamberger & A. D. Kühn, *Leistungen und Grenzen von Heimerziehung: Ergebnisse einer Evaluationsstudie stationärer und teilstationärer Erziehungshilfen. Forschungsprojekt JULE* (Reihe: Schriftenreihe des Bundesministeriums für Familie, Senioren, Frauen und Jugend, Bd. 170; S. 289-299). Stuttgart: Kohlhammer.

Hanses, A. (2007). Macht, Profession und Diagnose in der Sozialen Arbeit. Zur Notwendigkeit einer Epistemiologie unterdrückter Wissensarten. In I. Miethe, W. Fischer, C. Giebeler, M. Goblirsch & G. Riemann (Hrsg.), *Rekonstruktion und Intervention. Interdisziplinäre Beiträge zur rekonstruktiven Sozialarbeitsforschung* (S. 49-60). Leverkusen: Budrich.

Hart, A. (2006). Die alltäglichen kleinen Wunder. Bindungsorientierte Therapie zur Förderung der psychischen Widerstandsfähigkeit (Resilienz) von Pflege- und Adoptivkindern. In K. H. Brisch & T. Hellbrügge (Hrsg.), *Kinder ohne Bindung, Deprivation, Adoption und Psychotherapie* (S. 190-222). Stuttgart: Klett Cotta.

HBSC-Studienverbund Deutschland (2015). *Subjektive Gesundheit von Kindern und Jugendlichen. Faktenblatt zur Studie Health Behaviour in School-aged Children 2013/14.* Halle: Martin-Luther-Universität Halle-Wittenberg. Verfügbar unter: http://hbsc-germany.de/wp-content/uploads/2016/01/Faktenblatt_Subjektive-Gesundheit_final-2015.pdf [13.12.2018].

Heimgartner, A. (2009). *Komponenten einer prospektiven Entwicklung der Sozialen Arbeit* (Reihe: Soziale Arbeit, Bd. 3). Wien: Lit.

Hergert, J., Franke, G. H., Jagla, M. & Petrowski, K. (2014). *Erste Ergebnisse einer Äquivalenzprüfung zwischen zwischen SCL-90®-S und SCL-90-R.* Vortrag beim Kongress von DGMP und DGMS „Kontexte", 17.-20.09.2014 in Greifswald.

Hergert, J., Franke, G. H. & Petrowski, K. (2015). Erste Ergebnisse einer Äquivalenzprüfung zwischen SCL-90®-S und SCL-90-R. In J. Mugele, G. H. Franke & D. Schincke (Hrsg.), *15. Nachwuchswissenschaftlerkonferenz. Tagungsband* (S. 310-317). Magdeburg: Hochschule Magdeburg-Stendal. Verfügbar unter: https://www.hs-magdeburg.de/fileadmin/user_upload/Einrichtungen/Pressestelle/files/nwk-15/Tagungsband-NWK15.pdf [13.12.2018].

Herrmann, T., Arnold, J. & Macsenaere, M. (2010). Ergebnisse und Erfahrungen aus der Evaluation Erzieherischer Hilfen (EVAS). In M. Macsenaere, S. Hiller & K. Fischer (Hrsg.), *Outcome in der Jugendhilfe gemessen* (S. 215-220). Freiburg: Lambertus.

Hessel, A., Schumacher, J., Geyer, M. & Brähler, E. (2001). Symptom-Check-Liste SCL-90-R: Testtheoretische Überprüfung und Normierung an einer bevölkerungsrepräsentativen Stichprobe. *Diagnostica, 47*(1), 27-39.

Hölling, H., Schlack, R., Petermann, F., Ravens-Sieberer, U. & Mauz, E. (2014). Psychische Auffälligkeiten und psychosoziale Beeinträchtigungen bei Kindern und Jugendlichen im Alter von 3 bis 17 Jahren in Deutschland – Prävalenz und zeitliche Trends zu 2 Erhebungszeitpunkten (2003–2006 und 2009–2012). Ergebnisse der KiGGS-Studie – Erste Folgebefragung (KiGGS Welle 1). *Bundesgesundheitsblatt – Gesund-*

heitsforschung – Gesundheitsschutz, 57(7), 807-819. Verfügbar unter: http://edoc.rki.de/oa/articles/re9wG5xBftbdM/PDF/23snHyPgg8sPo.pdf [13.12.2018].

Hüttemann, M., Solèr, M., Süsstrunk, S. & Sommerfeld, P. (2017). Wirkungsforschung und Evaluation in der Klinischen Sozialarbeit. *Klinische Sozialarbeit, 13*(3), 4-6.

Hüttemann, M. & Sommerfeld, P. (2007). Forschungsbasierte Praxis. Professionalisierung durch kooperative Wissensbildung. In P. Sommerfeld & M. Hüttemann (Hrsg.), *Evidenzbasierte Soziale Arbeit. Nutzung von Forschung in der Praxis* (S. 40-55). Baltmannsweiler: Schneider.

Jaritz, C., Wiesinger, D. & Schmid, M. (2008). Traumatische Lebensereignisse bei Kindern und Jugendlichen in der stationären Jugendhilfe. *Trauma & Gewalt, 2*(4), 266-277.

Jenkel, N., Schröder, M. & Schmid, M. (2012). Vom Modellversuch zum Gemeinschaftsprojekt. EQUALS: Ergebnisorientierte Qualitätssicherung in sozialpädagogischen Einrichtungen. *Sozial Aktuell, 44*(12), 24-26.

Karls, J. N. & Wandrei, K. E. (Hrsg.) (1994). *Person-In-Environment System. The PIE classification system for social functioning problems.* Washington, DC: NASW.

Kaufhold, G. & Pothmann, J. (2016). *Junge Kinder in Einrichtungen der stationären Erziehungshilfe. Auswertungen amtlicher Statistiken und Befragung der Jugendämter in NRW zu jungen Kindern in stationären Einrichtungen.* Abschlussbericht. Dortmund: Forschungsverbund DJI/TU Dortmund. Verfügbar unter: http://www.forschungsverbund.tu-dortmund.de/fileadmin/Files/Hilfen_zur_Erziehung/290316_Junge_Kinder.pdf [13.12.2018].

Keupp, H. (1997). *Ermutigung zum aufrechten Gang* (Reihe: Forum für Verhaltenstherapie und psychosoziale Praxis, Bd. 35). Tübingen: DGVT.

Klein, J., Erlacher, M. & Macsenaere, M. (2003). *Die Kinderdorf-Effekte-Studie (KES).* Mainz: IKJ.

Knapp, G. (2012). Jugend und Gewalt. In G. Knapp & K. Lauermann (Hrsg.), *Jugend, Gesellschaft und Soziale Arbeit. Lebenslagen und soziale Ungleichheit von Jugendlichen in Österreich* (Reihe: Studien zur Sozialpädagogik, Bd. 12; S. 519-552). Klagenfurt: Mohorjeva/Hermagoras.

Köckeis-Stangl, E. (1980). Methoden der Sozialisationsforschung. In K. Hurrelmann & D. Ulich (Hrsg.), *Handbuch der Sozialisationsforschung* (S. 321-370). Weinheim: Beltz.

Köckeritz, C. (2006). Wirksamkeit ambulanter Jugendhilfe: Bedeutung und Perspektiven einer überfälligen Debatte. In Evangelischer Erziehungsverband (Hrsg.), *Wirkungen in den Erziehungshilfen* (S. 108-123). Hannover: EREV. Verfügbar unter: http://erev.de/auto/Downloads/Skripte_2005/Flexible%20Hilfen/2005_Koeckeritz.pdf [13.12.2018].

Kolip, P. (1997). *Geschlecht und Gesundheit im Jugendalter.* Opladen: Leske + Budrich.

Kolip, P. & Schmidt, B. (1999). Der Fragebogen zu Erfassung körperlichen Wohlbefindens (FEW 16). Konstruktion und erste Validierung. *Zeitschrift für Gesundheitspsychologie, 7*(2), 77-87.

Krause, B., Wachsmuth, I., Rosemeier, C.-P., Meybohm, U. & Gahleitner, S. B. (2009). Katamnesestudie therapeutischer Jugendwohngruppen: Eine retrospektive Aktenanalyse zur Untersuchung von Einflussfaktoren auf den Erfolg. In S. B. Gahleitner & G. Hahn (Hrsg.), *Klinische Sozialarbeit. Forschung aus der Praxis – Forschung für die Praxis* (Reihe: Beiträge zur psychosozialen Praxis und Forschung, Bd. 2; S. 238-252). Bonn: Psychiatrie-Verlag.

Krüger, A. & Reddemann, L. (2009). *Psychodynamisch Imaginative Traumatherapie für Kinder und Jugendliche. PITT-KID – Das Manual* (Reihe: Leben lernen, Bd. 201; 2., unveränd. Aufl.). Stuttgart: Klett-Cotta (Erstauflage erschienen 2007).

Krumenacker, F.-J. (2001). Entwicklung beginnt mit Pädagogen: Über milieutherapeutische Beziehungsge-staltung. In St. Theresienhaus (Hrsg.), *Beziehungsarbeit in der Jugendhilfe. Rahmenbedingungen und Ge-staltungsmöglichkeiten* (S. 13-50). Bremen: Amberg.

Kühn, A. D. (1998). „Viele Hilfen in Folge" – Jugendhilfekarrieren. In D. Baur, M. Finkel, M. Hamberger & A. D. Kühn, *Leistungen und Grenzen von Heimerziehung: Ergebnisse einer Evaluationsstudie stationärer und teilstationärer Erziehungshilfen. Forschungsprojekt JULE* (Reihe: Schriftenreihe des Bundesministeriums für Familie, Senioren, Frauen und Jugend, Bd. 170; S. 304-331). Stuttgart: Kohlhammer.

Kühn, M. (2009). „Macht eure Welt endlich wieder mit zu meiner!" Anmerkungen zum Begriff der Traumapädagogik. In J. Bausum, L. Besser, M. Kühn & W. Weiß (Hrsg.), *Traumapädagogik. Grundlagen, Arbeitsfelder und Methoden für die pädagogische Praxis* (S. 23-35). Weinheim: Juventa.

Labatzki, C. (2017). Junge Flüchtlinge im Übergang in die Selbstständigkeit. Fachliche Perspektiven von Sozialarbeiter/-innen der stationären Jugendhilfe. *Kinder- und Jugendschutz in Wissenschaft und Praxis, 62*(2), 71-73.

Laireiter, A.-R. (2009). Soziales Netzwerk und Soziale Unterstützung. In K. Lenz & F. Nestmann (Hrsg.), *Handbuch Persönliche Beziehungen* (S. 75-99). Weinheim: Juventa.

Lambers, H. (2010). Heimerziehungsforschung – eine kleine Bilanz. In M. Macsenaere, S. Hiller & K. Fischer (Hrsg.), *Outcome in der Jugendhilfe gemessen* (S. 53-60). Freiburg: Lambertus.

Lang, B. (2009). Stabilisierung und (Selbst-)Fürsorge für pädagogische Fachkräfte als institutioneller Auf-trag. In J. Bausum, L. U. Besser, M. Kühn & W. Weiß (Hrsg.), *Traumapädagogik. Grundlagen, Arbeitsfelder und Methoden für die pädagogische Praxis* (S. 211-219). Weinheim: Juventa.

Levant, R. F. (2005). *Report of the 2005 presidential task force on evidence-based practice.* Online Document. Washington: APA. Verfügbar unter: https://www.apa.org/practice/resources/evidence/evidence-based-report.pdf [13.12.2018].

Lienhart, C., Hofer, B. & Kittl-Satran, H. (2018). *„Dass es eine Einrichtung gibt, die Vertrauen hat in die Eltern". Rückkehrprozesse von Kin-dern und Jugendlichen aus der Fremdunterbringung in ihre Familien.* Forschungsbericht. Innsbruck: Universität Innsbruck. Verfügbar unter: https://www.sos-kinderdorf.at/getmedia/426bc028-8558-4fe0-80d6-9450f8add194/Forschungsbericht_Ruckkehr_Lienhart_Hofer_Kittl-Satran_2018.pdf [13.12.2018].

Lindauer, U. (2005). Das therapeutische Milieu der Jugendwohngruppen. In Arbeitskreis der Therapeuti-schen Jugendwohngruppen Berlin (Hrsg.), *Das Therapeutische Milieu als Angebot der Jugendhilfe. Konzepte und Arbeitsweisen Therapeutischer Jugendwohngruppen in Berlin* (S. 16-33). Berlin: Verlag allgemeine jugendberatung. Verfügbar unter: http://www.therapeutische-jugendwohngruppen.de/publikationen/Tagungsreader_AK_TWG_2005.pdf [13.12.2018].

Lippmann, C. (2015). Arbeitsgruppe „Biografieverläufe nach Beendigung stationärer Hilfen zur Erziehung". In Arbeitsgruppe Fachtagungen Jugendhilfe im Deutschen Institut für Urbanistik (Hrsg.), *Wissen, was wirkt! Wirkungsforschung und Evaluation in den Hilfen zur Erziehung – Praxiserfahrungen und Impulse. Dokumentation der Fachtagung am 11. und 12. Juni 2015 in Berlin* (Reihe: Aktuelle Beiträge zur Kinder- und Jugendhilfe, Bd. 100; S. 124-127). Berlin: DIFU. Verfügbar unter: http://edoc.difu.de/edoc.php [13.12.2018].

Macsenaere, M. (2009). (Wirkungs)Forschung in der Heimerziehung. *Unsere Jugend, 61*(1), 2-13.

Macsenaere, M. (2013). Wirkungsforschung in den stationären Hilfen zur Erziehung: Historie und zentrale Ergebnisse. *Klinische Sozialarbeit, 9*(3), 4-5. Verfügbar unter: https://zks-verlag.de/wp-content/uploads/Zeitschrift-2013-3.pdf [13.12.2018].

Macsenaere, M. (2016). Partizipation. In W. Weiß, T. Kessler & S. B. Gahleitner (Hrsg.), *Handbuch Trauma-pädagogik* (S. 106-114). Weinheim: Beltz.

Macsenaere, M. (2017). Wirkungen und Wirkfaktoren in den stationären Hilfen zur Erziehung. In Arbeits-kreis der Therapeutischen Jugendwohngruppen Berlin (AK TWG) (Hrsg.), *Das Therapeutische Milieu als Angebot der Jugendhilfe. Bd. 4: Zwischen Ende und Anfang – Gestaltung von Entwicklungsprozessen in Therapeutischen Wohngruppen* (S. 59-71). Berlin: Verlag allgemeine jugendberatung. Verfügbar unter: http://www.pfh-berlin.de/sites/default/files/artikelanhang/TWG-Band-4.pdf [13.12.2018].

Macsenaere, M. & Esser, K. (2012). *Was wirkt in der Erziehungshilfe? Wirkfaktoren in Heimerziehung und anderen Hilfearten.* München: Reinhardt.

Macsenaere, M. & Herrmann, T. (2004). Klientel, Ausgangslage und Wirkungen in den Hilfen zur Erzie-hung. *Unsere Jugend, 56*(1), 32-42. Verfügbar unter: http://www.forschung-stationaere-jugendhilfe.de/downloads/macsenaere_herrmann_2004.pdf [13.12.2018].

Macsenaere, M. & Hiller, S. (2013). Sind Hilfen zur Erziehung ihr vieles Geld wert? *Neue Caritas, 114*(7), 14-16. Verfügbar unter: https://www.caritas.de/neue-caritas/heftarchiv/jahrgang2013/artikel/sind-hilfen-zur-erziehung-ihr-vieles-gel [13.12.2018].

Macsenaere, M., Keller, A. & Arnold, J. (2010). Effizienz-Benchmarking in der Heimerziehung. In M. Macsenaere, S. Hiller & K. Fischer (Hrsg.), *Outcome in der Jugendhilfe* (S. 149-156). Freiburg: Lambertus.

Macsenaere, M., Köck, T. & Hiller, S. (Hrsg.) (2018). *Unbegleitete minderjährige Flüchtlinge in der Jugend-hilfe. Erkenntnisse aus der Evaluation von Hilfeprozessen.* Freiburg: Lambertus.

Macsenaere, M. & Radler, H. (2016). Wirkungsmessung bei Trägern der Jugendhilfe in Österreich und Deutschland. *Soziale Arbeit, 65*(6/7), 237-242.

Martin, M. (2002). Fremdunterbringung. In G. Esser (Hrsg.), *Lehrbuch der Klinischen Psychologie und Psy-chotherapie des Kindes- und Jugendalters* (Reihe: Klinische Psychologie und Psychiatrie; S. 536-544). Stuttgart: Thieme.

Mayer, C. (2017). Die Bedeutung von Elternarbeit für die sozialpädagogische Praxis in stationären Einrich-tungen der Kinder- und Jugendhilfe. *soziales_kapital, 20*(2 [Nr. 18]), 75-90. Verfügbar unter: https://soziales-kapital.at/index.php/sozialeskapital/article/view/537 [13.12.2018].

Maykus, S. (2010). Forschungsgruppe PETRA gGmbH, Schlüchtern. In S. Maykus (Hrsg.), *Praxisforschung in der Kinder- und Jugendhilfe. Theorie, Beispiele und Entwicklungsoptionen eines Forschungsfeldes* (2., durchges. Aufl.; S. 175-183). Wiesbaden: VS.

Mayring, P. (1993). *Qualitative Inhaltsanalyse. Grundlagen und Techniken* (4., erw. Aufl.). Weinheim: Deut-scher Studien-Verlag.

Mayring, P. (2000). Qualitative Inhaltsanalyse. *Forum Qualitative Sozialforschung, 1*(2), Art. 20. Verfügbar unter: http://nbn-resolving.de/urn:nbn:de:0114-fqs0002204 [13.12.2018].

Mayring, P. & Gahleitner, S. B. (2010). Qualitative Inhaltsanalyse. In K. Bock & I. Miethe (Hrsg.), *Handbuch qualitative Methoden in der Sozialen Arbeit* (S. 295-304). Opladen: Budrich.

Meybohm, U. (2005). Die Situation der Berliner Jugendhilfe für psychisch beeinträchtigte Jugendliche und junge Erwachsene in therapeutischen Jugendwohngemeinschaften. In Arbeitskreis der Therapeutischen Jugendwohngruppen Berlin (Hrsg.), *Das Therapeutische Milieu als Angebot der Jugendhilfe. Konzepte und Arbeitsweisen Therapeutischer Jugendwohngruppen in Berlin* (S. 83-88). Berlin: Verlag allgemeine jugend-beratung. Verfügbar unter: http://www.therapeutische-jugendwohngruppen.de/publikationen/Tagungs reader_AK_TWG_2005.pdf [13.12.2018].

Müller, H.-R. (1999). Zum Verhältnis von Erziehung und Therapie in der Heimerziehung. In H. E. Colla, T. Gabriel, S. Millham, S. Müller-Teusler & M. Winkler (Hrsg.), *Handbuch Heimerziehung und Pflegekinderwesen in Europa* (S. 405-413). Neuwied: Luchterhand.

Munsch, C. (2007). Wirkungen erzieherischer Hilfen aus Nutzersicht. In K.-H. Struzyna, T. Gabriel, K. Wolf, M. Macsenaere, M. Finkel & C. Munsch, *Beiträge zur Wirkungsorientierung von erzieherischen Hilfen* (Reihe: Wirkungsorientierte Jugendhilfe, Bd. 1; S. 41-48). Münster: ISA. Verfügbar unter: https://www.bildung.uni-siegen.de/mitarbeiter/wolf/files/download/studierende/isa_heft_1.pdf [13.12.2018].

Munsch, C. & Zeller, M. (2003). Fallanalysen im Rahmen des Bundesmodellprojektes INTEGRA. *Forum Erziehungshilfen, 9*(2), 94-96.

Nestmann, F. (1988). *Die alltäglichen Helfer* (Reihe: Prävention und Intervention im Kindes- und Jugendalter, Bd. 2). Berlin: de Gruyter.

Nestmann, F. (2010). Soziale Unterstützung – Social Support. *Enzyklopädie Erziehungswissenschaft Online, 2*(8), 1-39.

Nowacki, K. & Remiorz, S. (2014). Evaluationsstudie: Ergebnisse zum Aufnahmeprozess aus Sicht von Kindern und Jugendlichen in der stationären Jugendhilfe. In K. Nowacki (Hrsg.), *Die Neuaufnahme in der stationären Heimerziehung* (S. 107-132). Freiburg: Lambertus.

Nürnberg, R. & Wolfrum, P. (2008). Elterliche Präsenz: Gemeinsames Lernen von Pädagogen, Therapeuten und Eltern – ein Abenteuer zwischen Begeisterung und Ernüchterung. In Arbeitskreis der Therapeutischen Jugendwohngruppen Berlin (Hrsg.), *Das therapeutische Milieu als Angebot der Jugendhilfe. Band 2: Beziehungsangebote, Diagnostik, Interventionen* (S. 205-210). Berlin: Verlag allgemeine jugendberatung. Verfügbar unter: http://www.therapeutische-jugendwohngruppen.de/publikationen/Tagungsreader_AK_TWG_2008.pdf [13.12.2018].

Nüsken, D. (2015). *Impulse zur Netzwerkarbeit Frühe Hilfen. Kultur und Leitbild in Netzwerken Frühe Hilfen* (Reihe: Bundesinitiative Frühe Hilfen, Bd. 2). Köln: NZFH. Verfügbar unter: https://www.fruehehilfen.de/fileadmin/user_upload/fruehehilfen.de/pdf/NZFH_Impulse_Netzwerk_Dirk_Nuesken_160715.pdf [13.12.2018].

Nüsken, D. & Böttcher, W. (2018). *Was leisten die Erziehungshilfen? Eine einführende Übersicht zu Studien und Evaluationen der HzE.* Weinheim: Beltz.

Ochs, M. (2008). Kooperation und Partizipation als Kernprozesse in der Jugendhilfe – systemische Folgerungen aus JULE, JES, EVAS und Co. *Zeitschrift für systemische Therapie und Beratung, 26*(3), 175-186.

Orlinsky, D. E., Grawe, K. & Parks, B. K. (1994). Process and outcome in psychotherapy – noch einmal. In A. E. Bergin & S. L. Garfield (Hrsg.), *Handbook of psychotherapy and behavior change* (4., überarb. Aufl.; S. 270-376). New York: Wiley.

Otto, T. (2008). Störungsbild und Familienarbeit. In Arbeitskreis der Therapeutischen Jugendwohngruppen Berlin (Hrsg.), *Das therapeutische Milieu als Angebot der Jugendhilfe. Band 2: Beziehungsangebote, Diagnostik, Interventionen* (S. 98-106). Berlin: Verlag allgemeine jugendberatung. Verfügbar unter: http://www.therapeutische-jugendwohngruppen.de/publikationen/Tagungsreader_AK_TWG_2008.pdf [13.12.2018].

Otto, H.-U., Albus, S., Polutta, A., Schrödter, M. & Ziegler, H. (Hrsg.) (2007). *Zum aktuellen Diskurs um Ergebnisse und Wirkungen im Feld der Sozialpädagogik und Sozialarbeit – Literaturvergleich nationaler und internationaler Diskussion.* Expertise im Auftrag der Arbeitsgemeinschaft für Kinder- und Jugendhilfe – AGJ (Reihe: What Works? Expertise). Berlin: AGJ.

Pauls, H. (2006). Standards, evidenzbasierte Praxis, Praxisforschung: Was können wir tun? *Klinische Sozialarbeit, 2*(Sonderausgabe), 38-39. Verfügbar unter: https://zks-verlag.de/wp-content/uploads/files_s620_e2327_o25428_0_size_o_klinsa_special_2006.pdf [13.12.2018].

Pauls, H. (2008). Was ist der Fall und was ist zu tun? – Was macht psycho-soziale Diagnostik Klinischer Sozialarbeit neben der psychologischen und der psychiatrischen Diagnostik aus? In A. T. Jugendwohngruppen (Hrsg.), *Konzepte und Arbeitsweisen therapeutischer Jugendwohngruppen in Berlin. Band 2: Beziehungsangebote – Diagnostik – Interventionen* (S. 32-46). Berlin: Verlag allgemeine jugendberatung. Verfügbar unter: http://www.therapeutische-jugendwohngruppen.de/publikationen/Tagungsreader_AK_TWG_2008.pdf [13.12.2018].

Petermann, F. (Hrsg.) (1987). *Analyse von Leistungsfeldern der Heimerziehung. Ein empirischer Beitrag zum Problem der Indikation. Planungsgruppe PETRA* (Reihe: Studien zur Jugend- und Familienforschung, Bd. 1). Frankfurt: Lang.

Peters, U. & Jäger, J. A. (2013). *Qualität in der Heimerziehung. Standards für die stationären Einrichtungen in der Kinder- und Jugendhilfe.* Luxemburg: Ministère de l'Education nationale, de l'Enfance et de la Jeunesse. Verfügbar unter: http://www.men.public.lu/fr/enfance-jeunesse/one/07-demarche-qualite/07-qualitat-heimerzieh-2013.pdf [13.12.2018].

Petr, C. G. & Walter, U. M. (2009). Evidence-based practice: a critical reflection. *European Journal of Social Work, 12*(2), 221-232.

Petrat, A. & Santen, E. v. (2010). Welche Faktoren beeinflussen die Entstehung von Hilfekarrieren? Eine Übersicht internationaler empirischer Befunde. *Forum Erziehungshilfen, 16*(4), 238-243.

Pfeiffer, C., Baier, D. & Kliem, S. (2018). *Zur Entwicklung der Gewalt in Deutschland. Schwerpunkte: Jugendliche und Flüchtlinge als Täter und Opfer.* Zürich: ZHAW. Verfügbar unter: https://www.zhaw.ch/storage/shared/sozialearbeit/News/gutachten-entwicklung-gewalt-deutschland.pdf [13.12.2018].

Planungsgruppe Petra (Hrsg.) (1980). *Studien zur Heimerziehung. Erfahrungen und Konzepte bei der Realisierung einer pädagogisch-therapeutischen Modelleinrichtung.* Regensburg: Walhalla & Praetoria.

Pluto, L. (2007). *Partizipation in den Hilfen zur Erziehung. Eine empirische Studie.* München: DJI.

Polutta, A. (2014). *Wirkungsorientierte Transformation der Jugendhilfe. Ein neuer Modus der Professionalisierung Sozialer Arbeit?* (Reihe: Transformation des Sozialen – Transformation Sozialer Arbeit, Bd. 2). Wiesbaden: Springer VS.

Rahm, D. (2005). Bindungsentwicklung – über parallele Aspekte der Entwicklung von Bindungssicherheit in der Mutter-Kind-Interaktion und im therapeutischen Prozess. *Beratung Aktuell, 6*(3), 140-160.

Ravens-Sieberer, U., Wille, N., Bettge, S. & Erhart, M. (2007). Psychische Gesundheit von Kindern und Jugendlichen in Deutschland. Ergebnisse aus der BELLA-Studie im Kinder- und Jugendgesundheitssurvey (KIGGS). *Bundesgesundheitsblatt – Gesundheitsforschung – Gesundheitsschutz, 50*(5-6), 871-878. Verfügbar unter: http://wwww.schuleundkrankheit.de/files/07-psychgesund.pdf [13.12.2018].

Redl, F. (1971). *Erziehung schwieriger Kinder. Beiträge zu einer psychotherapeutisch orientierten Pädagogik* (Reihe: Erziehung in Wissenschaft und Praxis, Bd. 13). München: Piper.

Reiter, M., Bock, A., Althoff, M.-L, Taubner, S. & Sevecke, K. (2017). Mentalisierungsbasierte Therapie einer Jugenldichen mit Störung des Sozialverhaltens. *Praxis der Kinderpsychologie und Kinderpsychiatrie, 66*(5), 362-377. Verfügbar unter: https://www.researchgate.net/publication/317050096 [13.12.2018].

Remschmidt, H., Schmidt, M. H. & Poustka, F. (Hrsg.) (2006). *Multiaxiales Klassifikationsschema für psychische Störungen des Kindes- und Jugendalters nach ICD-10 der WHO. Mit einem synoptischen Vergleich von ICD-10 und DSM-IV* (5., vollst. überarb. u. erw. Aufl.). Bern: Huber.

Richmond, M. E. (1917). *Social diagnosis.* New York: Russell Sage Foundation. Verfügbar unter: https://archive.org/download/socialdiagnosis00richiala/socialdiagnosis00richiala.pdf [13.12.2018].

Röhrle, B. (2001). Soziale Netzwerke. In D. H. Rost (Hrsg.), *Handwörterbuch Pädagogische Psychologie* (2., überarb. u. erw. Aufl.; S. 657-668). Weinheim: PVU.

Romanowski, C. & Pauls, H. (2017). Sozialtherapeutische Unterstützung der Teilhabefähigkeit psychisch kranker Kinder und Jugendlicher im ambulanten Setting. In U. A. Lammel & H. Pauls (Hrsg.), *Sozialtherapie. Sozialtherapeutische Interventionen als dritte Säule der Gesundheitsversorgung* (S. 158-168). Dortmund: vml.

Roos, K. (2002). *Kosten-Nutzen-Analyse von Jugendhilfemaßnahmen.* Seckach: Kinder- und Jugenddorf Klinge. Verfügbar unter: http://www.akjstat.tu-dortmund.de/fileadmin/Weiterfuehrende_Links/kosten_nutzen_analyse_roos.pdf [13.12.2018].

Rosemeier, C.-P. & Hestermeyer, B. (2005). Nicht mit, aber auch nicht ohne! – Familientherapeutische Arbeit in therapeutischen Jugendwohngruppen. In Arbeitskreis der Therapeutischen Jugendwohngruppen Berlin (Hrsg.), *Das Therapeutische Milieu als Angebot der Jugendhilfe. Konzepte und Arbeitsweisen Therapeutischer Jugendwohngruppen in Berlin* (S. 171-180). Berlin: Verlag allgemeine jugendberatung. Verfügbar unter: http://www.therapeutische-jugendwohngruppen.de/publikationen/Tagungsreader_AK_TWG_2005.pdf [13.12.2018].

Rosemeier, C.-P., Lopes, A., Gerstenberger, J. & Scheel, V. (2005). Beziehungsarbeit im pädagogischen Alltag – Mögliches und Unmögliches. In Arbeitskreis der Therapeutischen Jugendwohngruppen Berlin (Hrsg.), *Das Therapeutische Milieu als Angebot der Jugendhilfe. Konzepte und Arbeitsweisen Therapeutischer Jugendwohngruppen in Berlin* (S. 140-146). Berlin: Verlag allgemeine jugendberatung. Verfügbar unter: http://www.therapeutische-jugendwohngruppen.de/publikationen/Tagungsreader_AK_TWG_2005.pdf [13.12.2018].

Rosenberg, M. (1979). *Conceiving the self.* New York: Basic Books.

Rotering, B. & Weber, M. (2018). Was ist gute Hilfeplanung? Grundsätze und Maßstäbe für die Qualitätsentwicklung. *Unsere Jugend, 70*(5), 203-211.

Sackett, D. L., Straus, S. E., Richardson, W. S., Rosenberg, W. & Haynes, R. B. (2000). *Evidence based medicine. How to practice and teach EBM* (2., unveränd. Aufl.). London: Churchill Livingstone (Erstaufl. erschienen 1997).

Schaub, H.-A. (2008). *Klinische Sozialarbeit. Ausgewählte Theorien, Methoden und Arbeitsfelder in Praxis und Forschung.* Göttingen: V&R unipress.

Scheidt-Nave, C., Ellert, U., Thyen, U. & Schlaud, M. (2007). Prävalenz und Charakteristika von Kindern und Jugendlichen mit speziellem Versorgungsbedarf im Kinder-und Jugendgesundheitssurvey (KiGGS) in Deutschland. *Bundesgesundheitsblatt – Gesundheitsforschung – Gesundheitsschutz, 50*(5/6), 750-756.

Schleiffer, R. (2001). *Der heimliche Wunsch nach Nähe. Bindungstheorie und Heimerziehung.* Weinheim: Beltz.

Schleiffer, R. (2008). Konsequenzen desorganisierter Bindungsmuster für Pädagogik und Therapie. In Arbeitskreis der Therapeutischen Jugendwohngruppen Berlin (Hrsg.), *Das therapeutische Milieu als Angebot der Jugendhilfe. Band 2: Beziehungsangebote – Diagnostik – Interventionen* (S. 116-135). Berlin: Verlag allgemeine jugendberatung. Verfügbar unter: http://www.therapeutische-jugendwohngruppen.de/publikationen/Tagungsreader_AK_TWG_2008.pdf [13.12.2018].

Schlimper, G. & Wanke, H. J. (2016). Wirkungsorientierung. Annäherung an ein komplexes Konzept aus dem Blickwinkel eines Wohlfahrtsverbandes. *Soziale Arbeit, 65*(6/7), 225-229.

Schmid, M. (2007). *Psychische Gesundheit von Heimkindern. Eine Studie zur Prävalenz psychischer Störungen in der stationären Jugendhilfe.* Weinheim: Juventa.

Schmid, M. (2009). Was braucht's? Welche Voraussetzungen sollten Angebote der (teil-)stationären Jugendhilfe idealerweise erfüllen, um psychisch belasteten Kindern und Jugendlichen gerecht zu werden? *Tüllinger Blätter, 10*(1), 4-7. Verfügbar unter: www.tuellingerhoehe.de/sites/default/files/Tuellinger_Blaetter_2009_Schmid.pdf [13.12.2018].

Schmid, M. (2010). Umgang mit traumatisierten Kindern und Jugendlichen in der stationären Jugendhilfe: „Traumasensibilität" und „Traumapädagogik". In J. M. Fegert, U. Ziegenhain & L. Goldbeck (Hrsg.), *Traumatisierte Kinder und Jugendliche in Deutschland. Analysen und Empfehlungen zu Versorgung und Betreuung* (Reihe: Studien und Praxishilfen zum Kinderschutz; S. 36-60). Weinheim: Juventa.

Schmidt, M. H., Schneider, K., Hohm, E., Pickartz, A., Macsenaere, M., Petermann, F., Flosdorf, P., Hölz, H. & Knab, E. (2002). *Effekte erzieherischer Hilfen und ihre Hintergründe* (Reihe: Schriftenreihe des Bundesministeriums für Familie, Senioren, Frauen und Jugend, Bd. 219). Stuttgart: Kohlhammer. Verfügbar unter: http://www.bmfsfj.de/RedaktionBMFSFJ/Broschuerenstelle/Pdf-Anlagen/PRM-23978-SR-Band-219 [13.12.2018].

Schneider, A. (2016). Konzepte der Wirkungsmessung und -forschung. Zwischen Goldstandard und vergoldeten Attrappen. *Soziale Arbeit, 65*(6/7), 204-211.

Schrapper, C. (2014). Geschlossene Unterbringung – empirische Befunde statt Bauchgefühle. *Dialog Erziehungshilfe, 10*(1), 47-50. Verfügbar unter: http://www.afet-ev.de/veroeffentlichungen/Dialog/2014/DE-Downloadfassungen-2014/00a.DE-1-2014-Printfassung.pdf [13.12.2018].

Schrenk, A. (2009). *Wie wirkt Heimerziehung? Empirische Untersuchung zur sozialen Konstruktion von Wirkungsvorstellungen von Jugendlichen im Heim*. Dissertation. Koblenz: Universität Koblenz-Landau. Verfügbar unter: https://kola.opus.hbz-nrw.de/files/353/Dissertation_Andreas_Schrenk_UB_Koblenz.pdf [13.12.2018].

Schröder, M. & Gahleitner, S. B. (2012). Forschung an der Schnittstelle von Psychiatrie und Sozialer Arbeit. In S. Schlüter-Müller, M. Schmid, K. Rensch & M. Tetzer (Hrsg.), *Handbuch Psychiatriebezogene Sozialpädagogik* (S. 128-141). Göttingen: Vandenhoeck & Ruprecht.

Schröder, M., Jenkel, N. & Schmid, M. (2013). EQUALS – Ein teilstandardisiertes Instrument zur interdisziplinären Zielvereinbarung und Unterstützung des Hilfeplanverfahrens in der Kinder- und Jugendhilfe. In S. B. Gahleitner, K. Wahlen, O. Bilke-Hentsch & D. Hillenbrand (Hrsg.), *Biopsychosoziale Diagnostik in der Kinder- und Jugendhilfe. Interprofessionelle und interdisziplinäre Perspektiven* (S. 171-187). Stuttgart: Kohlhammer.

Schwabe, M. & Thimm, K. (2018). *Alltag und Fachlichkeit in stationären Erziehungshilfen. Erkenntnisse aus dem Modellprojekt „Qualitätsagentur Heimerziehung"*. Weinheim: Beltz.

Seligman, M. E. P. (1995). The effectiveness of psychotherapy. The Consumer Reports Study. *American Psychologist, 50*(12), 965-974.

Sgolik, V. & Buchholz-Graf, W. (2010). Das Leben ehemaliger Heimkinder: Eine katamnestische Befragung von Jugendlichen und jungen Erwachsenen im Raum Regensburg. *Das Jugendamt – Zeitschrift für Jugendhilfe und Familienrecht, 83*(3), 106-111.

Singer, S. & Brähler, E. (2007). *Die "Sense of Coherence Scale". Testhandbuch zur deutschen Version* (unveränd. E-Book). Göttingen: Vandenhoek & Ruprecht (Original erschienen 2007).

Singer, H., Prestel, A., Schmid, M., Keller, F., Fegert, J. M. & Kölch, M. (2009). Wirkungsmessung pädagogischer Interventionen: Anpassung eines Zielerreichungsinstruments an jugendforensische Anforderungen. *Praxis Kinderpsychologie Kinderpsychiatrie, 58*(6), 450-464. Verfügbar unter: urn:nbn:de:bsz:291-psydok-49078 [13.12.2018].

Sobczyk, M. (1993). *Die „pädagogisch betreute Wohngruppe". Organisationsstrukturelle Rahmenbedingungen und pädagogisch-therapeutische Ansätze stationärer Betreuung und Förderung verhaltensauffälliger Jugendlicher.* Regensburg: CH-Verlag.

Sommerfeld, P. (Hrsg.) (2005). *Evidence-based social work – towards a new professionalism?* Bern: Lang.

Sommerfeld, P. & Hüttemann, M. (Hrsg.) (2007). *Evidenzbasierte Soziale Arbeit. Nutzung von Forschung in der Praxis* (Reihe: Grundlagen der sozialen Arbeit, Bd. 17). Baltmannsweiler: Schneider.

Statistisches Bundesamt (2018). *61 400 Inobhutnahmen zum Schutz von Kindern und Jugendlichen im Jahr 2017* (Reihe: Pressemitteilung, Nr. 311). Wiesbaden: Statistisches Bundesamt. Verfügbar unter: https://www.destatis.de/DE/PresseService/Presse/Pressemitteilungen/2018/08/PD18_311_225.html [13.12.2018].

Steinke, T. (1987). Therapie im Heim. In Planungsgruppe PETRA (Hrsg.), *Analyse von Leistungsfeldern der Heimerziehung. Ein empirischer Beitrag zum Problem der Indikation. Planungsgruppe PETRA* (Reihe: Studien zur Jugend- und Familienforschung, Bd. 1; S. 373-420). Frankfurt: Lang.

Thyen, U. & Scriba, P. C. (Hrsg.) (2007). Ergebnisse des Kinder- und Jugendgesundheitssurveys (KiGGS) 2003-2006 [Themenheft]. *Bundesgesundheitsblatt – Gesundheitsforschung – Gesundheitsschutz, 50*(5/6).

Tizard, B. & Rees, J. (1975). The effect of early institutional rearing on the behaviour problems and affectional relationships of four-year-old children. *Journal of Child Psychology and Psychiatry, 16*(1), 61-73.

Tornow, H. (2014). Qualitätsentwicklung und wirkungsorientierte Steuerung von Hilfen zur Erziehung. Anmerkungen zu einem pragmatischen Vorgehen. *Neue Praxis, 44*(4), 406-411. Verfügbar unter: http://www.els-institut.de/tl_files/Bilder/WIMES%20Publikationen/NeuePraxis4-2014_Tornow_QE_pragmatisches Vorgehen.pdf [13.12.2018].

Tornow, H., Ziegler, H. & Sewing, J. (2012). *Abbrüche in stationären Erziehungshilfen (ABiE). Praxisforschungs- und Praxisentwicklungsprojekt. Analysen und Empfehlungen* (Reihe: EREV Schriftenreihe, 53/3). Hannover: Schönewörth. Verfügbar unter: http://www.els-institut.de/tl_files/Bilder/WIMES%20Publikationen/2012%203%20SR%20EREV%20Ergebnisse%20ABIE%20Tornow%20Ziegler.pdf [13.12.2018].

Trelle, M. & Kurt, H. (2015). Arbeitsgruppe „Eine etwas andere Erforschung unserer Wirkung ... Wie weder Zahlen noch Fakten, sondern wirkungsorientiertes Befragen zu einem Praxiskonzept führten. In Arbeitsgruppe Fachtagungen Jugendhilfe im Deutschen Institut für Urbanistik (Hrsg.), *Wissen, was wirkt! Wirkungsforschung und Evaluation in den Hilfen zur Erziehung – Praxiserfahrungen und Impulse. Dokumentation der Fachtagung am 11. und 12. Juni 2015 in Berlin* (Reihe: Aktuelle Beiträge zur Kinder- und Jugendhilfe, Bd. 100; S. 147-154). Berlin: DIFU. Verfügbar unter: http://edoc.difu.de/edoc.php?id=HI1KMZRO [13.12.2018].

Trieschman, A. E., Whittaker, J. K. & Brendtro, L. K. (1975). *Erziehung im therapeutischen Milieu. Ein Modell.* Freiburg: Lambertus (englisches Original erschienen 1969).

Weiß, W. (2016). *Philipp sucht sein Ich. Zum pädagogischen Umgang mit Traumata in den Erziehungshilfen* (Reihe: Basistexte Erziehungshilfen; 8., durchges. Aufl.). Weinheim: Beltz Juventa (Erstaufl. erschienen 2003).

Wendt, W. R. (2005). Maßgaben für eine gute Praxis. *Blätter der Wohlfahrtspflege, 152*(5), 168-173.

Wisiol, F., Juen, B. & Unterrainer, C. (2017). Der Einfluss von Risiko- und Wirkfaktoren auf den Erfolg in der Krisenintervention für Kinder und Jugendliche. *Praxis der Kinderpsychologie und Kinderpsychiatrie, 66*(5), 345-361.

Witzel, A. (1982). *Verfahren der qualitativen Sozialforschung. Überblick und Alternativen* (Reihe: Campus Forschung, Bd. 322). Frankfurt: Campus.

Witzel, A. (2000). Das problemzentrierte Interview. *Forum Qualitative Sozialforschung, 1*(1), Art. 22. Verfügbar unter: nbn-resolving.de/urn:nbn:de:0114-fqs0001228 [13.12.2018].

Wolf, K. (2007). *Metaanalyse von Fallstudien erzieherischer Hilfen hinsichtlich von Wirkungen und „wirkmächtigen". Faktoren aus Nutzersicht* (Reihe: Wirkungsorientierte Jugendhilfe, Bd. 4). Münster: ISA. Verfügbar unter: https://www.bildung.uni-siegen.de/mitarbeiter/wolf/files/download/wissveroeff/isa_studie.pdf [13.12.2018].

Wolfrum, P. (2008). Übergänge gestalten – Diagnosen im Aufnahmeprozess einer Familien-therapeutischen Wohngruppe. In Arbeitskreis der Therapeutischen Jugendwohngruppen Berlin (Hrsg.), *Das therapeutische Milieu als Angebot der Jugendhilfe. Band 2: Beziehungsangebote – Diagnostik – Interventionen* (S. 63-68). Berlin: Verlag allgemeine jugendberatung. Verfügbar unter: http://www.therapeutische-jugendwohngruppen.de/publikationen/Tagungsreader_AK_TWG_2008.pdf [13.12.2018].

Ziegenhain, U. & Gloger-Tippelt, G. (2013). Bindung und Handlungssteuerung als frühe emotionale und kognitive Voraussetzung von Bildung. *Zeitschrift für Pädagogik, 59*(6), 793-802.

Ziegler, H. (2009). Ergebnisse der Wirkungsforschung und Konsequenzen für die Praxis. *Evangelische Jugendhilfe, 86*(4), 207-216. Verfügbar unter: https://www.erev.de/files/ej_2009_04.pdf [13.12.2018].

Ziegler, H. (2016a). „Evidenzbasierte Praxis". Chancen und Risiken der Wirkungsforschung. *Unsere Jugend, 68*(5), 224-231.

Ziegler, H. (2016b). Wirkfaktoren und Wirkungen der Heimerziehung. *Blickpunkt Jugendhilfe, 21*(1), 3-10.

Ziegler, H. (i.Dr.). Social work and the challenge of evidence-based practice. In F. Kessl, W. Lorenz, H.-U. Otto & S. White (Hrsg.), *European social work – a compendium*. Leverkusen: Budrich (erscheint voraussichtlich Februar 2019).

Ziese, T. (Hrsg.) (2014). KiGGS ist zurück: Welle 1 [Themenheft]. *Bundesgesundheitsblatt – Gesundheitsforschung – Gesundheitsschutz, 57*(7).

Zinkl, K. & Roos, K. (2007). Heimerziehung lohnt sich – Ergebnisse zur Effizienz von Heimerziehung. In T. Hermsen & M. Macsenaere (Hrsg.), *Wirkungsforschung in der Kinder- und Jugendhilfe* (Reihe: Schriftenreihe der KFH Mainz, Bd. 2; S. 214-327). St. Ottilien: EOS-Verlag.

9 Anhang

Anhang A: Interviewleitfaden Jugendliche

I. Vorspann:

Wie Sie ja wissen, möchten wir Sie gerne zu Ihren Erfahrungen mit dem Leben in den Therapeutischen Wohngruppen befragen. Sie als ehemalige(r) BewohnerIn sind u.E. die besten ExpertInnen dafür, was es Ihnen gebracht hat, dort zu sein oder nicht. Strategien, die Ihnen geholfen haben, sind möglicherweise auch hilfreich für andere. Unser Ziel ist, weitere Entwicklungen in der Jugendhilfe anzuregen, die vielleicht anderen oder auch Ihnen selbst wieder zugutekommen. Zum Schutz Ihrer persönlichen Daten werden all Ihre Angaben natürlich streng vertraulich behandelt und nach den Regeln des Datenschutzes aufbewahrt.

Wir möchten gerne noch etwas Wichtiges voranstellen: Uns kommt es im Interview auf Ihre ganz persönlichen Erfahrungen, Erkenntnisse und Ansichten an. Wir möchten Sie deshalb bitten, zu den verschiedenen Themen möglichst ausführlich zu erzählen, was *Sie* persönlich erlebt und erfahren haben. Wir werden uns dazu einige Notizen machen und nur nachfragen, wenn wir etwas nicht ganz verstanden haben oder wenn uns Einzelheiten noch ausführlicher interessieren. Erst gegen Ende sollen dann noch einige speziellere Fragen kommen.

Wenn Sie mit diesem Vorgehen einverstanden sind, würden wir gerne beginnen.

II. Eingangsfrage

Wir interessieren uns für Ihre Erfahrungen mit dem Leben in TWGs, insbesondere, ob und wie die TWG, in der Sie waren, Ihnen geholfen hat, mit Ihrem Leben zurechtzukommen ... alles, was irgendwie damit zusammenhängt ... . Fangen Sie doch ruhig einfach damit an, was Ihnen zuerst einfällt ...

III. Einstiegsfrage Biografie

Erzählen Sie ruhig einfach aus Ihrem Leben, alles, was Ihnen jetzt gerade dazu einfällt ...

Welche Probleme haben Sie denn in das Leben in der WG mitgebracht? Erzählen Sie uns gerne Beispiele ...

Welche Erwartungen bzw. Befürchtungen haben Sie denn gehabt, als Sie in die WG kamen?

IV. Einstiegsfrage Copingstrategien

Wie sind Sie mit den Problemen damals umgegangen? Beispiele ...

Wie gehen Sie mit den Problemen heute um? Beispiele ... Veränderungen in der Familiendynamik?

V. Einstiegsfrage Hilfsangebote

Was in der TWG hat Ihnen geholfen – oder auch nicht geholfen, besser mit den Problemen zurechtzukommen? Beispiele ...

Welche Erfahrungen haben Sie mit dem pädagogischen Angebot, den BetreuerInnen gemacht? Beispiele ... auch und besonders zur Beziehungsgestaltung ...

Welche Erfahrungen haben Sie mit dem therapeutischen Angebot gemacht? Beispiele ... auch und besonders zur Beziehungsgestaltung ...

Welche spezifischen Angebote dort oder in anderen Stellen, Einrichtungen haben noch eine Rolle gespielt? Beispiele ...

VI. Nachfragen, die sich aus dem Kontext ergeben – offene Frage der/s IP

Was ist Ihnen selbst noch wichtig zu sagen?

Wenn Sie eine Empfehlung an andere Jugendliche geben könnten – was könnten andere an Tipps brauchen?

Anhang B: Interviewleitfaden Eltern/Elternteil

I. Vorspann

Wie Sie ja wissen, möchten wir Sie gerne zu Ihren Erfahrungen mit dem Leben Ihres Sohnes/Ihrer Tochter in den Therapeutischen Wohngruppen befragen. Sie als Elternteil eines/r ehemaligen BewohnerIn sind u.E. ExpertInnen dafür, was es Ihrem Sohn/Ihrer Tochter gebracht hat, dort zu sein oder nicht. Strategien, die Ihrem Sohn/Ihrer Tochter geholfen haben, sind möglicherweise auch hilfreich für andere. Unser Ziel ist, weitere Entwicklungen in der Jugendhilfe anzuregen, die vielleicht anderen oder auch Ihnen selbst wieder zugutekommen. Zum Schutz Ihrer persönlichen Daten werden all Ihre Angaben natürlich streng vertraulich behandelt und nach den Regeln des Datenschutzes aufbewahrt.

Wir möchten gerne noch etwas Wichtiges voranstellen: Uns kommt es im Interview auf Ihre ganz persönlichen Erfahrungen, Erkenntnisse und Ansichten an. Wir möchten Sie deshalb bitten, zu den verschiedenen Themen möglichst ausführlich zu erzählen, was *Sie* persönlich erlebt und erfahren haben. Wir werden uns dazu einige Notizen machen und nur nachfragen, wenn wir etwas nicht ganz verstanden haben oder wenn uns Einzelheiten noch ausführlicher interessieren. Erst gegen Ende sollen dann noch einige speziellere Fragen kommen.

Wenn Sie mit diesem Vorgehen einverstanden sind, würden wir gerne beginnen.

II. Eingangsfrage

Wir interessieren uns für Ihre Erfahrungen mit dem Leben Ihres Sohnes/Ihrer Tochter in TWGs, insbesondere, ob und wie die TWG, in der er/sie war, Ihrem Sohn/Ihrer Tochter geholfen hat, mit ihrem Leben zurechtzukommen ... alles, was irgendwie damit zusammenhängt ... . Fangen Sie doch ruhig einfach damit an, was Ihnen zuerst einfällt ...

III. Einstiegsfrage Biografie

Erzählen Sie ruhig einfach aus dem Leben Ihres Sohnes/Ihrer Tochter in der Einrichtung, alles, was Ihnen jetzt gerade dazu einfällt ...

Welche Probleme hat Ihr Sohn/Ihre Tochter denn in das Leben in der WG mitgebracht? Erzählen Sie uns gerne Beispiele ...

Welche Erwartungen bzw. Befürchtungen hatte Ihr Sohn/Ihre Tochter denn gehabt, als er/sie in die WG kam?

IV. Einstiegsfrage Copingstrategien

Wie ist Ihr Sohn/Ihre Tochter mit den Problemen damals umgegangen? Beispiele ...

Wie geht Ihr Sohn/Ihre Tochter mit den Problemen heute um? Beispiele ... Veränderungen in der Familiendynamik?

V. Einstiegsfrage Hilfsangebote

Was in der TWG hat Ihrer Meinung nach Ihrer Tochter geholfen – oder auch nicht geholfen, besser mit den Problemen zurechtzukommen? Beispiele ...

Welche Erfahrungen haben Sie mit dem pädagogischen Angebot, den BetreuerInnen gemacht? Beispiele ... auch und besonders zur Beziehungsgestaltung ...

Welche Erfahrungen haben Sie mit dem therapeutischen Angebot gemacht? Beispiele ... auch und besonders zur Beziehungsgestaltung ...

Welche spezifischen Angebote dort oder in anderen Stellen, Einrichtungen haben noch eine Rolle für Ihren Sohn/Ihre Tochter gespielt? Beispiele ...

Inwiefern war es Ihnen oder anderen Verwandten und Bekannten möglich, die Entwicklungen Ihres Sohnes/Ihrer Tochter zu unterstützen und inwiefern vielleicht auch nicht?

VI. Nachfragen, die sich aus dem Kontext ergeben – offene Frage der/s IP

Was ist Ihnen sonst noch wichtig zu sagen?

Wenn Sie eine Empfehlung an andere Jugendliche geben könnten, die eine Einrichtung suchen – was könnten sie an Tipps brauchen?

Anhang C: Interviewleitfaden BetreuerInnen

I. Vorspann

Wie Sie ja wissen, möchten wir Sie gerne zu Ihren Erfahrungen in der Arbeit mit den Jugendlichen in den Therapeutischen Wohngruppen befragen. Sie als BetreuerIn sind ExpertInnen dafür, was die Arbeit bewirkt hat oder auch nicht. Vorgehensweisen, die Ihnen geholfen haben, sind möglicherweise auch hilfreich für andere. Unser Ziel ist, weitere Entwicklungen in der Jugendhilfe anzuregen, die vielleicht anderen oder auch Ihnen selbst wieder zugutekommen. Zum Schutz Ihrer persönlichen Daten werden all Ihre Angaben natürlich streng vertraulich behandelt und nach den Regeln des Datenschutzes aufbewahrt.

Wir möchten gerne noch etwas Wichtiges voranstellen: Uns kommt es im Interview auf Ihre ganz persönlichen Erfahrungen, Erkenntnisse und Ansichten an. Wir möchten Sie deshalb bitten, zu den verschiedenen Themen möglichst ausführlich zu erzählen, was *Sie* persönlich erlebt und erfahren haben. Wir werden uns dazu einige Notizen machen und nur nachfragen, wenn wir etwas nicht ganz verstanden haben oder wenn uns Einzelheiten noch ausführlicher interessieren. Erst gegen Ende sollen dann noch einige speziellere Fragen kommen.

Wenn Sie mit diesem Vorgehen einverstanden sind, würden wir gerne beginnen.

II. Eingangsfrage

Wir interessieren uns für Ihre Erfahrungen in der Arbeit mit den Jugendlichen in TWGs ... alles, was irgendwie damit zusammenhängt ... . Fangen Sie doch ruhig einfach damit an, was Ihnen zuerst einfällt ...

III. Einstiegsfrage Biografie

Erzählen Sie ruhig einfach aus Ihrem Wirken in der Arbeit mit den Jugendlichen, alles, was Ihnen jetzt gerade dazu einfällt ...

Welche Probleme bringen die Jugendlichen in die WGs mit? Erzählen Sie uns gerne Beispiele ...

IV. Einstiegsfrage Copingstrategien

Wie gehen Sie mit den Problemen der Jugendlichen um? Beispiele ...

Wie verändern sich Problemlagen und Bewältigungsstrategien der Jugendlichen während des Aufenthaltes und danach? Beispiele ... Veränderungen in der Familiendynamik?

V. Einstiegsfrage Hilfsangebote

Was in der TWG hilft Ihrer Erfahrung nach – oder hilft den Jugendlichen auch nicht –, besser mit den Problemen zurechtzukommen? Beispiele ...

Wie schätzen Sie insgesamt das pädagogische Angebot ein? Beispiele ... auch und besonders zur Beziehungsgestaltung ...

Wie schätzen Sie insgesamt das therapeutische Angebot ein? Beispiele ... auch und besonders zur Beziehungsgestaltung ...

Welche spezifischen Angebote dort oder an anderen Stellen, Einrichtungen spielen noch eine Rolle? Beispiele

VI. Nachfragen, die sich aus dem Kontext ergeben – offene Frage der/s IP

Was ist Ihnen selbst noch wichtig zu sagen?

Wenn Sie eine Empfehlung an andere Jugendliche geben könnten, die eine Einrichtung suchen – was könnten sie an Tipps brauchen?

Anhang D: Interviewleitfaden Einrichtungsleitung

I. Vorspann

Wie Sie ja wissen, möchten wir Sie gerne zu Ihren Erfahrungen in der Arbeit mit den Jugendlichen in den Therapeutischen Wohngruppen befragen. Sie als Leitung sind ExpertInnen dafür, was die Arbeit bewirkt hat oder auch nicht. Vorgehensweisen, die Ihnen geholfen haben, sind möglicherweise auch hilfreich für andere. Unser Ziel ist, weitere Entwicklungen in der Jugendhilfe anzuregen, die vielleicht anderen oder auch Ihnen selbst wieder zugutekommen. Zum Schutz Ihrer persönlichen Daten werden all Ihre Angaben natürlich streng vertraulich behandelt und nach den Regeln des Datenschutzes aufbewahrt.

Wir möchten gerne noch etwas Wichtiges voranstellen: Uns kommt es im Interview auf Ihre ganz persönlichen Erfahrungen, Erkenntnisse und Ansichten an. Wir möchten Sie deshalb bitten, zu den verschiedenen Themen möglichst ausführlich zu erzählen, was *Sie* persönlich erlebt und erfahren haben. Wir werden uns dazu einige Notizen machen und nur nachfragen, wenn wir etwas nicht ganz verstanden haben oder wenn uns Einzelheiten noch ausführlicher interessieren. Erst gegen Ende sollen dann noch einige speziellere Fragen kommen.

Wenn Sie mit diesem Vorgehen einverstanden sind, würden wir gerne beginnen.

II. Eingangsfrage

Wir interessieren uns für Ihre Erfahrungen in der Arbeit mit den Jugendlichen in TWGs ... alles, was irgendwie damit zusammenhängt ... . Fangen Sie doch ruhig einfach damit an, was Ihnen zuerst einfällt ...

III. Einstiegsfrage Biografie

Erzählen Sie ruhig einfach aus Ihrem Wirken in der Arbeit mit den Jugendlichen, alles, was Ihnen jetzt gerade dazu einfällt ...

Welche Probleme bringen die Jugendlichen in die WGs mit? Erzählen Sie uns gerne Beispiele ...

IV. Einstiegsfrage Copingstrategien

Wie gehen Sie mit den Problemen der Jugendlichen um? Beispiele ...

Wie verändern sich Problemlagen und Bewältigungsstrategien der Jugendlichen während des Aufenthalts und danach? Beispiele ... Veränderungen in der Familiendynamik?

V. Einstiegsfrage Hilfsangebote

Was in der TWG hilft Ihrer Erfahrung nach – oder hilft den Jugendlichen auch nicht –, besser mit den Problemen zurechtzukommen? Beispiele ...

Wie schätzen Sie insgesamt das pädagogische Angebot ein? Beispiele ... auch und besonders zur Beziehungsgestaltung ...

Wie schätzen Sie insgesamt das therapeutische Angebot ein? Beispiele ... auch und besonders zur Beziehungsgestaltung ...

Welche spezifischen Angebote dort oder an anderen Stellen, Einrichtungen spielen noch eine Rolle? Beispiele ...

VI. Nachfragen, die sich aus dem Kontext ergeben – offene Frage der/s IP

Was ist Ihnen selbst noch wichtig zu sagen?

Wenn Sie eine Empfehlung an andere Jugendliche geben könnten, die eine Einrichtung suchen – was könnten sie an Tipps brauchen?

Anhang E: Interviewleitfaden JugendamtsmitarbeiterIn

I. Vorspann

Wie Sie ja wissen, möchten wir Sie gerne zu Ihren Erfahrungen in der Arbeit mit den Jugendlichen in den Therapeutischen Wohngruppen befragen. Sie als JugendamtsmitarbeiterIn sind ExpertInnen dafür, was die Arbeit bewirkt hat oder auch nicht. Vorgehensweisen, die Ihrer Meinung nach helfen, sind möglicherweise auch hilfreich für andere. Unser Ziel ist, weitere Entwicklungen in der Jugendhilfe anzuregen, die vielleicht anderen oder auch Ihnen selbst wieder zugutekommen. Zum Schutz Ihrer persönlichen Daten werden alle Ihre Angaben natürlich streng vertraulich behandelt und nach den Regeln des Datenschutzes aufbewahrt.

Wir möchten gerne noch etwas Wichtiges voranstellen: Uns kommt es im Interview auf Ihre ganz persönlichen Erfahrungen, Erkenntnisse und Ansichten an. Wir möchten Sie deshalb bitten, zu den verschiedenen Themen möglichst ausführlich zu erzählen, was *Sie* persönlich erlebt und erfahren haben. Wir werden uns dazu einige Notizen machen und nur nachfragen, wenn wir etwas nicht ganz verstanden haben oder wenn uns Einzelheiten noch ausführlicher interessieren. Erst gegen Ende sollen dann noch einige speziellere Fragen kommen.

Wenn Sie mit diesem Vorgehen einverstanden sind, würden wir gerne beginnen.

II. Eingangsfrage

Wir interessieren uns für Ihre Erfahrungen der Arbeit, die mit den Jugendlichen in TWGs gemacht wird – aus der Perspektive des Jugendamtes … alles, was irgendwie damit zusammenhängt … . Fangen Sie doch ruhig einfach damit an, was Ihnen zuerst einfällt …

III. Einstiegsfrage Biografie

Erzählen Sie ruhig einfach aus Ihrem Wirken in der Arbeit an der Schnittstelle mit den Jugendlichen und wie Sie die Wirkung der Einrichtungen dort vor Ort erleben, alles, was Ihnen jetzt gerade dazu einfällt …

Welche Probleme bringen die Jugendlichen in die WGs mit? Erzählen Sie uns gerne Beispiele …

IV. Einstiegsfrage Copingstrategien

Wie gehen die Einrichtungen mit den Problemen der Jugendlichen um? Beispiele ...

Wie verändern sich Problemlagen und Bewältigungsstrategien der Jugendlichen während und nach dem Aufenthalt? Beispiele ... Veränderungen in der Familiendynamik?

V. Einstiegsfrage Hilfsangebote

Was genau in der TWG hilft Ihrer Erfahrung nach – oder hilft den Jugendlichen auch nicht –, besser mit den Problemen zurechtzukommen? Beispiele ...

Wie schätzen Sie insgesamt das pädagogische Angebot in TWGs ein? Beispiele ... auch und besonders zur Beziehungsgestaltung ...

Wie schätzen Sie insgesamt das therapeutische Angebot in TWGs ein? Beispiele ... auch und besonders zur Beziehungsgestaltung ...

Welche Rolle spielt das Angebot des Jugendamts? Beispiele ...

Welche Rolle spielen Angehörige und das soziale Umfeld der Jugendlichen ...

VI. Nachfragen, die sich aus dem Kontext ergeben – offene Frage der/s IP

Was ist Ihnen selbst noch wichtig zu sagen?

Wenn Sie eine Empfehlung an andere Jugendliche geben könnten, die eine Einrichtung suchen – was könnten sie an Tipps brauchen?

Anhang F: Quantitativ wirkungsorientierte Fragebögen (Kinder): KATA I, II, III

F.1 KATA I

1. Geschlecht/Alter des/der Jugendlichen

1	männlich		
2	weiblich		
3	Alter bei Aufnahme		
4	Migration (Land)	ja	nein

2. Zuletzt wohnhaft (Aufenthalt)

1	mit beiden leiblichen Eltern, verheiratet	
2	mit beiden leiblichen Eltern, in Lebensgemeinschaft	
3	allein erziehende(r)/leibliche(r) Mutter/Vater	
4	Stieffamilie	
5	Großeltern	
6	Pflegefamilie	
7	Adoptivfamilie (ohne leibliche Eltern)	
8	andere Verwandte	
9	eigene Wohnung	
10	Mutter-Vater-Kind-Einrichtung (§ 19)	
11	andere Jugendhilfeeinrichtungen	
12	Krankenhaus	
13	Psychiatrie (stationär)	
14	Haft	
15	Flüchtlingshilfe/Asyl	
16	Einrichtungen der Wohnungslosenhilfe	
17	Lebensmittelpunkt Straße (Trebegang)	
18	Inobhutnahmestelle (§ 42)	
19	FreundIn/Bekannte	
20	unbekannt	
21	andere Unterkünfte	

3. Soziodemografische Informationen (t1-t3)

Abkürzungen: N = Grundgesamtheit; MW = Mittelwert; SD = Standardabweichung; n = Teilstichprobe

1	Grundschule	☐
2	Hauptschule	☐
3	Realschule	☐
4	Gymnasium	☐
5	Gesamtschule	☐
6	Projektschulen	☐
7	Förder- und Sonderschulen (bei Lernbehinderung)	☐
8	andere Schulform (z.B. Oberstufenzentrum)	☐
9	höchster Schulabschluss:	☐

4. Berufsbildungsmaßnahme

1	Ausbildung auf dem freien Markt	☐
2	Ausbildung in beschützter Werkstätte/im Rahmen einer Rehabilitationsmaßnahme oder Ähnliches	☐
3	Ausbildung in einem heiminternen Betrieb	☐
4	Förderlehrgang	☐
5	Maßnahme des Arbeitsamts	☐
6	keine Berufsbildungsmaßnahmen	☐
7	andere Maßnahmen	☐
8	entfällt, trifft altersbedingt nicht zu	☐
9	entfällt, Ausbildung bereits beendet	☐
10	unbekannt	☐

5. Bisherige Maßnahme

Bitte jede Zeile ausfüllen

	Jugendhilfe	ja	nein
1	ambulant	☐	☐
2	teilstationär	☐	☐
3	stationär	☐	☐
	Psychiatrie	ja	nein
4	ambulant	☐	☐
5	teilstationär	☐	☐

6	stationär		
7	ambulante Psychotherapie		
8	medikamentöse Behandlung		
9	andere Maßnahmen		

6. Initiative zur Aufnahme

1	SelbstmelderIn	
2	Eltern	
3	Realschule	
4	Jugendamt	
5	Notdienst/Kriseneinrichtung	
6	Krankenhaus	
7	andere Jugendhilfeeinrichtung	
8	Sonstige:	

7. Gründe der Aufnahme

Bitte jede Zeile ausfüllen		ja	nein
1	gestörte Interaktion zwischen den Familienangehörigen		
2	familiäre Suchtprobleme		
3	übertriebene Fürsorge		
4	Vernachlässigung		
5	inkonsequentes Erziehungsverhalten		
6	überzogene Anforderungen		
7	Ausfall eines Elternteils (z.B. Trennung, Tod)		
8	Inhaftierung eines Elternteils		
9	körperliche Misshandlung		
10	sexueller Missbrauch		
11	psychiatrische Erkrankung eines Elternteils		
12	Migrations- und Fluchtproblematik der Eltern		
13	Schulschwänzen		
14	Lern- und Leistungsprobleme (nicht motivationsbedingt)		
15	motivationsbedingte schulische Probleme		
16	Gefährdung durch soziales Umfeld (nicht familiär)		

17	Suchtgefährdung	☐	☐
18	internalisierende Störungen (soziale Unsicherheit)	☐	☐
19	Suizidalität	☐	☐
20	dissoziale Störungen (Aggressivität, Delinquenz)	☐	☐
21	Weglaufen (Trebe)	☐	☐
22	Straffälligkeit	☐	☐
23	Migrations- und Fluchtproblematik des Kindes	☐	☐
24	Opfer von Gewalttaten	☐	☐
25	Selbstgefährdung	☐	☐
26	Sonstige:	☐	☐

8. Diagnosen (ICD-10 bzw. DSM-IV)

Bitte jede Zeile ausfüllen

ICD-10: _____ Ärztliche Diagnose: _____

Umfeld: Verdacht

		ICD-10	Symptom-umfeld	nicht genannt	Anmerkungen
1	Organische, einschließlich sym. psychischer Störungen	F0			
2	phobische Störungen/ Angststörungen	F40/F41			
3	Belastungs- und Anpassungsstörungen	F43			
4	dissoziative Störungen	F45			
5	Somatisierungsstörung	F94.1/ F94.2			
6	Bindungsstörungen				
7	Essstörungen	F50			
8	Schlafstörungen	F51			
9	Störungen des Sozialverhaltens	F91			
10	Alkohol-, Drogen-, Medikamenten-Missbrauch	F10.x/ F55.x			
11	Einnässen/Einkoten	F98.0/ F98.1			
12	Tic-, Zwang-, Bewegungsstörung	F95/ F42/ F98.4			
13	Intelligenz	F7x			
14	umschriebene Entwicklungsstörung	F80-F93			

15	tief greifende Entwicklungsstörung	F84				
16	emotionale Störungen	F93				
17	depressive Störungen	F32				
18	Störungen des Sexualverhaltens	F52/ F64–F66				
19	Aufmerksamkeitsdefizit – Hyperaktivität	F90.x				
20	Persönlichkeitsstörungen	F60–F62				
21	psychotische Störungen	F2				
22	Suizidalität					
23	Anm. bei überdurchschnittlicher Intelligenz					
24	Adipositas					
25	Sonstige:					

9. Krankheiten/Behinderungen

Bitte jede Zeile ausfüllen		ja	nein
1	Atmungsorgane (z.B. Asthma)	☐	☐
2	Verdauungstrakt (Bauchschmerz, Erbrechen)	☐	☐
3	Bewegungsapparat (Rheuma, Schmerzen)	☐	☐
4	Haut (Neurodermitis, Allergien)	☐	☐
5	Infektion (Tuberkulose, Aids etc.)	☐	☐
6	Stoffwechsel (Diabetes)	☐	☐
7	Kopfschmerzen/Migräne	☐	☐
8	Sinnesbehinderungen	☐	☐
9	Andere:	☐	☐

10. Ressourcen/Schutzfaktoren

Bitte jede Zeile ausfüllen		ja	nein
1	soziale Interaktion/kommunikative Kompetenzen	☐	☐
2	soziale Attraktivität	☐	☐
3	besondere Fähigkeiten und Leistungen	☐	☐
4	Interessen, Aktivitäten, Freizeitbeschäftigung	☐	☐
5	Überzeugungen und Bewältigungsstrategien	☐	☐
6	Selbstsicherheit	☐	☐
7	Autonomie (Selbstständigkeit, Unabhängigkeit)	☐	☐

8	Funktionen in der Familie (bzw. Gruppe)	☐	☐
9	stabiles, stützendes soziales Netz	☐	☐
10	Alltagspraktische Fähigkeiten (Körperhygiene, Ordnung)	☐	☐
11	körperliche Gesundheit	☐	☐
12	materielle Ressourcen	☐	☐

11. Drogenkomsum

Bitte jede Zeile ausfüllen		ja	nein
1	Alkohol	☐	☐
2	Cannabis	☐	☐
3	Amphetamine	☐	☐
4	Medikamente	☐	☐
5	Halluzinogene	☐	☐
6	Schnüffeln	☐	☐
7	andere harte Drogen	☐	☐

12. Polizeilich ermittelte Straftaten

Bitte jede Zeile ausfüllen		ja	nein
1	Gewalttaten	☐	☐
2	Körperverletzung	☐	☐
3	Hassverbrechen (z.B. rechtsradikale Taten)	☐	☐
4	sexuelle Übergriffe/Missbrauch	☐	☐
5	Einbruch/Diebstahl	☐	☐
6	Rauschgiftdelikte (BtMG)	☐	☐
7	Verstoß gegen Waffengesetz	☐	☐
8	Sachbeschädigungen	☐	☐
9	Betrug	☐	☐
10	Beleidigung	☐	☐
Vor der Aufnahme		**ja**	**nein**
11	Verurteilung(en) nach Jugendstrafrecht	☐	☐
12	kaufende(s) Gerichtsverfahren	☐	☐

13. Interventionsbedürftige Probleme

Bitte jede Zeile ausfüllen		ja	nein
1	Stimmungsschwankungen		
2	Gesundheitsverhalten		
3	mangelhafte Körperhygiene		
4	mangelnde Krankheitseinsicht		
5	Auffälligkeiten im Essverhalten		
6	Alkohol-/Drogen-/Medikamentenmissbrauch		
7	Schlafprobleme		
8	körperliche Begleitsymptome/psychosomatische Symptome		
9	Aufmerksamkeitsdefizit/Impulsivität/motorische Unruhe		
10	aggressives Verhalten		
11	Delinquenz (mit formalen Sanktionen belegt)		
12	Regelverletzungen (TWG-intern)		
13	fehlerhafter Umgang mit Geld		
14	mangelhafte Alltagsstrukturierung		
15	ungünstiges Freizeitverhalten		
16	dissoziales Verhalten (z.B. Lügen, Schuleschwänzen)		
17	mangelnde soziale Kompetenz		
18	Unselbstständigkeit/mangelnde Autonomie		
19	unzulänglicher Umgang mit lebenspraktischen Problemen		
20	Auffälligkeiten im Sexualverhalten		
21	Soziale Unsicherheit		
22	Selbstgefährdung (Selbstverletzung/-beschädigung)		
23	suizidale Tendenzen		
24	Angstproblematik		
25	depressive Verstimmungen		
26	Leistungsschwäche in der Schule (motivational)		
27	Teilleistungsschwäche (z.B. Lesen/Rechnen)		
28	Schulangst (z.B. massive Prüfungsängste)		
29	unzulängliche schulische oder berufliche Orientierung		
30	Sonstige:		

F.2 KATA II

Allgemeine Angaben – Verlauf
am Anfang und im Verlauf alle drei Monate
Auszufüllen durch BetreuerIn

14a. Psychotherapeutische Maßnahmen

Bitte jede Zeile ausfüllen		ja	nein
1	einzelpsychotherapeutische Maßnahmen (intern)	☐	☐
2	einzelpsychotherapeutische Maßnahmen (extern)	☐	☐
3	familientherapeutische Maßnahmen	☐	☐
4	Gruppenpsychotherapie	☐	☐
5	DBT-A	☐	☐
6	Kunsttherapie	☐	☐
7	Sonstige:	☐	☐

14b. Sozialtherapeutische/Sozialpädagogische Maßnahmen

Bitte jede Zeile ausfüllen		ja	nein
1	BezugsbetreuerInnengespräche	☐	☐
2	Gruppengespräche (Gruppenabend, Plenum etc.)	☐	☐
3	Elternarbeit	☐	☐
4	Sozialtraining/sozialpädagogische Gruppen (z.B. Steps, Antiaggressionstraining etc.)	☐	☐
5	Tagesstrukturierende Angebote (intern)	☐	☐
6	Erlebnispädagogische Angebote (z.B. Sport, Reisen etc.)	☐	☐
7	Sonstige:	☐	☐

15. Kooperation/Compliance

Bitte jede Zeile ausfüllen		ja	nein
1	Regeleinhaltung	☐	☐
2	Terminvereinbarung	☐	☐
3	Akzeptanz der Ziele	☐	☐
4	Interessen an therapeutischen Maßnahmen	☐	☐

5	positive Beziehung zum Personal		
6	kooperatives Verhalten		
7	Einlassen, Offenheit, Bereitschaft		

16. Andere Maßnahmen

Bitte jede Zeile ausfüllen	ja	nein
1	Krisenkonferenz(en)		
2	Klinikaufenthalt (Psychiatrie)		
3	Klinikaufenthalt (körperliche Erkrankung)		
4	Psychopharmaka		
5	andere Medikamente		
6	Beurlaubungen		
7	Schulbefreiungen		
8	Krankschreibungen		
9	Verwarnungen		
10	sonstige Maßnahmen:		

F.3 KATA III

Allgemeine Angaben – Abschluss
nur am Ende der Maßnahme
Auszufüllen durch BetreuerIn

17. Veränderungen der Probleme

Bitte jede Zeile ausfüllen	verbessert	verschlechtert	unverändert
1 Stimmungsschwankungen			
2 Gesundheitsverhalten			
3 mangelhafte Körperhygiene			
4 mangelnde Krankheitseinsicht			
5 Auffälligkeiten im Essverhalten			
6 Alkohol-/Drogen-/Medikamentenmissbrauch			
7 Schlafprobleme			
8 körperliche Begleitsymptome/psychosomatische Symptome			
9 Aufmerksamkeitsdefizit/Impulsivität/motorische Unruhe			
10 aggressives Verhalten			
11 Delinquenz (mit formalen Sanktionen belegt)			
12 Regelverletzungen (TWG-intern)			
13 fehlerhafter Umgang mit Geld			
14 mangelhafte Alltagsstrukturierung			
15 ungünstiges Freizeitverhalten			
16 dissoziales Verhalten (z.B. Lügen, Schuleschwänzen)			
17 mangelnde soziale Kompetenz			
18 Unselbstständigkeit/mangelnde Autonomie			
19 unzulänglicher Umgang mit lebenspraktischen Problemen			
20 Auffälligkeiten im Sexualverhalten			
21 soziale Unsicherheit			
22 Selbstgefährdung (Selbstverletzung/-beschädigung)			
23 suizidale Tendenzen			

24	Angstproblematik			
25	depressive Verstimmungen			
26	Leistungsschwäche in der Schule (motivational)			
27	Teilleistungsschwäche (z.B. Lesen/Rechnen)			
28	Schulangst (z.B. massive Prüfungsängste)			
29	unzulängliche schulische oder berufliche Orientierung			
30	Sonstige:			

18. Art der Beendigung

Bitte jede Zeile ausfüllen		ja	nein
1	abgestimmt, planmäßig beendet		
2	abgebrochen, aufgrund …		
a	… Initiative Kostenträger		
b	… Initiative Jugendliche/r		
c	… Initiative Sorgeberechtigte/r		
d	… Initiative Einrichtung		
e	… Inhaftierung		
3	Sonstige:		

19. Bei Abbruch bitte Gründe nennen

Bitte jede Zeile ausfüllen		ja	nein
1	Verschlimmerung der Problematik		
2	aktuelle Vorkommnisse (neue PartnerInnenschaft)		
3	falsche, aus fachlicher Sicht nicht ausreichende Hilfe		
4	eine weniger intensive Hilfe ist ausreichend		
5	fehlende Mitarbeit des/der Jugendlichen		
6	fehlende Mitarbeit des Jugendamtes (z.B. Kosten)		
7	Sonstige:		

20. Geplante berufliche/schulische Situation nach Beendigung der Maßnahme

Bitte jede Zeile ausfüllen		ja	nein
1	Arbeitsplatz		
2	Gelegenheitsjobs		

3	Ausbildung	☐	☐
4	berufsvorbereitende Maßnahme	☐	☐
5	Schule	☐	☐
6	arbeitslos	☐	☐
7	Sonstige:	☐	☐
8	entfällt (z.B. noch schulpflichtig)	☐	☐
9	unbekannt	☐	☐

21. Geplante Anschlusshilfen

Bitte jede Zeile ausfüllen		ja	nein
1	§ 19 KJHG Vater-/Mutter-Kind-Einrichtung	☐	☐
2	§ 30 KJHG Erziehungsbeistand, Betreuungshilfe	☐	☐
3	§ 31 KJHG Sozialpädagogische Familienhilfe	☐	☐
4	§ 34 KJHG Heimerziehung, sonstige betreute Wohnform	☐	☐
5	§ 35 KJHG Intensive sozialpädagogische Einzelfallbetreuung	☐	☐
6	§ 35a KJHG Eingliederungshilfen	☐	☐
7	§ 53/54 SGB XII Eingliederungshilfe	☐	☐
8	§ 67ff. SGB XII besondere soziale Schwierigkeiten	☐	☐
9	offene Beratung	☐	☐
10	ambulante psychotherapeutische Behandlung	☐	☐
11	Psychiatrie, stationär	☐	☐
12	Nachbetreuung: § ,	☐	☐
13	Andere: § ,	☐	☐

22. Wohnsituation nach Abschluss der Hilfe

Bitte jede Zeile ausfüllen		ja	nein
1	eigene Wohnung (Zimmer in WG)	☐	☐
2	eigene Wohnung mit PartnerIn	☐	☐
3	bei leiblichen Eltern oder einem Elternteil	☐	☐
4	bei leiblichen Eltern mit PartnerIn	☐	☐
5	bei anderen Angehörigen (z.B. Großeltern)	☐	☐
6	bei FreundInnen/PartnerIn	☐	☐
7	stationäre Jugendhilfeeinrichtung (z.B. Jug.WG)	☐	☐

8	betreutes Einzelwohnen (Jugendhilfe)		
9	Lebensmittelpunkt Straße (Trebegang)		
10	Psychiatrie, stationär		
11	Flüchtlingshilfe/Asyl		
12	Einrichtungen der Wohnungslosenhilfe		
13	Sonstige:		
14	unbekannt		

Anhang G: Ergebnisse aus unserer Befragung in Leichter Sprache

Wer sind wir?

Wir sind 5 Forscherinnen
von der Alice-Salomon-Hochschule Berlin.

Wir wollen zu bestimmten Themen
etwas herausfinden.
Dafür befragen wir Menschen.

Wir machen ein Projekt über Jugendliche,
die **nicht** mehr bei ihren Eltern wohnen.

Um was geht es in unserem neuen Projekt?

In unserem Projekt geht es um Jugendliche.
Die Jugendlichen haben seelische Probleme.

Sie wohnen in einer Wohngemeinschaft,
in der sie Hilfe bekommen.

So eine Wohngemeinschaft heißt:
Therapeutische Wohngemeinschaft.
Das heißt kurz: **TWG**.

In der TWG wohnen Jugendliche,
die seelische Probleme haben.
Meistens geht es ihnen schlecht.

In der TWG arbeiten Erwachsene,
die eine besonders gute Ausbildung haben.
Die Erwachsenen können besonders gut
für die Jugendlichen da sein.

Wir haben schon einmal
ein anderes Projekt gemacht.

Wir benutzen für unser Projekt
Infos vom anderen Projekt.

**Um was ging es
in dem anderen Projekt?**

Wir wollten im anderen Projekt wissen:
Wie geht es den Jugendlichen,
die in einer TWG wohnen?

Das sind unsere Ergebnisse:

Es hilft Jugendlichen,
wenn sie in einer TWG wohnen.

Es geht Jugendlichen besser,
wenn sie in einer TWG gewohnt haben.

Es geht ihnen besser,
auch wenn es ihnen sehr lange schlecht ging.

Es geht ihnen besser,
wenn sie länger in der TWG wohnen.

Wir wissen nun,
was den Jugendlichen am besten hilft.

Was hilft den Jugendlichen?

Die Jugendlichen vertrauen
einem Erwachsenen.
Sie können ihm alles erzählen.

Alle Menschen fühlen sich in der TWG wohl.

Die Erwachsenen sind gut ausgebildet.
Sie reden gut miteinander über die Arbeit.

Um was geht es in dem neuen Projekt?

Wir wollten wissen:

Was war gut für die Jugendlichen?
Was war schlecht für die Jugendlichen?

So wollten wir herausfinden,
was in einer TWG besser sein kann.

Wie haben wir Fragen gestellt?

Für einige Fragen hatten wir Fragebögen.

Alle konnten ankreuzen,
welche Antwort am besten zu ihnen passt.

Wir haben alle Antworten gesammelt.

Dann haben wir uns
alle Antworten angesehen.

Das sind unsere Ergebnisse:

Viele Jugendlichen mögen sich selbst
mehr als vorher.

Viele Jugendliche sind nicht mehr so schnell
sauer über sich selbst.

Die Jugendlichen haben
weniger seelische Probleme.

Damit geht es ihnen auch besser.

Für einige Fragen hatten wir auch Gespräche
- mit den Jugendlichen.
- mit den Erwachsenen,
  die in der TWG arbeiten.
- mit den Eltern von Jugendlichen.

Zum Beispiel:

Wir hatten ein Gespräch

▓ mit einem Mädchen.

▓ mit den Eltern vom Mädchen.

▓ mit anderen Menschen,
   die wichtig für das Mädchen sind.

Das sind unsere Ergebnisse:

In der TWG geht es dem Mädchen besser.

Es redet nun mit Erwachsenen über Probleme.

Das Mädchen verletzt sich weniger.

Nun schreibt das Mädchen ein Buch
über die Erlebnisse.

Was können wir nach dem Projekt sagen?

Wir wissen nach unseren Projekten:
Eine gute TWG hilft Jugendlichen,
die seelische Probleme haben.

Unser Text in Leichter Sprache:

TestleserInnen haben den Text geprüft.
Die TestleserInnen sind vom Büro für Leichte Sprache
von der Lebenshilfe Bremen e.V.

Die Bilder sind von:
© Lebenshilfe für Menschen
mit geistiger Behinderung Bremen e.V.
Illustrator Stefan Albers, Atelier Fleetinsel, 2013.